通过商谈的法律正当化

——哈贝马斯法律理论的初步研究

褚国建 著

浙江工商大学出版社 ZHEJIANG GONGSHANG UNIVERSITY PRESS | 杭州

图书在版编目(CIP)数据

通过商谈的法律正当化 / 褚国建著. —杭州:浙

江工商大学出版社,2018.8

ISBN 978-7-5178-2965-2

Ⅰ.①通… Ⅱ.①褚… Ⅲ.①哈贝马斯(Habermas,
Jurgen 1929—)—法哲学—思想评论—文集 Ⅳ.
①B516.59-53②D903-53

中国版本图书馆 CIP 数据核字(2018)第 212579 号

通过商谈的法律正当化——哈贝马斯法律理论的初步研究
TONGGUO SHANGTAN DE FALÜ ZHENGDANGHUA—HABEIMASI FALÜ
LILUN DE CHUBU YANJIU

褚国建 著

责任编辑	刘　韵	
封面设计	许寅华	
责任印制	包建辉	
出版发行	浙江工商大学出版社	

(杭州市教工路 198 号　邮政编码 310012)

(E-mail:zjgsupress@163.com)

(网址:http://www.zjgsupress.com)

电话:0571-88904980,88831806(传真)

排　版	杭州朝曦图文设计有限公司	
印　刷	杭州恒力通印务有限公司	
开　本	787mm×960mm　1/16	
印　张	11	
字　数	216 千	
版 印 次	2018 年 8 月第 1 版　2018 年 8 月第 1 次印刷	
书　号	ISBN 978-7-5178-2965-2	
定　价	41.00 元	

目　录

哈贝马斯:生平与著述

    提起哈贝马斯,通常是指法兰克福学派第二代领袖、西方学界的领军人物,当代最为重要的思想家之一。相信随着罗尔斯、伽达默尔、德理达等与之同等重要的思想家的离世,哈贝马斯的学术地位仍将持续上升。

    对哈贝马斯整体思想之介绍,比较困难的是对于其学术发展的准确分期问题,主要原因在于:(1)《公共领域的结构转型》一书的相对独立性;(2)批判理论奠基时期的"语用学转向";(3)哈贝马斯自身理论的连贯性与复杂性,尤其是《交往行为理论》一书的多主题性。国内以往主流的意见持三期说[1],晚近的一种分类则持四期说,即前学术期(1953—1961)、前交往期(1962—1980)、交往期(1981—1989)、后交往时期(1989—　　)[2],主要的分歧在于对哈贝马斯的早期的学术生涯是否可以作为独立的阶段,而他们背后的分类标准其实是一致的,都是以交往行为理论之发生史为核心。但是,这种分类并不能照顾到哈贝马斯学术思想中的论战性与实践性的层面,而且对后交往时期的归纳也不能体现其学术旨趣上的特点。[3] 因而,笔者倾向于从编年史的角度,以相对稳定的工作环境为分期标准,作出九个分期。

---

[1]　参见龚群:《道德乌托邦的重构——哈贝马斯交往伦理思想研究》,商务印书馆 2003 年版,第 4 页。以及郭官义为《认识和兴趣》《重建历史唯物主义》中译本所写的"译者前言"。第一个时期期为 20 世纪 50—60 年代末(1968 年与学生运动决裂);第二个时期为 60 年代末—80 年代初;第三个时期是 80 年代,特别是 1983 年重访法兰克福大学至今。

[2]　曹卫东:《曹卫东讲哈贝马斯》,北京大学出版社 2005 年版,第 12 页。

[3]　对后交往时期的理论特色,国内学界的研究还很不够,只是简单地说明"是对交往理论在道德、法律与政治领域的应用",可能会忽视了哈贝马斯后期思想中的复杂性。笔者认为哈贝马斯后期的学术思想有以下几个特点:(1)就理论基础而言,主要在于从交往行为进一步推进至一个更为多元的商谈理论,并在此基础上对道德哲学、法律理论和政治哲学进行重构;(2)在理论传统和思想渊源上,哈贝马斯进一步向康德、罗尔斯与德沃金等规范主义靠近;(3)就理论议题上,除了国际政治问题(全球化、欧盟)外,哈贝马斯在进入 21 世纪之后投入极大的精力关注民主和宗教两种政治价值文化的关系问题。

本书仅仅就哈贝马斯出生至今的重要事件加以归纳。作为一项编年史研究，笔者主要参考了以下几本著作：霍尔斯特的《哈贝马斯传》①、中冈成文的《哈贝马斯：交往行为》②、《包容他者》中译本的附录三以及哈贝马斯论坛（habermas forum）的整理资料③。

一、少年时期

● 1929 年　6 月 18 日，哈贝马斯出生于德国杜塞尔多夫市，后随父亲任职来到边上的小镇古姆斯巴赫，并在那里长大。父亲伦斯特，母亲谷莱泰。祖父是路德派牧师。"二战"时，参加德国少年团，最后被编入希特勒青年团。

● 1949 年　在谷默斯多夫中学毕业。

二、大学时期

◎ 1949—1954 年　在哥廷根、苏黎世和波恩上大学，攻读哲学、历史学、心理学、德国文学、经济学。

● 1953 年　海德格尔《形而上学导论》出版，由于对涉及纳粹之处未加说明，引发争议。这一事件对哈贝马斯冲击很大，使其迅速转向海德格尔德对面，在 7 月 25 日的《法兰克福. 奥格尼报》发表"与海德格尔一起反思海德格尔"。对此，海德格尔在 9 月 24 日的《扎伊特》报上寄信辩解。

读卢卡奇《历史与阶级意识》及霍克海默、阿多诺的《启蒙辨正法》。

● 1954 年　在波恩大学以论文《绝对性与历史，谢林思想的二重性》获博士学位，导师为罗莎克和贝克尔。

三、自由记者时期

◎ 1954—1956 年　任自由记者，获德意志科研协会助教奖学金。

● 1955 年　与乌特·维瑟尔霍夫特结婚，生子蒂尔曼（1956 年）、女瑞贝卡（1959 年）、女迪特（1967 年）。

---

① ［德］霍尔斯特：《哈贝马斯传》，章国锋译，东方出版中心 2000 年版。
② ［日］中冈成文：《哈贝马斯：交往行为》，王屏译，河北教育出版社 2001 年版。
③ 该网站由两位丹麦学者 Kristian Hansen 和 Thomas Gregersen 创立，收集了极为详尽的哈贝马斯著作、有关哈贝马斯的研究文献和演讲视频资料，网址：http://www. habermasforum. dk/index. php。

四、研究所时期：作为阿多诺的研究助手

◎ 1956—1959 年　在法兰克福社会研究所任阿多诺的第一位研究助理。期间研读本雅明、布洛赫、阿尔都塞，初次接触涂尔干、韦伯，学习经验社会学。

● 1957 年　发表文献报告"马克思与马克思主义哲学讨论综述"①，其内容的政治性使霍克海默感到危险。

● 1959 年　构思《公共领域的结构转型》，打算以此在法兰克福大学取得教授资格，但在霍克海默的反对下没能实现。辞去社会研究所工作。接受德国学术协会（DFG）的奖学金，专心执笔《公共领域的结构转型》。

● 1961 年　《大学生与政治》（合著者：弗里德贝格、厄勒尔、维尔茨）出版。由于哈贝马斯所写的序论的政治激进性不合霍克海默的意，使出版延期。

在阿尔道特的斡旋下，以《公共领域的结构转型》在马堡大学获授课资格，导师为阿本德洛特。12 月，在马堡大学进行私人讲师就职演讲，题为"古典政治学说与社会哲学的关系"②。但由于接受海德堡大学的邀请，实际并未在马堡授课。

五、海德堡时期

◎ 1961—1964 年　接受伽达默尔的邀请出任海德堡大学哲学副教授。

● 1962 年 7 月　在海德堡大学进行教授就职演讲，题为"黑格尔对法国革命的批判"③。在海德堡期间，专研伽达默尔的《真理与方法》、后期维特根斯坦。受朋友阿佩尔的鼓励，研究美国实用主义（帕森斯、米德、戴伊）。

《公共领域的结构转型》出版（1990 年再版）。④

● 1963 年　"科学分析论与辨正法"发表，评价阿多诺与波谱之间围绕"社会科学理论"所进行的争论。翌年，阿尔伯特对此进行反驳，"实证主义论战"扩大。

《理论与实践》⑤出版（1971 年新版，作长篇导言）。

六、研究所时期：霍克海默的继任者

◎ 1964—1971 年　接替霍克海默任法兰克福大学哲学和社会学教授。

---

① 1957 年发表于德国《哲学论坛》杂志，后作为附录收入《理论与实践》。

②③ 收入《理论与实践》。

④ 英译本由 Thomas Burger 译，麻省理工学院出版社 1989 年出版；中译本：[德]尤尔根·哈贝马斯：《理论与实践》，郭官义、李黎译，社会科学文献出版社 2004 年版。

⑤ 中译本由郭官义、李黎译，社会科学出版社 2004 年出版。

● 1965 年　给报纸投稿,"维特根斯坦的回归——著作集第二卷遗著《哲学的考察》"。

6 月,在法兰克福大学进行就职演讲,题为"认识与兴趣"[①]。这一时期受舒茨社会现象学、乔姆斯基(chomsky)普通语法学、奥斯丁与塞尔的言语行为理论的影响,开始构思普遍语用学。

● 1967 年　6 月 7 日[②],参与柏林游行的学生奥内索格被警察杀害,引发全德范围德学生运动高涨。6 月 9 日,在奥内索格葬礼上,哈贝马斯进行了"关于联邦共和国学生政治作用的谈话"及其他演讲,批判激进派领导人杜切克为"左翼法西斯主义",与学生运动决裂。

《社会科学的逻辑》出版(首次发表于《哲学评论》第 14 期第 5 卷,分别于 1970 年、1982 年出版扩充版)。

● 1968 年　经常就大学改革与学生运动发表言论。

定期参加米查理奇主持的法兰克福弗洛伊德研究所周三的讨论会。向所里的精神分析医生劳伦茨学习精神分析治疗的方法。

《作为"意识形态"的技术与科学》[③]出版。

《认识与兴趣》[④]出版。他想以此书确立社会批判理论的基础,但后来改变了方针,转向以普遍语用学来构建批判理论的规范基础:是为哈贝马斯之"语用学转向"。

《对马尔库塞的回答》(主编并作序)。

为尼采文集《认识论著作》作"后记"。

● 1969 年　《抵抗运动与大学改革》出版。追忆 8 月 6 日去世的阿多诺,在报上发表"自然中的理性化航程"。

七、马克斯·普朗克研究所时期

◎ 1971—1980 年,接受物理学家卡尔·弗里德里希·维茨赛卡的邀请,任马克斯·普朗克"科技时代生活条件"研究所第二所长。

● 1971 年　《哲学—政治剪影》出版;

《社会理论或社会技术,系统研究何为》(与卢曼合著)出版。该文集收录了自

---

① 收入《作为意识形态的科学与技术》。

② 这一时间采霍尔斯特的《哈贝马斯传》,中冈成文《哈贝马斯:交往行为》一书中为 6 月 2 日(见第 215 页)。

③ 中译本由李黎等译,学林出版社 1999 年出版。

④ 中译本由郭官义、李黎译,学林出版社 1999 年出版。

卢曼在 1968 年德国社会学大会上所作报告以来与哈贝马斯进行论战的文章。这场争论,对于双方理论的成熟与发展都具有重要意义,可谓"君子之争"的典型。此后,哈贝马斯对卢曼一直保持关注状态,在其后著《正当性危机》《现代性的哲学话语》《事实性与有效性》中都可以找到有关卢曼的大篇幅内容。

《解释学与意识形态批判》(与阿佩尔合著)出版。该文集收录 1967 年以来哈贝马斯与伽达默尔就解释学问题展开论争的文章。伽达默尔的解释学提出了"能够被理解的存在是语言"命题,要求通过现在与过去的"视域融合",在语言中发现潜藏于文本之中的真理。由于对此在历史性的强调,他的解释学也称为历史解释学,其理论主旨依然是"关于理解的学问"。哈贝马斯一方面承认语言在现代哲学中的重要位置,同时也提出现代社会权力、体制及受其影响而发生的主体内心扭曲对于语言的消极作用,主张解释学应该在"理解"的同时进行"意识形态批判",并且在方法上将弗洛伊德的精神分析方法引入解释学,倡导"深层解释学"。实际上,诚如麦卡锡所言,哈贝马斯的方法论综合了系统理论、解释学与批判理论的基本主张[1]。

● 1973 年　《晚期资本主义的正当性问题》[2]出版;

《文化与批判,散论集》出版;

《劳动—业余时间—消费,论文五篇》(盗版)出版。

● 1974 年　1 月 19 日[3],获斯图加特市颁发的黑格尔奖。作题为"复合社会能够建立一个理性的同一性吗?"演讲。慕尼黑大学拒绝任命哈贝马斯为终身教授。

● 1976 年　荣获德国语言与文学研究院颁发的"弗洛伊德奖"。与修伦堡在德国社会学会发表题为"社会学中的理论比较:以进化论为例"的论文[4]。

《重建历史唯物主义》[5]出版。

● 1977 年　与柳贝及谢尔斯基等新保守主义展开争论,以此为背景,3 月代表研究所作"日常用语、教育用语与科学用语"的公开演讲。7 月,迎接阿而都塞到修伦堡并与之对谈。秋天,德国红军派领导的游行引发争议,媒体开展反左翼运动,是为"德意志之秋"。哈贝马斯展开对施特劳斯、德日格等保守派的强烈批判。

● 1978 年　与柳贝就启蒙教育问题展开论争,发表"对教育的勇气——给 R.

---

①　参见《交往与社会进化》,英译者序。

②　中译本共三个版本:(1)由刘北城、曹卫东译,上海人民出版社 2000 年出版;(2)陈学明译,台湾时报文化 1994 年出版;(3)刘北城译,台北桂冠图书股份有限公司 1994 年出版。

③　这一时间采哈贝马斯在《重建历史唯物主义》中就《复合社会能够建立一个理性的同一性吗?》所作题记。霍尔斯特的《哈贝马斯传》一书的时间为 1967 年,参见氏著,第 140 页。

④　收入《重建历史唯物主义》。

⑤　中译本由郭官义译,社会科学出版社 2001 年出版。

修培曼的信"。

《政治、文化、宗教,当代哲学散文集》出版。

● 1979 年　《黑格尔的遗产,演讲两篇》,该文为哈贝马斯在 6 月 13 日斯图加特市颁给伽达默尔黑格尔奖时所作的演讲。

《关于"时代精神状况"的提示语》(两卷本,哈贝马斯编)。

● 1980 年　获法兰克福市阿多诺奖,发表演讲"现代性——一项未竟的工程"。

在加利福尼亚大学圣地埃哥大学哲学系举办的纪念阿尔都塞(1979 年去世)的学术会议,发表"逆反心理与叛逆主体性的重生"的讲演。

● 1981 年　在 5 月 8 日的《扎伊特》报上发表"修伦堡的崩溃",说明离开马克斯.普朗克"科技时代生活条件"研究所的原因。11 月,在慕尼黑召开的建筑展览会上,进行题为"现代建筑与后现代建筑"的演讲。

《政治短论集》(1—4 卷)出版;

《交往行为理论》①出版。

八、重返法兰克福

◎ 1983—1994 年,法兰克福大学哲学教授。

● 1983 年　3 月,访问法国,与福柯多次交谈。4 月,重返法兰克福,但只是担任哲学教授。接受罗尔斯及杜奥金的影响,开始发表有关公民不服从的想法。

《道德意识与交往行为》出版;

《1983 年阿多诺研讨会文集》(合编)出版。

● 1984 年　11 月受西班牙议会之邀,作题为"福利国家的危机与乌托邦力量的枯竭"的演讲。

《交往行为理论的准备性研究及其补充》出版。

《社会相互作用和社会理解,论相互作用能力的发展》(合编)出版。

● 1985 年　3 月,与阿佩尔共同主持"道德性与人伦"为题的会议。在此会议上,发表《德性与伦理生活:黑格尔对康德的批判适用于商谈伦理学吗?》的讲演,对商谈伦理学的基本主张与特点作了概括说明。5 月 8 日,德国投降四十周年纪念,针对美德在葬有纳粹军官的彼得堡军人公墓进行有争议的纪念活动,哈贝马斯在 5 月 7 日的《扎伊特》上撰文"过于的废弃处理"予以批判。在《美尔库》9—10 号上发表《形而上学的回归——德国哲学的一种倾向?》,批判亨利希。两人随即开始"形而上学论战"(直到 1988 年结束)。11 月,获慕尼黑市朔尔姐妹奖。

---

　　①　中译本共两个版:(1)由洪佩郁、蔺青译,重庆出版社 1994 年出版;(2)曹卫东译,上海人民出版社 2004 年出版第一卷。

《现代性的哲学话语》①出版，该书对法国后结构主义的激进理性主义批判展开回应。同时对现代欧洲哲学进行了梳理与回顾。

《新的不透明性，政治短论集》（第5卷）出版。

● 1986年　在7月11日的《扎伊特》上撰稿"一种弥补损失的方法"，批判历史修正主义，与诺尔特、希尔格鲁伯等著名历史学家开始了持续两年的"历史学家论战"。

荣获德国研究协会的莱布尼茨研究项目促进奖。

进行泰纳讲座，题为《法律与道德》，开始进入法哲学问题领域。

● 1987年　荣获哥本哈特市朔尔姐妹奖。

《一种弥补损失的方法，政治短论集》（第6卷）出版。

● 1988年　4月，在哈佛大学人类发展中心召开的纪念去世的克尔巴库的会议上，做题为"克尔巴库与新亚里士多德主义"的演讲②。6月，受东德的哈雷之邀，做有关后形而上学哲学讲演。9月，在加利福尼亚大学巴库雷学院进行题为"关于实践理性化语用学的、伦理学的、道德的使用"的讲座③。同月，在芝加哥大学神学系召开的会议上，做题为"从内在超越到此岸超越"的讲演③。

《后形而上学思维》④出版。

● 1989年　在法兰克福大学召开的维特根斯坦学术会议上做题为"作为同时代人的路德维希·维特根斯坦"的讲演。

《迟到的革命，政治短论集》（第7卷）出版。

● 1990年　《现代性——一项未竟的工程》出版。

《作为未来的过去》出版。

● 1991年　《文本与语境》出版。

《话语伦理学解释》出版。

● 1992年　9月21—22日，出席本杰明·J.卡多佐法学院组织哈贝马斯法哲学思想研讨会，提交《程序主义法律范式》一文。1996年该会议的论文汇编出版时，哈贝马斯又寄上《答卡多佐会议的与会者》一文，对会上对他的批判进行回应。

《事实性与有效性》⑤出版，开始与罗尔斯展开争论。

九、退休之后

● 1994年　从法兰克福大学退休，但仍为名誉教授。

---

① 中译本由曹卫东等译，译林出版社2004年出版。

②③ 收入《对话语伦理学的解释》。

③ 收入《文本与语境》。

④ 中译本由曹卫东等译，译林出版社2001年出版。

⑤ 中译本译名为《在事实与规范之间》，童世骏译，三联书店2003年出版。

● 1995 年 《柏林共和国的正常性》出版。

● 1996 年 《包容他者》①出版，与罗尔斯的争论继续进行，并走向深入。

● 1997 年 《从感性印象到象征表现，哲学散文集》出版。

● 1998 年 《后民族结构》②出版。

● 1999 年 七十周岁，在法兰克福大学举办隆重庆典。发表支持科索沃战争的文章，掀起了关于战争合法性的讨论。

● 2000 年 《真理与论证》出版。

● 2001 年 4 月 15—29 日，访问中国。

10 月 14 日获得德国出版商和书商协会和平奖。

12 月，与德里达在纽约进行私人对话。

《人类的未来》《交往行动与反超验理性》和《转换的时间》（政治短论集第 9 卷）出版。

● 2002 年 以《宗教宽容》为题在欧洲和美国各地发表演讲。

● 2003 年 《时代的诊断》出版。

10 月 24 日在西班牙奥维耶多获得"阿斯图里亚斯王子社会科学奖"。

● 2004 年 1 月 19 日，在慕尼黑拜仁慕尼黑天主教学院与红衣主教 Joseph Ratzinger 讨论宗教问题。

11 月 12 日在京都获得 2004 年京都奖，作《自由与决定论》演讲。

《西方的分裂：政治短论集第 10 卷》出版。

● 2005 年 《自然主义与宗教》出版③。

《世俗化的辩证法：理性与宗教》（与 Joseph Ratzinger 合著）出版。

● 2006 年 3 月 9 日获得维也纳布鲁诺克雷斯基奖。

11 月 7 日获得北莱茵-威斯特伐利亚州国家奖。

● 2008 年 8 月荣获瑞士洛迦诺的汉斯荣格基金会颁发的"欧洲政治文化奖"（"The European Prize of Political Culture"）。

《欧洲：政治短论集第 11 卷》出版。

● 2009 年 5 月 9 日获得 2008 年国际布鲁内特人权奖。

《哲学的语境》出版。

● 2010 年 6 月 16 日获得"尤利西斯"奖章。

● 2011 年 《论欧洲宪法》出版。

● 2012 年 5 月 23 日获得维克多弗兰克奖和维也纳埃尔文·查戈夫奖。

---

① 中译本译名为《包容他者》，曹卫东译，上海人民出版社 2002 年出版。

② 中译本译名为《后民族结构》，曹卫东译，上海人民出版社 2002 年出版。

③ 中译本译名为《在自然主义与宗教之间》，郁喆隽译，上海人民出版社 2013 年出版。

9月5日获得了威斯巴登的乔治·奥古斯特·义奖。

《后形而上学思维2》出版。

● 2013年　1月22日获得慕尼黑文化奖。

9月29日获得卡塞尔卡塞尔奖。

11月6日获得2013年伊拉斯姆斯奖。

《技术统治的诱惑：政治短论集第12集》出版。

人—作品—研究法

——国内哈贝马斯研究的一个回顾

哈贝马斯是当今德国学界最负盛名的社会理论家,他的交往行动理论和公共领域理论在世界学界具有广泛而深远的影响,全球围绕哈贝马斯理论的研究堪称一门学问。相比而言,国内对于哈贝马斯的研究前期主要出于译介西方马克思主义代表人物的考虑,真正将之作为一位当代西方世界最具代表性的社会理论家并形成持续而稳定的研究,则是新世纪以来,尤其是 2001 年哈贝马斯访问我国以后的时期。目前,国内关于哈贝马斯的研究仍然处于一个高度活跃期,积累至今的成果(译著、专著、论文)已蔚为壮阔,其影响所及遍及人文社会科学各个领域。

一、国内哈贝马斯研究的总体概况

(一)研究阶段

改革开放以来,国内对于哈贝马斯研究的发展历史,大致上可以划分为两个阶段:第一个阶段,从 1970 年代后期到 1990 年代。在 20 世纪 70 年代后期,国内就有学者开始关注哈贝马斯,但主要是人物译介和观点评述为主。笔者整理中国知网的检索结果发现,赵鑫珊在 1978 年的译文和 1980 年的论文可能是这一时期最早的研究成果[1],而最早的研究性论文和专著则可定于 1986 年[2]。这个阶段的专门研究者主要包括薛华、郭官义、洪佩郁、欧力同、陈学明等人,对哈

---

[1] J.哈伯马斯:《作为"意识形态"的技术和科学》,赵鑫珊译,《哲学译丛》1978 年第 6 期。赵鑫珊:《哈贝马斯简介》,《哲学译丛》1979 年第 1 期。

[2] 白锡堃:《哈贝马斯的批判社会理论》,《国外社会科学动态》1986 年第 12 期;薛华:《哈贝马斯的商谈伦理学》,辽宁教育出版社 1988 年 6 月版。

贝马斯的研究定位是作为西方马克思主义、法兰克福学派的代表人物,学者们最关注的议题是其晚期资本主义危机理论;但是,正是因为这种白手起家、无可参考的窘境①,反而使他们的研究大都采用第一手资料(德文)和第二手资料(英语等),进而基本的结论都比较妥当,不足之处是当时的研究介绍性的成分略重一些。

第二阶段,新世纪以来。2000 年报纸上开始出现介绍哈贝马斯的文章,2001 年第一篇以哈贝马斯为研究对象的硕博论文产生,这无疑表明国内哈贝马斯研究的专业化程度和社会影响面均有了深入。当然,这一阶段推动研究兴起的最为重要的因素无疑是 2001 年的哈贝马斯中国之行②,此后哈氏迅速成为国内学界追捧的"明星学者",无论其使用的"交往理性""系统与生活世界""审议民主"等核心概念,还是诸如"认知旨趣论""普遍语用学""真理共识论""宪法爱国主义"等理论主张随即成为一种学术上的流行话语。这个阶段的研究更多地将哈贝马斯定位于一位坚守着西方启蒙现代性方案(认为"现代性是一项未竟得工程")并提供了一整套重构性理论的思想大家。这个阶段,无论研究人群和研究成果都经历了一个快速的增长,其中,哈贝马斯的主要著作被大量翻译主要是在 2000 年以后,有的甚至出现多个译本③,而有关哈贝马斯的专门研究则产生了大量的专著、期刊论文和硕博论文。

(二)研究概况

1. 研究成果:数量与基本趋势

根据笔者在中国知网的检索(以"哈贝马斯"进行篇名/题名进行检索),截止 2018 年 2 月,国内共有哈贝马斯相关研究成果 2223 篇,其中期刊论文 1739 篇、硕博论文 290 篇、报纸论文 43 篇、会议论文 51 篇。各年度的成果数量可见图 1,可知哈贝马斯的研究目前仍然处于一个比较稳定高产的阶段,但是总体而言,自

---

① 值得注意的是,我国台湾地区对哈贝马斯的研究也是从 20 世纪 80 年代开始的,因而,当时的研究几乎完全是从零开始的。

② 2001 年 4 月 15—29 日,哈贝马斯应中国社会科学院与德国歌德学院北京分院的邀请来华访问,并先后在北京的中国社会科学院、北京大学、清华大学、人民大学、中央党校,和上海的上海书城、复旦大学、上海社会科学院哲学研究所、华东师范大学,发表演讲或进行座谈,主要内容涉及人权的文化际性、民主的三种规范模式、全球化压力下的民族国家、理论与实践的关系等。其中,演讲内容集结以中德文对照的形式出版,参见中国社会科学院哲学研究所编:《哈贝马斯在华讲演集》,人民出版社 2002 年版。这次访华得到学界的热烈追捧与高度评价,将之与民国时期的罗素与杜威访华相提并论。

③ 《交往行为理论》有洪佩郁和曹卫东 2 个译本,《正当性危机》有刘北成、陈学明和曹卫东 3 个译本。

2008 年达到顶峰之后,研究热度和成果数量均趋于下行,其中一个很重要的原因可能与 2000 年后推动哈贝马斯研究最为得力的学者如曹卫东、童世骏等因行政升迁或学术兴趣转向等原因不再聚力于此,而后起的学术力量影响力相对弱化有关。

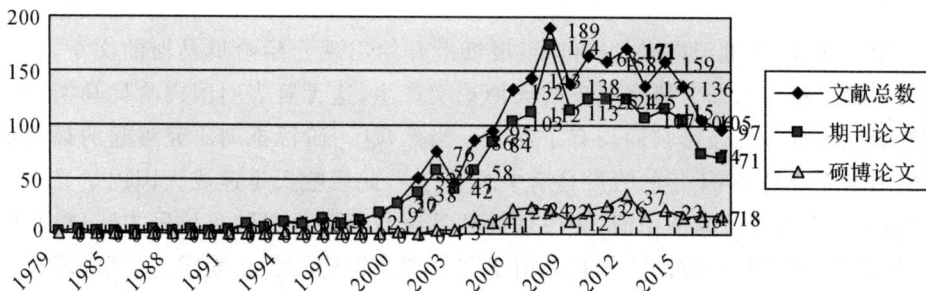

图 1　国内哈贝马斯研究成果统计(1979—2017)

2.研究格局:学科与议题分布

国内关于哈贝马斯的研究,大致可以分为四种。

(1)译介性研究。此类研究以翻译哈贝马斯本人的作品和论述哈贝马斯的外文作品为重。目前,哈贝马斯的作品已译成中文的包括(按出版时间先后):《交往与社会进化》(1989)、《交往行动理论》(1994)、《作为"意识形态"的技术与科学》《公共领域的结构转型》、《认识与兴趣》(1999)、《合法性危机》(2000)、《重建历史唯物主义》、《后形而上学思维》、《作为未来的过去》(2001)、《后民族结构》、《包容他者》(2002)、《在事实与规范之间》(2003)、《理论与实践》、《现代性的哲学话语》(2004)、《关于欧洲宪法的思考》《在自然主义与宗教之间》(2013 年)。哈贝马斯论文的翻译被中国知网收录的有 18 篇。

(2)议题性研究。此类研究主要围绕哈贝马斯理论的核心概念、分析框架、基本命题和学说展开系统的研究,是目前最通行的研究方式。

(3)背景性研究。此类研究主要关注哈贝马斯理论的学说渊源和学术论争。哈贝马斯既秉持方法多元论的立场,又具有极强的理论整合能力,因而其学说可谓既"汇合百家"又"争鸣百家"。就其融合百家而言,一般认为对哈贝马斯的理论建构具有重要影响的学派/说包括德国哲学思想(康德、谢林、黑格尔、狄尔泰、胡塞尔、海德格尔)、马克思主义和法兰克福学派(霍克海默和阿多诺)、社会理论(韦伯、涂尔干、米德)、语言哲学和言语行动理论(维特根斯坦、约翰·塞尔、奥斯丁和图尔敏)、认知发展心理学(皮亚杰和科尔伯格)、美国实用主义传统和卢曼、帕森斯的系统功能主义①。就其争鸣百家而言,哈贝马斯整个学术生涯中曾参与多次学术论争,代表性的包括早期与实证主义、历史主义、后现代主义等学派的论争,与伽达默尔、卢曼、利奥塔、罗尔斯等学者的论争②。

(4)传记性研究。此类研究主要是对哈贝马斯生活和学术传记的研究。目前已有哈贝马斯的传记作品多部,最具可读性的当属陈勋武的《哈贝马斯评传》③。

哈贝马斯可能是德国古典哲学之后唯一一位建构起了宏大理论体系的思想家。他学术生涯的早期主要关注构建批判理论的规范基础问题,提出认识旨趣论、多元社会科学方法论以及晚期资本主义危机理论等学术观点,中期经历"语言学转向"之后致力于构建一个宏大的现代性理论,意在为西方的启蒙现代性辩护,提出了"现代性是一项未竟工程"的著名论断,出版《交往行动理论》这一奠定其一生学术地位的旷世巨著,此后进一步将交往行动理论扩展至传统实践哲学领域、国际政治理论和宗教理论,提出的观点包括:真理共识论、商谈伦理学、审议(协商)民主理论、公共领域理论、程序主义法范式、宪法爱国主义、世界公民社会/国际政治理论、后俗成社会宗教理论/思想等等。哈贝马斯的理论尽管博大精深,但是始终是围绕合理性和现代性这大议题展开,他借重语言哲学、认知心理学等理论资源提出了一个以交往理性为核心概念、以生活世界和系统两分为分析框架、以普遍语用学为理论基础新的现代性理论,从就现代性危机作了"生活世界的殖民化"的病因诊断,开出了"以交往理性重构实践理性"的总药方。就此而言,我们可以通过分析国内对于哈贝马斯的学科和议题分布情况评估其总体研究格局。

---

① 代表性的研究成果,参见艾四林、戴令波:《哈贝马斯与康德、黑格尔的伦理观》,《兰州大学学报》2001 年第 5 期;T. 罗克莫尔:《现代性与理性:哈贝马斯与黑格尔》,《国外社会科学》1991 年第 1 期;王振林:《生产、语言与交往——马克思与哈贝马斯》,《社会科学战线》1999 年第 4 期;艾四林:《哈贝马斯对韦伯合理性理论的改造》,《求是学刊》1994 年第 1 期;张庆熊:《交往行为与语言游戏:论哈贝马斯对维特根斯坦语言哲学的接纳与批评》,《马克思主义与现实》2008 年第 4 期;孔慧:《哈贝马斯论塞尔的〈意义、交往及表现〉》,《当代国外马克思主义评论》(2009 年卷)。

② 代表性的研究成果,参见夏巍:《论哈贝马斯对实证主义的批判》,《山东社会科学》2010年第 8 期;张云龙:《交往与共识何以可能——论哈贝马斯与后现代主义的争论》,《江苏社会科学》2009 年第 11 期;龚群:《哲学诠释学的方法论问题——哈贝马斯与伽达默尔之争》,《哲学动态》2001 年第 2 期;D. 霍斯特:《是分析社会还是改造社会——哈贝马斯与卢曼之争》,《国外社会科学》2000 年第 3 期;R. 罗蒂:《哈贝马斯和利奥塔论后现代性》,《世界哲学》2004 年第 4 期;应奇:《两种政治观的对话——关于哈贝马斯与罗尔斯的争论》,《浙江学刊》2000 年第 6 期。

③ 主要传记作品包括陈勋武:《哈贝马斯评传》,东方出版社 2008 年版;[日]中冈成文:《哈贝马斯:交往行为》,王屏译,河北教育出版社出版 2001 年版;[德]霍尔斯特:《哈贝马斯传》,章国锋译,东方出版中心 2000 年版;[英]威廉姆·奥维特:《哈贝马斯》黑龙江人民出版社出版2002 年版;莱斯利·A. 豪:《最伟大的思想家:哈贝马斯》,陈志刚译,中华书局 2014 年版。

根据中国知网的检索结果,目前国内各学科哈贝马斯研究的成果数量分别是:哲学(含马克思主义 44 篇)1090 篇;政治学(含中国政治与国际政治 55 篇)322 篇;伦理学 100 篇;社会学及统计学 98 篇;法学(含法理、法史,诉讼法与诉讼制度,刑法,宪法,国际法)187 篇;心理学 4 篇;教育学(含高等教育、教育理论与教育管理、中等教育、思想政治教育、职业教育、成人教育和特殊教育)115 篇;美学 20 篇;新闻与传媒 78 篇;宗教 23 篇;语言学(含中国语言文字、外国语言文字)82 篇;经济学(经济理论及经济思想史、宏观经济管理与可持续发展)34 篇;文化学 16 篇;管理学(含行政学及国家行政管理、科学研究管理)38;方法论(含自然科学理论与方法、社会科学理论与方法)72 篇(图 2)。在此值得注意的是,法律理论和宗教理论研究是近年来国内哈贝马斯研究成果数量成长最快的两个领域,前一领域清华大学法学院高鸿钧①发挥了重要的组织和推动作用,后一领域最具代表性学者是复旦大学张庆熊教授②。

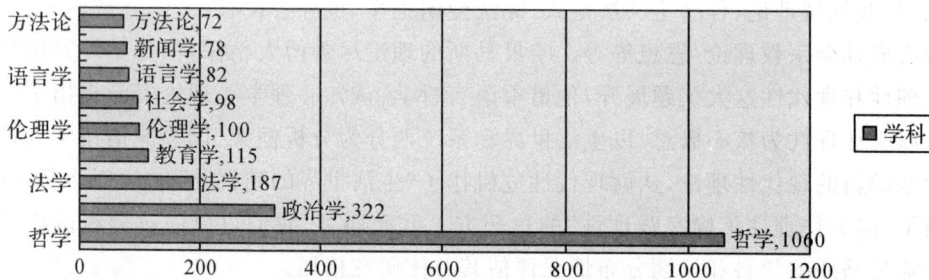

图 2　国内哈贝马斯研究的学科分布情况

同时,就目前研究的议题分布情况而言,笔者以下述哈贝马斯的核心概念/议题在中国知网进行篇名检索,分别可得研究成果数量是:批判理论 100 篇;意识形态理论 83 篇;认识兴趣论 9 篇;方法论 17 篇;科学技术 81 篇;现代性理论 106 篇;交往理性 87 篇;交往行动(为)理论 234 篇;生活世界与系统 86 篇;普遍语用学 35 篇;公共领域 166 篇;商谈(话语)伦理学 20 篇;协商(审议)民主 48 篇;程序主义法 14 篇;宪法爱国主义 7 篇;世界公民社会/国际政治 7 篇;宗教理论/思想 33 篇;晚期资本主义 20 篇;合法性/正当性 79 篇;合理性 35 篇。可见,目前研究议题的重心仍然在哈贝马斯早期和交往行动理论时期,相对而言其后期的政治、法治、国际政治和宗教议题研究关注热度相对较弱(见图 3)。

---

① 高鸿钧教授在研究哈贝马斯的成果数量上尽管不在高产作者行列,然而他多年来坚持组织学生进行哈贝马斯的专题阅读并编译相关研究书籍,其弟子泮伟江、马剑银等人均已发表哈贝马斯研究论文。高鸿钧:《走向交往理性的政治哲学和法学理论》,《政法论坛》2008 年第 5、6 期。

② 张庆熊、林子淳:《哈贝马斯的宗教观及其反思》,上海三联书店 2011 年版。

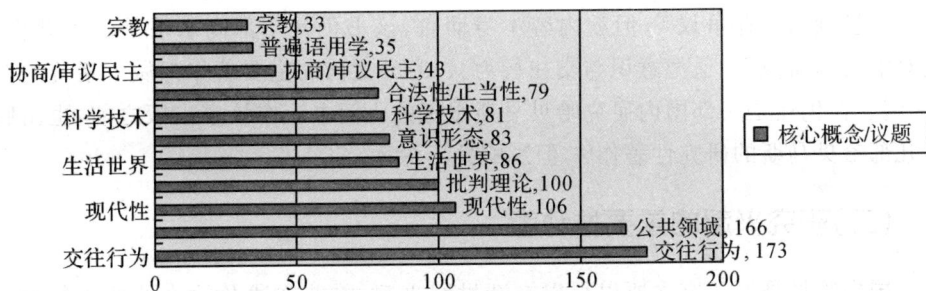

图3　国内哈贝马斯研究的议题分布情况

二、国内研究的主要学人及其作品

国内哈贝马斯研究显然已形成一个稳定的学术议题,每年均有新的学人加入到研究行列,在此主要介绍比较重要的几位研究开创者和当前具有重要影响力的知名研究者。

(一)研究初期的主要开创者

任何一块学术处女地的开辟都需要有垦荒者的不畏艰险、披荆斩棘。就国内哈贝马斯研究而言,以下几位开创者的贡献必须提及。

最为重要的开创者首推薛华。他 1937 年生于山西寿县,毕业于中国社会科学院哲学研究所,其主要的研究专长为黑格尔和德国哲学,这使他在研究哈贝马斯时具有很大的研究优势。哈贝马斯尽管中后期著作受自英美哲学影响巨大,但是其早期的学术训练与学术团队主要还是属于德国哲学传统,期间的学术风格还有一个从黑格尔向康德转移的过程。薛华的主要研究成果即《哈贝马斯的商谈伦理学》,该书虽篇幅很小(正文仅有 87 页),但是它以《道德意识和交往行动》一书为主要研究对象,对商谈伦理学的两个原则及其在交往理论和道德意识发展理论两个层面上的证明分析地极为精彩,成为以后研究难以绕开的学术里程碑。

第二位需要提及的是张博树。1989 年,时为中国社会科学院哲学研究所博士生的张博树在其导师徐崇温教授的推荐下翻译出版了国内第一本哈贝马斯论文集《交往与社会进化》。尽管这是一部哈贝马斯作品选集,但编者托马斯·麦卡锡是英语世界最早亦是后来最具影响力的哈贝马斯研究者之一,其选入论文均为哈贝马斯早中期代表性论文,因而编译该书对国内学者了解哈贝马斯提供了一种十分珍贵的阅读材料。

第三位是欧力同,他于 1997 年出版的《哈贝马斯的"批判理论"》因其背后的知识产权悬疑而尚存争议①,但就内容本身而言,该书仍是一部高水平的学术著作,他对哈贝马斯截至《道德意识与交往行为》(1983)之前的主要著作都做了系统的介绍,到现在仍然是一部国内研究哈贝马斯很好的入门书。在该书出版之前,也出版了几部哈贝马斯的研究性著作②,但影响并不深远。

(二)研究兴起的重要推动者

国内哈贝马斯研究之所以得以在新世纪兴起,除前文述及的哈贝马斯轰动性的访华事件之外,最重要的推动是哈贝马斯的作品被大量翻译成中文。国内学术界围绕西方学者思想的研究往往具有一种特别现象,那就是"翻译先行、译者为王",中译本的出现具有极大的推动普及力,而译者及其相关研究作品往往具有一种影响力上的先天优势,能够作为国内哈贝马斯研究重要推动的学人同样具备两种身份:哈贝马斯作品的翻译者和思想的研究者。

1.郭官义

就年龄而言③,郭官义应当列入第一期中。据其本人介绍,他在 20 世纪 80 年代就曾将哈贝马斯各个时期的代表论文编译成中文(约 35 万字),另有关于哈贝马斯的长篇述评论文,但是由于各种原因未能出版,实为学界一大憾事。他对哈贝马斯研究的主要贡献在于翻译,包括《理论与实践》(与李黎合译,社会科学文献出版社 2004 年)、《重建历史唯物主义》(社会科学文献出版社 2000)、《作为"意识形态"的技术与科学》(与李黎合译,学林出版社 1999 年)、《认识与兴趣》(郭官义等译,学林出版社,1999 年)。郭官义可以称之为纯粹的哈贝马斯作品翻译家,其研究作品数量极少。④

---

① 郭官义在《认识与兴趣》的中文本译者前言(第 15 页下最后一段文字)中不点名地提出了这一问题,而欧力同在其上述专著的后记中亦明言自己曾"拜读"过郭官义所提及的资料,并觉"大有助益"。

② 分别是:陈学明,《哈贝马斯的"晚期资本主义"论述评》,重庆出版社 1993 年版;李忠尚,《第三条道路:马尔库塞和哈贝马斯的社会批判理论研究》,学苑出版社 1994 年版;傅永军等,《批判的意义:马尔库塞、哈贝马斯文化与意识形态批判理论研究》,山东大学出版社 1997 年版。

③ 1934 年 6 月生,河南汝阳人,原中国社会科学院哲学研究所翻译、译审。

④ 《何谓今日之危机?——论晚期资本主义中的合法性问题》,《哲学译丛》1981 年第 5 期;《哈贝马斯新作问世》,《哲学译丛》1997 年第 2 期;《现实与对话伦理学》(1993 年 11 月份对哈贝马斯的一个访谈,出处不详)。

2. 曹卫东

曹卫东①是国内哈贝马斯研究中翻译与研究影响力俱佳的学人。他是国内哈贝马斯著作翻译的主要推动者与承担者,主要译著包括《公共领域的结构转型》(合译,学林出版社 1999 年版)、《合法性危机》(合译,上海人民出版社 2000 年版)、《现代性的哲学话语》(译林出版社年 2004 版)、《后形尔上学思想》(译林出版社 2001 年版)、《交往行为理论(第一卷)》(上海人民出版社 2004 年版)、《后民族结构》(上海人民出版社 2002 年版)、《包容他者》(上海人民出版社 2002 年版);译文包括《欧洲是否需要一部宪法?》(《读书》2002 年第 5 期)、《生产力与交往——答克吕格问》(《天津社会科学》2001 年第 5 期);《康德之后的形而上学》(《世界哲学》1998 年第 2 期)。然而他的治学,早期主要在于文艺理论,1990 年 9 月至 1993 年 7 月在北京大学比较文学研究所师从乐黛云教授获得硕士学位,在乃师建议下开始关注哈贝马斯,因而其早期的专著《交往理性与诗学话语》②即是两者结合的产物,但并未引起学界强烈的反响。此后 1993—1998 年就读于中国社科院文学研究所并获得博士学位,并于 1999 年 1 月有机会前往德国法兰克福大学社会学系进行为期一年多的学术访问,全力精研哈氏专著并有机会当面请教哈贝马斯,从而奠定其日后学术发轫之智识基础。

曹卫东的哈贝马斯研究可谓“瞻前顾后”:大致上在其留学之前的研究主要集中于哈氏早期的方法论与公共领域理论,而 2000 年之后则聚焦于话语政治学,他的主要论文已集结成两部专著出版③。他的研究比较注重哈贝马斯本人的论证结构以及与论著相关的背景情况,体现出翻译者的文本熟悉优势,同时,他绕开了国内已有基础的现代性问题,更加关注哈贝马斯的后期民主政治思想,具有开创性。但是,必须指出的是,与国内大部分学者一样,曹卫东的研究也忽视了哈贝马斯的思想在进入实践理性领域之后所发生的复杂变化,尤其是对《在事实与规范之间》一书的重视度不够。

3. 童世骏

童世骏,1958 年 9 月生,1982 年 2 月毕业于华东师范大学政教系,获学士学

---

① 1968 年 5 月生于江苏阜宁,先后就读于北京大学比较文学专业和中国社会科学院研究生院文艺学专业,系文学博士、教授。曾任北京师范大学文学院副院长,党委宣传部部长兼新闻中心主任、文学院副院长,学校办公室主任、政策研究室主任、校友工作办公室主任(兼),校长助理、学校办公室主任、政策研究室主任、校友工作办公室主任(兼)、档案馆馆长(兼)。2012 年 8 月任北京师范大学副校长,现任北京第二外国语学院校长。

② 曹卫东:《交往理性与诗学话语》,天津社会科学院出版社 2001 年版。

③ 曹卫东:《权力的他者》,上海世纪出版集团 2004 年版;曹卫东:《曹卫东讲哈贝马斯》,北京大学出版社 2005 年版。

位;1984 年 12 月毕业于华东师大政教系,获硕士学位;1994 年 8 月毕业于挪威卑尔根大学哲学系,获博士学位。现为华东师范大学党委书记、教授,兼任《哲学分析》(双月刊)总编,教育部社会科学委员会委员、上海市社联副主席等职。他的主要翻译作品是《在事实与规范之间》(三联出版社 2003 年版),在笔者看来,这本书的翻译在国内现有哈贝马斯译作中是质量最好的。童世俊不仅是一个一流的翻译家,同时更是一个哈贝马斯研究和一般哲学研究的大家。他研究哈贝马斯的专著《批判与实践—论哈贝马斯的批判理论》(三联书店 2007 年版)是目前国内同类研究中最具深度的作品,其代表性论文包括:《"后世俗社会"的批判理论——哈贝马斯与宗教》(《社会科学》2008 年第 1 期);《正义基础上的团结、妥协和宽容——哈贝马斯视野中的"和而不同"》(《马克思主义与现实》2005 年第 3 期)、《国际政治中的三种普遍主义——伊拉克战争以后对罗尔斯和哈贝马斯的国际政治理论的比较》(《华东师范大学学报(哲学社会科学版)》2003 年第 6 期);《没有"主体间性"就没有"规则"——论哈贝马斯的规则观》(《复旦学报(社会科学版)》2002 年第 5 期);《同学术传统和观点的沟通何以可能——对哈贝马斯现代性理论的方法论分析》(《安徽师范大学学报(人文社会科学版)》2000 年第 3 期);《科学与民主的和谐相处何以可能? ——论杜威和哈贝马斯的科学观和民主观》(《华东师范大学学报(哲学社会科学版)》1999 年第 4 期)。童世骏的每一篇研究都非常精细、深刻,带有浓厚的学院派风格,他对哈贝马斯理论中几个重要区分(事实与规范、行为与行动)的概念分析十分精彩[1],是这个领域不可绕过的重要论文。

(三)具有重要影响的学人:高产与高引作者

1.影响力的标准:高产与高引

国内哈贝马斯研究具有重要影响力的学人,笔者拟从数量和质量两个维度加以考察。第一类是高产作者,笔者以前述 1739 篇期刊论文为分析对象,筛选出高产作者的初步人选,再按"作者"进行检索补充,最终确认高产作者名单。其中,个人发表论文数量超过 10 篇的有王晓升(25 篇)、傅永军(18 篇)、艾四林(14 篇)、李佃来(13 篇)、刘志丹(12 篇)、阳海音(14 篇)、夏巍(12 篇)、郑召利(12 篇)、刘光斌(11 篇)、胡军良(10 篇)、田润锋(10 篇)、铁省林(10 篇);在 5—9 篇的有马金杰(9 篇)、汪行福(8 篇)、童世骏(8)、贺翠香(8 篇)、杨礼银(7 篇)、陈伟(7 篇)、肖小芳(7 篇)、吴苑华(7 篇);5 篇的有吴开明、曹卫东、龚晓珺、张向东、张翠、李嘉美、姚大志、鲁力、唐涛、沈云都;4 篇的有陆自荣、彭伟锋、钱厚诚、陈雪飞、张和平、刘中起。

---

① 童世骏:《大问题和小细节之间的"反思平衡"——从"行动"和"行为"的概念区分谈起》,《华东师范大学学报(哲学社会科学版)》2008 年第 4 期;《"事实"与"规范"的关系:一个哲学问题的政治—法律含义》,《求是学刊》2006 年第 5 期。

第二类是高引论文作者。同样以前述哈贝马斯研究期刊论文为分析对象,统计引用次数后筛选出 100 篇高引论文。其中,引用率超过 100 次的论文共 10 篇(表1),入选高引论文篇数超过 2 篇的作者排序:傅永军(6 篇)、艾四林(5 篇)、姚大志(4篇)、曹卫东(3 篇)、高鸿钧(3 篇)、李佃来(3 篇)、盛晓明(3 篇)、王晓升(3 篇)、张汝伦(2 篇)、郑召利(2 篇)、陈炳辉(2 篇)、刘日明(2 篇)、吕俊(2 篇)、童世骏(2篇)、王振林(2 篇)、张康之(2 篇)。比较高产作者和高引作者名单可知,王晓升、傅永军、艾四林、李佃来四位学者在目前国内哈贝马斯研究中具有广泛而重要的影响力,而盛晓明的哈贝马斯认识论方法论研究、姚大志的哈贝马斯政治哲学研究、高鸿钧的哈贝马斯法律理论研究、刘志丹的哈贝马斯语言哲学则在各自专业领域具有重要影响力。除此此外,章国锋和龚群两位学者亦是比较值得注意的哈贝马斯研究者,前者是国内哈贝马斯重要的译介者①,后者是较早系统研究哈贝马斯伦理学的学人②。

表1　国内哈贝马斯研究十大高引论文

排序	作者	论文	引用次数
1	展江	《哈贝马斯的"公共领域"理论与传媒》,中国青年政治学院学报2002 年第 2 期,第 123—128 页。	320
2	章国锋	《哈贝马斯访谈》,外国文学评论,2000 年第 1 期,第 27—32 页。	295
3	张康之	《合法性的思维历程:从韦伯到哈贝马斯》,教学与研究 2002 年第 3 期,第 63—68 页。	197
4	艾四林	《哈贝马斯交往理论评析》,清华大学学报(哲学社会科学版),1995 年第 3 期,第 11—18 页。	166
5	童世骏	《没有"主体间性"就没有"规则"——论哈贝马斯的规则观》,复旦学报(社会科学版)2002 年第 5 期,第 23—32 页。	155
6	陈勤奋	《哈贝马斯的"公共领域"理论及其特点》,厦门大学学报(哲学社会科学版)2009 年第 1 期,第 114—121 页。	140
7	艾四林	《哈贝马斯论"生活世界"》,求是学刊 1995 年第 5 期,第 4—9 页。	122
8	傅永军	《哈贝马斯交往行为合理化理论述评》,《山东大学学报(哲学社会科学版)》2003 年第 3 期,第 9—14 页。	110
9	李龙	《论协商民主——从哈贝马斯的"商谈论"说起》,《中国法学》2007 年第 1 期,第 31—36 页。	103
10	姚大志	《何谓正义:罗尔斯与哈贝马斯》,《浙江学刊》2001 年第 4 期,第 10—16 页。	101

---

①　章国锋:《关于一个公正世界的"乌托邦"构想:解读〈哈贝马斯交往行为理论〉》,山东人民出版社 2001 年版。

②　龚群:《道德乌托邦的重构:哈贝马斯交往伦理思想研究》,商务印书馆 2003 年版。

2. 艾四林

艾四林,1965 年 2 月生,北京大学哲学系博士,师从张世英教授。现为清华大学教授、博士生导师,2013 年 5 月起任清华大学马克思主义学院院长,教育部人文社会科学重点研究基地清华大学高校德育研究中心主任。艾四林目前是国内马克思主义研究的重要专家,具有留学德国的背景,其研究哈贝马斯的代表作是《哈贝马斯》(湖北教育出版社 1997 年版)、《民主、正义与全球化:哈贝马斯政治哲学研究》(与王贵贤、马超合作,北京大学出版社 2010 年版),代表性论文包括:《康德和平思想的当代意义——哈贝马斯、罗尔斯对康德和平思想的改造》(《复旦学报(社会科学版)》2004 年第 4 期);《哈贝马斯与康德、黑格尔的伦理观》(《兰州大学学报(社会科学版)》2001 年第 5 期);《哈贝马斯清华大学讲演综述》(《清华大学学报(哲学社会科学版)》2001 年第 3 期);《哈贝马斯思想评析》(《清华大学学报(哲学社会科学版)》2001 年第 3 期);《超越意识哲学——哈贝马斯批判理论的交往理论转向》(《北方论丛》1997 年第 3 期);《论哈贝马斯的商谈伦理学》(《兰州大学学报(社会科学版)》1996 年第 1 期);《法哲学与商谈理论——评哈贝马斯的"事实性与有效性"》(《国外社会科学》1995 年第 4 期);《哈贝马斯交往理论评析》(《清华大学学报(哲学社会科学版)》1995 年第 3 期);《哈贝马斯论"生活世界"》(《求是学刊》1995 年第 5 期);《哈贝马斯论后形而上学》(《国外社会科学》1994 年第 1 期);《哈贝马斯对韦伯合理性理论的改造》(《求是学刊》1994 年第 1 期);《评哈贝马斯论后形而上学思想》(《现代哲学》1994 年第 1 期)。可见,艾四林作为国内研究哈贝马斯者中比较早的进入者,其成果主要以译介评述为主。

3. 王晓升

王晓升,1962 年 6 月生,1985 年毕业于厦门大学哲学系,哲学专业,获得哲学学士学位,1991 年中国人民大学哲学系研究生毕业,获博士学位,现任华中科技大学哲学系教授。王晓升教授的主要研究领域广泛,包括马克思主义、法兰克福学派、维特根斯坦后期哲学等。王晓升教授进入哈贝马斯研究相对较晚,其发表的第一篇相关论文在 2002 年,然而却能后来居上,不仅成果数量惊人,其影响力亦巨大,其代表性专著《哈贝马斯的现代性社会理论》(社会科学出版社 2006 年版)、《商谈道德与商议民主:哈贝马斯政治伦理思想研究》(社会科学出版社 2009 年版),代表性论文包括:《意义的"内爆"——哈贝马斯公共领域理论所面临的一个难题》(《求是学刊》2015 年第 5 期);《论国家治理行动的合法性基础——哈贝马斯商议民主理论的一点启示》(《湖南社会科学》2015 第 1 期);《哈贝马斯商议民主理论的现实意义》(《黑龙江社会科学》2013 年第 2 期);《程序主义民主与公共领域的现实重构——哈贝马斯的商议民主理论及其启示》(与雷雯合作,《福建论坛(人文社会科学版)》2012 年第 2 期);《"公共领域"概念辨析》(《吉林大学社会科学学报 2011 年第 4 期);《强意识形态、弱意识形态与理性共识——从哈贝马斯公共领域理论看意识形态斗争策略》(《学术研究》2011 年第 4 期);《评哈贝马斯的道德普遍主义和伦理多元主义》(《中共浙江省委党校学报》2010 年第 3 期);《在"公私分明"与"大公无私"之间——评哈贝马斯关于公共领域的理论》(《中共浙江省委党校学报》2009 年第 3 期);《论哈贝马斯对权利的重新理解——人权和主权:同源共生还是相互冲突?》(《马克思主义与现实》2009 年第 2 期);《评哈贝马斯的程序主义的规范性民主模式》(《学习论坛》2008 年第 12 期);《从实践理性到交往理性——哈贝马斯的社会整合方案》(《云南大学学报(社会科学版)》2008 年第 6 期);《在共和主义与自由主义之间——评哈贝马斯的商议民主概念》(《江苏社会科学》2008 年第 1 期);《正义制度建构中道德因素的作用——罗尔斯和哈贝马斯方案剖析》(《社会科学辑刊》2008 年第 1 期);《法律和道德的差别与联系——对哈贝马斯商谈论中道德概念的批判》(《岭南学刊》2007 年第 4 期);《用交往权力制衡社会权力——重评哈贝马斯的商议民主理论》(《中山大学学报(社会科学版)》2007 年第 4 期);《重新理解权利——哈贝马斯对自由主义、共和主义和程序主义的权利概念分析》(《学术研究》2007 年第 6 期);《人权:义务论和目的论解释的冲突——评哈贝马斯对权利的义务论解释》(《天津社会科学》2007 年第 3 期);《政治权力与交往权力——哈贝马斯对于民主国家中的权力结构的思考》(《苏州大学学报(哲学社会科学版)》2007 年第 3 期);《哈贝马斯的程序主义的规范性民主模式》(《中共浙江省委党校学报》2007 年第 3 期);《系统和生活世界的互动关系中的法律——对哈贝马斯法哲学思想的一点思考》(《中共浙江省委党校学报》2006 年第 2 期);《具体劳动、抽象劳动和物化——评哈贝马斯对马克思劳动二重性思想的批评》(《求是学刊》2004 年第 5 期);《生活世界——社会历史研究中的价值维度——对哈贝马斯社会历史研究方法论的一种考察》(《福建论坛(人文社会科学版)》2003 年第 5 期);《新社会进化论还是历史唯物主义——评哈贝马斯对历史唯物主义的重建》(《天津社会科学》2003 年第 5 期);《合法化与可辩护性——评哈贝马斯的合法化概念》(《福建论坛(人文社会科学版)》2002 年第 4 期);《应当如何看待马克思社会历史观的价值——哈贝马斯〈重建历史唯物主义〉的一点理解》(《社会科学战线》2002 年第 2 期)。王晓升的研究主要侧重的是哈贝马斯的现代性和政治理论,就其自身而言,哈贝马斯研究是其所有研究成果中引用率最高的部分。

4. 傅永军

傅永军,1958 年 6 月出生,1986 年毕业于中国人民大学哲学系,获哲学硕士学位,1998 年毕业于山东大学国政学院,获法学博士学位。现任山东大学社会科学处副处长、山东大学学报(哲学社会科学版)主编、山东大学哲学与社会发展学院教授、山东大学当代社会主义研究所专职教授、博士生导师。主要从事法兰克福学派社会批判理论(哈贝马斯哲学)、德国古典哲学(康德哲学)、犹太宗教哲学等领域的研究。傅永军教授早年主要研究法兰克福学派思想,曾出版专著《法兰克福学派的现代性理论》(社会科学文献出版社2007年版),他的哈贝马斯研究起步亦较早,但是并没有出版专著,其代表性论文包括:《交往行为的意义及其解释》(《武汉大学学报(人文科学版)》2011年第2期);《公共领域与合法性——兼论哈贝马斯合法性理论的主题》(《山东社会科学》2008年第3期);《哈贝马斯的现代性视野》(《山东大学学报(哲学社会科学版)》2007年第3期);《哈贝马斯"公共领域"思想三论》(与汪迎东合作,《山东社会科学》2007年第1期);《哈贝马斯宗教哲学思想研究述评》(与铁省林合作,《哲学动态》2006年第11期);《理性缺位的总体性批判——论哈贝马斯对〈启蒙辩证法〉的批评》(《山东大学学报(哲学社会科学版)》2006年第6期);《批判的社会知识何以可能? ——伽达默尔-哈贝马斯诠释学论争与批判理论基础的重建》(《文史哲》2006年第1期);《哈贝马斯交往行为合理化理论述评》(《山东大学学报(哲学社会科学版)》2003年第3期);《哈贝马斯论形而上学之思和后形而上学之思》(《社会科学战线》2003年第3期);《哈贝马斯"合法性危机论"评析》(《马克思主义研究》1999年第4期);《哈贝马斯晚期资本主义危机理论述评》(《哲学研究》1999年第2期);《哈贝马斯与勃兰特资本主义危机观比较研究》(《文史哲》1998年第3期);《"生活世界"学说:哈贝马斯的批判与改造》(与张志平合作,《山东大学学报(哲学社会科学版)》1997年第4期)。

5. 李佃来

李佃来,1973年生,武汉大学哲学学院教授、博士生导师、首届青年长江学者、马克思主义理论与中国实践协同创新中心研究员,主要研究方向为马克思主义哲学和政治哲学。李佃来2002年发表第一篇哈贝马斯研究论文,其研究聚焦哈氏的市民社会理论,已出版专著《公共领域与生活世界:哈贝马斯市民社会理论研究》(人民出版社2006年版),代表性论文包括:《论哈贝马斯的世界市民社会理论》(《学术月刊》2011年第11期);《合法性:哈贝马斯政治哲学的焦点》(《人文杂志》2010年第5期);《哈贝马斯重建历史唯物主义的内在逻辑》(《马克思主义哲学研究》2009卷);《不可能性:哈贝马斯市民社会理论的命运》(《马克思主义哲学研究》2007卷));《历史逻辑的指认与批判性政治哲学的创构:哈贝马斯市民社会理论的取向与价值》(《马克思主义哲学研究》2008卷);《哈贝马斯与批判理论》(《天津行政学院学报》2007年第4期);《话语民主:哈贝马斯政治哲学的关键词》(《武汉大学学报(人文科学版)》2005年第6期);《重置理性的路标:哈贝马斯现代性批判之维》(《求是学刊》2005年第2期);《时代困境与交往理性——哈贝马斯现代性话语的批判维度》(《马克思主义哲学研究》2003卷);《哈贝马斯市民社会理论探讨》(《哲学研究》2004年第6期);《语言哲学的转向和普遍语用学——试析哈贝马斯的语言哲学》(《武汉大学学报(人文科学版)2003 年第 4 期);《论哈贝马斯的交往理性》(《马克思主义哲学研究》2002 卷);《哈贝马斯与交往理性》(《湖北行政学院学报》2002 年第 5 期)。李佃来是新生代研究哈贝马斯的佼佼者,他所有论文中引用率最高的文章即是《哈贝马斯市民社会理论探讨》,近年来已转向马克思主义政治哲学的研究。

除大陆地区之外,港台地区的学者作品在国内哈贝马斯研究中的影响亦相对显著,其中代表性是阮新邦[①]、黄瑞琪[②]两人的作品。

三、国内哈贝马斯研究的总体性方法评述

或许是哈贝马斯的作品过于宏大和精深,国内哈贝马斯研究在经历了短暂的辉煌之后,自 2008 年之后慢慢走向一种平淡,虽则研究成果的数量是可观,但是领军人物的纷纷转向和研究工程的停滞不前无疑是两个比较直观的问题。

1.研究的文本问题

作为一种人物思想的研究,首先需要解决的无疑是研究的文本依据问题,类似哈贝马斯这样一位当今世界在世的最重要的思想家之一,无疑应当有比较系统可靠的翻译工程作支撑。尽管目前哈贝马斯的主要作品均有了中文译本,然而除童世骏教授的《在事实与规范之间》被公认为是一个高质量的译本之外,其他的译本就差强人意了,尤其是哈贝马斯最重要的作品《交往行动理论》居然没有一个比较权威的译本(早年洪佩郁的全译本饱受诟病,而曹卫东主持的译本在出版了上册之后就至今没有下文),这不能不说是目前国内哈贝马斯研究的最大硬伤。

2.研究的方法问题

哈贝马斯的研究方法,国内目前多采用三种方法。第一种可称之为内在批判法。熟悉哈贝马斯作品的读者应该知道,内在批判方法乃是哈氏自己最喜欢运用的研究方法,它比较注重:(1)文本作者对主要观点进行论证的逻辑结构;(2)对其结论之合理性展开推论,追问其各个方面有无自相矛盾之处,进而特别应当关照其对于现实的解释能力;(3)在此基础上,提出研究者对相同问题的进一步理解。前两步都必须是站在作者之立场上进行。国内在此方面做得最好的当属薛华与童世骏的作品,而大部分对哈贝马斯进行研究的论文都有断章取义的毛病。第二种即

① 阮新邦:《批判解释学与社会研究》,上海人民出版社 1998 年版;《批判诠释与知识重建》,社会科学文献出版社 1999 年版。阮新邦、林端主编:《解读〈沟通行动论〉》,上海人民出版社 2003 年版

② 黄瑞祺:《社会理论与社会世界》,北京大学出版社 2005 年版。

思想比较方法。这种方法在哈贝马斯研究中也是十分重要,因为哈贝马斯理论渊源上的多元性及其学术生涯中的论争性格使得将他与其他学者之间的思想进行比较显得异常重要。然而,比较之难,非得同时熟悉被比较者的思想方可成行。一般认为,哈贝马斯与卢曼、哈贝马斯与伽达默尔、哈贝马斯与罗尔斯、哈贝马斯与福柯、哈贝马斯与韦伯、哈贝马斯与阿佩尔等人的比较尤其重要。从国内现有的资料与研究成果上看,哈贝马斯与韦伯、伽达默尔及罗尔斯之间的比较研究相对比较成熟①,其他的比较研究则往往仅注意哈贝马斯一面的意见。第三种即思想发生史(传播史)的方法。它不仅要求我们注重学者思想之整体脉络,更为重要的是要注意不同地域、不同时期的研究者对思想家进行解读的不同之处,因而,它实际上必然要关注此种思想的传播效应。这种研究正是目前国内最为缺乏的,曹卫东的《哈贝马斯在汉语世界的历史效果——以"公共领域的结构转型"为例》(《现代哲学》2005 年第 1 期)一文是比较接近的开创性研究,然而就学术价值而言,哈贝马斯在德语世界与英语世界的传播史考察显然更为重要与紧迫,环顾国内现在可以见到的此类性质研究,可以称为典范的当属顾中华所著《韦伯诠释的典范转移和韦伯研究》一文②。就哈贝马斯的传播史研究而言,必须厘清哈贝马斯思想的接受者与批判者对哈贝马斯思想的发展与修正所具有的理论意义。就德语世界而言,比较重要的是阿佩尔、卢曼、阿列克西对哈贝马斯思想构成的影响以及他的三大弟子霍内斯、奥菲、维尔默对其商谈理论的修正所施加的重要影响;就英语世界而言,比较重要的是麦卡锡、伯恩斯坦、雷格、科恩(美国)、吉登斯、汤普森(英国)等人对哈贝马斯的解读。相对而言,第三种研究是目前国内需求继续努力的。

3. 研究重心问题

研究中心的确定涉及对哈贝马斯本人思想的定位问题。正如前文已述及,国内哈贝马斯研究,无论是研究人数还是成果数量,占比最重的无疑是哲学界(尤其是马克思主义哲学研究),其对哈贝马斯的一般定位依然是西方马克思主义法兰克福学派第二代代表人物。当然这种定位是有其合理性的,但是无疑是不够的。哈

---

① 国内近年对伽达默尔、韦伯、罗尔斯的研究可谓热情似火,积累了大量的资料;同时,现有的研究中又以对哈贝马斯与罗尔斯之间的比较最为充分。相关论文参见:陈勋武、顾速《正义是否包含真理?——罗尔斯与哈贝马斯关于正义的争论》(《哲学动态》1996 年第 12 期),盛晓明《从多元到一体:由哈贝马斯与罗尔斯的分歧谈起》(《浙江学刊》2000 年第 6 期),应奇《两种政治观的对话——关于罗尔斯和哈贝马斯的对话》(《浙江学刊》2000 年第 6 期),[美]M. 费克斯《从哈贝马斯与罗尔斯交锋看自由主义和共和主义》(《浙江学刊》2001 年第 4 期),姚大志《何谓正义:罗尔斯与哈贝马斯》(《浙江学刊》2001 年第 4 期),包利民《重建公共理性伦理规范的不同路径——评哈贝马斯与罗尔斯之争》(《浙江学刊》2001 年第 4 期)。

② 顾中华:《韦伯学说》,广西师范大学出版社 2004 年版,第 3—71 页。

贝马斯最为世界思想界关注和称道的地方无疑是他对于西方启蒙现代性的辩护（从价值立场、核心概念、分析框架、理论基础各个层面），尤其在其"语言哲学转向"之后,哈贝马斯的价值立场明显地由黑格尔—马克思的脉络向康德主义转移。这就很能解释,当法兰克福学派的第三代人物已经全面接班而哈贝马斯本人的研究立场偏离黑格尔传统的时候,国内马克思主义哲学界的哈贝马斯研究就只能走向平淡了。笔者认为,研究哈贝马斯的重心更应关注其交往行动理论时期以及向实践哲学领域深入的过程,研究其商谈伦理学、程序主义法范式、宪法爱国主义、世界公民社会等重大议题,哈贝马斯最重要的思想价值,就是重构了西方现代性的理论基础,同时又与后现代主义者进行了激烈的论争,澄清了现代性的当代意义。

哈贝马斯早期法律思想的一个片段

——读《从对现代法律的进化论价值思考——辅导课提纲》

一般认为哈贝马斯法律思想的成熟当从 1986 年的《法律与道德》一文开始,以 1992 年的《在事实与规范之间》为集大成。然而,这并不意味着他早期的法律思想就不重要,学界也早已有人分析过《交往行动理论》中的法律思想。① 当然,从学说史的角度着眼,这种努力也可以继续向前推进。像哈贝马斯这样热衷于整全性研究的学者而言,甚至在《理论与实践》(1963)这样的早期论著中,也有着丰富的法学思想,比如说《自然法与革命》一文。但是,本文眼下所关注的乃是收录于《重建历史唯物主义》中的另外一篇文章《从对现代法律的进化论价值思考——辅导课提纲》(1976)②。

这篇文章的主要内容,乃是谈现代法律的合理性结构。但是哈贝马斯并没有急着切入主题,他首先要交代法律所属的社会的一般特征与观察视角,进而对合理性的一般概念及其类型加以阐明,这样做的目的显然是一种方法论上的考虑。

一、社会的构成、发展动力与观察视角

本文一开篇就提出了一种令人十分熟悉的社会观。"社会是以进化的方式进行学习,这是由于社会是从'制度上体现'在文化传统中已经明显地表现出来的合理性结构,也就是说,社会是通过利用这些合理性结构促使行动系统的重新组织的。"这句话至少表达了两层意思:(1)社会乃是由两个部分构成,即[意识]合理性结构和在制度上体现的行动系统;(2)社会是通过学习来进化(发展)的,这种发展的主要动力就是合理性结构而非系统。

哈贝马斯进一步说明,这种意识合理性结构乃是独立于系统的,"以具有思维

---

① See Mathieu Deflem(ed.), Habermas, Mondernity and Law, london: sage, 1996, pp1—20.

② 哈贝马斯:《历史唯物主义的重建》,郭官义译,社会科学出版社 2000 年版,第 251—258 页。

和行为能力的主体用客观认识和道德实践的洞察方法所解决的任务为衡量标准的",因此,观察社会就必须从行动合理性的角度而非系统合理性的角度。

二、合理性的一般概念与类型

1.合理性的概念

"一般说来,我们把一种能够加以论证的意见或行为称之为合理的"。

2.合理性的类型

哈贝马斯首先说明的是一种意见的合理性(或意义理解中的合理性)概念,它是一种"客观论证的可能性"。那么,客观论证如何达成呢?只能在一种以语言为媒介的社会交往中。这种将认知问题纳入行动脉络的做法正是哈贝马斯知识理论的主要特色,它是反基础主义的,所关心的重心是"交往的前提和用论证进行辩护的规则"。这是普遍语用学的主要研究任务。

这种侧重言说意义的合理性概念乃是一般性或原生性,另一类则是行动的合理性概念,这类合理性更多地涉及行动的任务(目的)与完成任务(达到目的)的方法,以此为标准行动的合理性可以包括三种类型:

——工具的合理性,以解决技术问题的效果为衡量标准。技术问题主要关注的是控制外在自然,因此,这种合理性以因果知识为基础。

——策略的合理性,以明确的把握和细致的研究独自能够解决的决断过程为衡量标准。战略问题主要涉及用目的合理性去影响竞争对手的决断。

——规范的合理性,直接以通过讨论或对话可以解决的论证问题为衡量标准,间接上以制度上对公认要求的命题化和对论证的检验的先决条件是否已经具备为标准。

最后一种系统的合理性,是运用在自我调节系统上目的合理性。哈贝马斯在此将它作为一种合理性的单独类型来处理,可以视为对卢曼理论的某种注意。

三、现代法的合理性结构

值得注意的是,哈贝马斯前面对理性的处理实际上主要是出于认识/方法论上的考虑。因为不同的合理性概念代表着看到法律的不同视角。

1.理性规则观

在此值得注意的是,哈贝马斯对规则持有一种理性建构主义的特点,换言之,将法律规则视为人类理性活动的产物。反之,法律也具有了一种组织行动的能力。只有如此理解,以合理性类型作为方法论视角才是可能的。

2.四种视角与四种图景

——系统理性的视角　由此视角所得到的乃是一副法律系统的图景。法律促进了经济系统与政治系统的合理化。但是哈贝马斯认为"系统合理性的结论并能说明法律的合理性"。

——工具合理性的视角　这种从内在系统化和法律专业者的角度所得到的乃是一副高度形式化的法律图景。它是受到某种自然科学知识鼓励的结果。但是，由于这种视角无法说明法律发展在不同民族之间的差别,哈贝马斯认为它还是不充分的。

——策略合理性的视角　这是一种从策略行动(在此行动中主体追求一种经过计算的自我利益)的角度去看到法律的视角。哈贝马斯认为现代法律中的私法就是这种行动的结果。从这种视角去看现代法,则具有四个显著的特征:(1)实证性,意味着现代法是人类主动设定的法律,现实中体现为政治立法者的决定,同时以国家强制为实施之后盾;(2)合法性(legality),现代法除了要求普遍服从之外,不考虑守法的具体动机;(3)形式(惯例),现代法的适用是程式化,具有严格的规范逻辑结构;同时,凡法律所不禁止之处即自由。这种法律通过确定性实现了行动者对行动后果可预期性的诉求。但是,这种策略合理性视角所假定的行动者的自利性一方面会助长人们遵守法律的机会主义心态、削弱法律的权威,另一方面也会造成社会的严重分裂,与法律的秩序追求之间也存在着某种紧张;(4)现代法律尚有最后一个特征:普遍性,即"现代法律应该由共同的规范组成,共同的规范原则上不允许有例外和特权。这种普遍性对策略行动者施加了某种限制,但这种限制在马克思看来也仅仅是"字面上的、形式上的,而不是实际结果上的"。这种批判进一步引出规范合理性的思考。

——规范合理性的视角　这种视角下主要乃是要处理现代法的正当性问题,也就是它在承认策略理性对现代法的形式理解上,着重解决现代法的可接受性问题。在这里,哈贝马斯注意到了现代法与道德在调整领域上的分离这一事实,这意味着法律再也不能依靠道德原则,而需要独立的证成。哈贝马斯进一步指出,这种对法律需要独立证成的认知乃是道德意识发展到后传统阶段的结果。但是,哈贝马斯最后又指出,法律与道德领域的分离并不意味着两种全然没有关联,"非道德化的法律必须被包括在它用原则所建立的道德之中"。

四、几点评论

从上面的介绍可以看出,哈贝马斯在如此短的一篇文章里实际上已经勾勒出他日后的交往行动理论和法律理论的主要概念结构,尽管具体的论证逻辑尚无法看见。

首先,他对社会构成与发展动力的看法基本上与日后在《交往行动理论》中所构造的系统—生活世界二元社会结构以及生活世界对现代性发展的主导作用并无原则上的差别。

其次,他对合理性概念的分析基本上构成了日后《交往行动理论》的合理性分析方向,但是,稍有不同之处在于:(1)后者更集中于对意义合理性与行动合理性的分析,而系统合理性的地位则显著下降,这主要是因为哈贝马斯是按照交往理性的逻辑来衍生出生活世界,而系统则只是从生活世界中脱离出来的部分,本该同受行动理性而非系统理性左右。(2)后者所彰显的交往理性概念在此却使用规范合理性的提法,这说明哈贝马斯的交往行动论的某些细节在此时仍在酝酿中。

最后,他对现代法的性质已经成熟,此处的观点日后在《交往行动理论》与《在事实与规范之间》中也得以坚持;①同时从这里也可以看出他日后将现代法的正当性问题作为其法理论之重心的端倪,但是,我们尚无法看出他日后所追求的对法律的程序主义证成方式,可见商谈理论在实践哲学中的用处本身还没有被纳入哈贝马斯心中②;此外,他对法律与道德关系的论述也作为一种历史的视角得以保留,在日后的《在事实与规范之间》中,哈贝马斯进一步从功能上互补性来完善对两种关系的认知,③以说明现代法必须独立证成的议题。

---

① 关于这一点可以参见《交往行为理论》(曹卫东译,上海人民出版社 2004 年版)一书。由于韦伯法社会学的分析、特别是第 148 页和《在事实与规范之间》(童世骏译,三联书店 2003 年版)第一章。

② 据哈贝马斯本人说法,他是在阿列克西的鼓舞下开始将交往行动理论发展实践哲学领域。See Jurgen Habermas, Reply to symposium particaipants, 17 Cardoz Law Review(1996).

③ 哈贝马斯:《在事实与规范之间》,童世骏译,三联书店 2003 年版,第 136—144 页。

哈贝马斯与伽达默尔的解释学之争

——一个简单的比较

德国思想界在 20 世纪 60—70 年代可谓异常活跃、论争纷纷。在哲学社会学领域,哈贝马斯以其旺盛的学术精力,不仅参与了极负盛名的"实证主义之争",而且还与哲学解释学的领军人物伽达默尔和系统功能主义大师卢曼分别展开论战,以一人之力,几线作战,又能纷繁不乱、自成一家,真可谓思想史上的"圣斗士"。本文所关注的主要是哈贝马斯与伽达默尔关于解释学问题的争论。

一、"父子之争"

尽管从今日看来,哈贝马斯与伽达默尔同为 20 世纪下半叶德国思想界最出色的学者。他们的贡献也主要是能在各自的思想传统中做到博采众长、推陈出新①。然而就当日的情形而言,无论年龄与学术地位,哈贝马斯都只能算是伽达默尔的后辈②。伽达默尔对哈贝马斯颇为欣赏,1961 年还将因与霍克海默不和而未能在法兰克福取得教席的哈贝马斯聘至海德堡大学哲学系③,在中国人看来也算对哈贝马斯有知遇之恩了。

然而,这种"父子般"的私人关系丝毫没有影响这场论争的激烈程度,血气方刚的哈贝马斯在批判伽达默尔的解释学局限性与政治立场的保守性时,可谓用词辛

---

① 伽达默尔继承了海德格尔对解释学所作的本体论转向工作,将现象学与黑格尔辩证法、柏拉图的对话术加以综合,形成自己的哲学解释学理论;哈贝马斯则在继承了卢卡奇与法兰克福学派批判理论传统的基础上,广泛地吸收英美实用主义哲学,为批判理论建构了一个完整的理论体系。

② 从年龄来看,伽达默尔生于 1900 年,哈贝马斯生于 1929 年,伽达默尔乃是哈贝马斯的父辈中人物。从学术地位来看,20 世纪 60 年代的哈贝马斯尚处在求学与知识积累时期,而伽达默尔在其晚成大作《真理与方法》发表之后,已是德国思想界公认的领军人物。

③ 参见拙文《哈贝马斯:生平与著述》(未刊稿)。

辣、毫不留情,而老成持重的伽达默尔也是少有的多次回应、反复申明。当然,这种激烈并非仅指言词上,更多的是指思想上,当时的伽达默尔早已将哲学解释学练就得"炉火纯青",而年轻的哈贝马斯也已显示出其驾驭不同思想的"海纳百川"之功。

更令我辈起敬的是,双方都能将这种激烈的争论止于真理之内,绝不损及人格。据说哈贝马斯在 20 世纪 90 年代初期曾考虑定居美国,去加州大学伯克力分校任教,他将该事告知其好友、美国著名哲学家理查德·伯恩斯坦。伯恩斯坦为此专门去请教早已定居美国多年的伽达默尔,老先生听后却极力要求伯恩斯坦去劝说哈贝马斯放弃来美念头,理由大意是哈贝马斯一来美国,德国思想界将失去仅有的世界级学者。后来伯恩斯坦又将这番意见转达给哈贝马斯,哈氏也终究放弃了移民计划。

二、论争经过

伽达默尔的《真理与方法》在 1960 年出版后,引发了一些争论,争论的焦点主要就是围绕他把解释学定位为存在论诠释(理解是人的存在形式,解释学的对象因而是澄清理解可能的条件)以及解释学的普遍性问题(把一切可能的理解限定为语言,解释学的任务就是使语言的结构得到清楚地阐明)。对此,伽达默尔在 1965 年《真理与方法》的第二版序言就这些问题做了说明。另外,在 1966 年的《解释学问题的普遍性》①一文中,伽达默尔也着重就解释学问题在现代科学中的适用做了论述。

而哈贝马斯的批判主要就是针对以上两个问题。尽管他对伽达默尔对现代方法论的批判持肯定态度,但仍然认为伽达默尔在方法论建构上面乏善可陈,这一点批评基本上与大多数学者的意见一致。他尤其注重解释学的普遍性论题,并通过对这一论题的分析发展出一种哈氏自己的"批判解释学"。

整个论争可分为两个阶段。

第一阶段:哈贝马斯在 1967 年的《社会科学的逻辑》②中首次对伽达默尔的《真理与方法》一书提出批判。伽达默尔于是在同年发表《修辞学、解释学与意识形态批判》与《论解释学反思的范围和作用》予以回应。

第二阶段:哈贝马斯经过了比较慎重的考虑,于 1970 年在为"伽达默尔 70 周年纪念文集"提交的论文《解释学的普遍性要求》进一步发表了对伽达默尔的意见。

---

① 载《哲学解释学》,夏镇平、宋建平译,上海译文出版社 1998 年版。

② 首次发表于《哲学评论》,第 14 期第 5 卷。哈贝马斯后来将其中涉及伽达默尔的内容重新以写成《评伽达默尔的〈真理与方法〉一书》一文收入《解释学与意识形态批判》中,中译文参见《哲学译从》1986 年第 3 期。

这个论文集在同年以《解释学与辨证法》为名出版。伽达默尔则于次年发表了一篇针对他批判者的答复。最后，所有的论争论文都被收录于苏卡普(suhrkamp)出版社 1971 年出版的《解释学与意识形态批判》一书中。值得注意的是，这场争论还涉及阿佩尔、利科等其他哲学家。

三、争论的焦点

对于哈贝马斯与伽达默尔解释学论争的焦点，学界也是众说纷纭，而以法国著名解释学传人保罗·利科的概括最受重视。利科将论争的焦点总结为四个方面①。

1. 理解的前提：成见或旨趣

哈贝马斯与伽达默尔都关注理解问题。在理解的前提这一问题上，伽达默尔与哈贝马斯都反对传统意识哲学中那个"与世隔绝"、只受理性主宰的认知主体概念，但是两者在具体论点上仍有区别。

伽达默尔眼中的认知主体乃是浸润在传统之中的人，因而其理解必定以传统中继承而来的成见(或前理解)为出发点。换言之，我们的理解总是在一种先入为主的情境下开始，因此也不可能如传统哲学所说那样做到绝对的客观。

哈贝马斯则认为人们的理解受着旨趣的影响。这种旨趣并非我们日常意义上的主观偏好，而是一种可以经由理论证明的人类基本生活形式。正是在这种旨趣的前提下，我们展开不同的活动，获得不同的认知，这种不同的认知具有依赖于旨趣的有效性标准。

2. 批判的参照系：人文科学与批判社会科学

伽达默尔的人文科学：它们本质上属于文化科学，与文化遗产在历史现在的复兴相关。按本性属于传统的科学……批判的要求只能作为一种从属于有限状态和依赖于前理解的形象的意识的要素被发展。

批判社会科学的任务是，在经验社会科学所观察的规则基础上去辨认那些只能通过批判才改变的"意识形态上冻结的"依存关系。

解放旨趣是独立的、自主的和自治的旨趣。但是本体论掩盖了这种旨趣，在已经造成的支持我们的存在现实中摧毁了它。这种旨趣只在批判事例中才起作用，这种批判事例揭露了知识活动中起作用的旨趣，这种旨趣指出理论主体对来自制度强制的经验条件的依赖性，并且把对这些强制形式的承认转向解放。

---

① 《诠释学与意识形态批判》，载《理解与解释：诠释学经典文选》，东方出版社 2001 年版。

因此,在诠释学方案和批判方案之间出现了鸿沟,前者使假定的传统高于批判,而后者使反思高于制度化的强制。

3. 理解的障碍:误解与"伪交往"或"被系统扭曲的交往"(意识形态)

意识形态概念在批判社会科学中所起的作用与误解概念在传统诠释学里所起的作用是相同的。

伽达默尔认为,先于并包含误解的理解具有通过对话模式的问和答运动可以把误解重新整合于理解的方法。因此,理解并不求助于解释程序,因为解释程序乃属于"方法主义"的过分要求。

哈贝马斯则通过精神分析和意识形态的比较来论述批判社科学。

第一,意识形态与暴力的相连是根本性的,因为他把一种向度,即劳动和权力的向度引入反思领域,而这种度向虽然并未脱离解释学但却没有被它所强调。……统治现象出现于交往行动领域,正是在这里语言关于它在交往能力水平上的应用条件被扭曲。

第二,因为对语言的曲解不是来自语言的用法本身,而是来自语言与劳动和权力的关系,因此这些曲解是不可被共同体成员认可的。……它只可以通过求助于精神分析类型概念从现象学上加以分析。

第三,如果错误的认可难以通过直接对话路径而克服,那么意识形态的接触就一定要经过不仅涉及理解而且也涉及解释的迂回程序。精神分析是语言分析的解释。

4. 理解的基础:对话(dialogue)或交往(communication)

哈贝马斯认为,伽达默尔说明的主要缺陷是本体论化的诠释学,认为理解是存在而不是意识。意识形态的批判之标准乃是无限制和无强迫的交往。所以,一种非暴力的末世学形成了意识形态批判的最终哲学视域。

而伽达默尔通过早期的柏拉图和黑格尔研究,将对话与辩证法结合起来,强调通过主体间的对话来消除成见与误解对于我们的不良影响。

四、总结:从主体性解释学到主体间性解释学

哈贝马斯与伽达默尔的分歧总的看来并未真如他们在概念层面所体现出来的区别来得泾渭分明,相反,他们在抵制科学主义对社会科学(精神科学)的影响方面体现出共同的精神立场,他们从不同的学术资源中(伽达默尔从现象学、哈贝马斯从语言哲学以及他们共同从辩证法)汲取养料,都是为了树立社会科学独立的有效性基础。他们从传统的主客体截然两分的认知框架中脱离出来,强调以认知共同体作为理解的框架,此时,主体不再是一个抽象而独立的个人,他的思考也不再是

一种"与世隔绝"的独思,而是不断与他者照面一分子,是一种相互批判的群思;客体也不再是一种客观的实在,相反,社会本身就是主体活动的产物。主体对客体不再是一种消极的反映,相反,主体对客体可以进行积极的建构。这就是主体间性知识论的核心内容。

当然,哈贝马斯的具体主张还是显得比伽达默尔更为激进。在伽达默尔眼中,传统是一种我们永远无法彻底摆脱的始基,尽管对话与反思可以降低传统对于我们认知的消极一面,但是,这种反思的力度还是十分有限,不可能帮助我们规划未来。而哈贝马斯则一方面承认认识的前提是给定的,但是我们可以通过批判反思完全地脱离传统,创造一个新的世界:他带着很强的乌托邦色彩。

颇为吊诡的是,哈贝马斯的这种激进恰恰是他固守启蒙理性的结果,而伽达默尔的这番保守其背后的理念却反而是他老师海德格尔对于整个现代性方案的质疑。就此而言,伽达默尔在思想认知上可能比哈贝马斯来得更为彻底呢!

现代法的正当性与有效性

——哈贝马斯商谈法律理论透视

国内对于哈贝马斯的法律理论,已经有了较为广泛的关注和研究,特别是随着哈贝马斯政治与法律理论巨著《在事实与规范之间》的翻译出版,更加使相关的研究有了一个可以聚焦的文本。然而,这并非说我们关于哈贝马斯法律理论的研究有了足够高的水准,事实上,由于《在事实与规范之间》内在主题的多样性以及协商民主理论晚近在国内的风头正劲,反倒是哲学、政治学界对于该书的研究更为可观、更具影响力,而法学界整体上仍处于下风。本文主要讨论哈贝马斯法律理论的整体特质、发展历程与理论体系。

一、哈贝马斯法律理论的整体特质

很多人都提到哈贝马斯乃是康德批判哲学的"现代包装者",也有人明确认为他是以黑格尔之眼光来重构康德哲学①,由此可见德国古典哲学传统对于理解哈贝马斯的重要性。

1. 理论体系上的完整性

自 19 世纪实证主义法理论流行以来,已很少有学者再如启蒙时期的哲学家(比如康德、黑格尔)那样为追求自身理论体系之完整性而去撰写法哲学著作,法哲学已逐步成为由法学家书写的法的一般理论或法理学,就此而言,哈贝马斯属于一个异类。就其关注的问题转移而言,早期主要关注认知问题,核心观点即认知旨趣论,随后则关注现代社会问题,经由交往行动理论的构建分析现代社会之结构与变迁趋势,提出著名的"系统对生活世界的殖民化"命题,20 世纪 80 年代后期则进入实践问题领域,发展出商谈伦理学。就理论归属而言,哈贝马斯的商谈民主和法律

---

① 余碧平:《现代性的意义与局限》,上海三联出版社 2000 年版,第 219 页。

理论可视为商谈伦理学在政治、法律问题领域的应用,自 21 世纪以来,哈贝马斯更主要进入国际政治问题和宗教问题,就欧盟宪法、全球化、宗教冲突等议题发表意见。就哈贝马斯法律理论的内在体系看,由于他具有整合规范主义与客观主义两大社科方法论进路的理论追求,因此《在事实与规范之间》一书几乎涉及了法哲学、法理学、法社会学、法教义学等各个领域,考察了近代以来政法经典作家的观点、主张并从中甄别选取其认为合理的要素为己所用。

2.问题意识上的现代性

自 20 世纪 60 年代末开始,哈贝马斯理论上之激进色彩开始褪去,其后越来越表现出一种要努力为启蒙现代性作辩护的改良主义(reformist)姿态,它称现代性为"未完成之工程",认为启蒙理性之本质就是张扬自由平等对话之交往理性,而非单纯着眼目的一手段的工具理性,这实际上也是他与法兰克福学派早期人物的主要不同。这也可以解释哈贝马斯为什么要在理论上对马克思针对现代性之革命主张与韦伯之悲观论调持一种异议,而是寄希望于新社会运动能够发扬公共理性的精神,重新激活公共领域之于经济政治系统的规范约束,及至 80 年代进入实践问题时逐步向康德回归的原因。事实上,在哈贝马斯看来,单纯的商谈原则是不足以发挥其规范潜能的,受商谈原则调节的实践行动必须经由法律的建制化才能真正具备制衡系统的能力,法律不仅是生活世界与系统互动的媒介,更加是确保交往权力向行政权力转化,行政权力受交往权力规范的关键。

3.理论渊源上的多元性

哈贝马斯具有一种海纳百川般的大哲学家气质,这一点依然与康德极为相似。日本人把康德学说的地位形象地比喻为"注水池":近代以前的理论都注入康德理论体系之中,而近代以后的所有理论都从康德理论中流淌出来①。这个比喻无疑也适用于哈贝马斯。就哈贝马斯的法哲学思想而言,几乎对近代以来所有重要的理论观点都做了很好的分析梳理,吸收其合理成分,指出其不足之处。就古典作家而言,霍布斯、卢梭、康德无疑具有重要意义,就现代作用而言,韦伯构成了哈贝马斯思考现代法治国危机的基本参照,涂尔干—帕森斯—洛克伍德(lookwood)②等结构—功能主义一脉开发的社会整合议题则是哈贝马斯处理现代法之正当性要求时特别倚重的理论资源,而在当代作者中,以罗尔斯、德沃金、米歇尔曼为代表的规范主义进路,以卢曼为代表的系统功能理论,以批判法学为代表的左翼思想则是其理论交锋的主要对象。

---

① [日]中冈成文:《哈贝马斯-交往行为》,王屏译,河北教育出版社 2001 年版,第 18 页。
② 洛克伍德提出的系统整合与社会整合的区分构成了哈贝马斯思考现代法的功能的基本框架。

4.方法路径上的整合性

自康德通过三大批判对休谟问题进行系统性回应以来,事实与价值的两分框架一直是人文社科学者处理实践问题的基本框架。欧陆与英美所谓人文主义与科学主义之分野在方法论之焦点也就是围绕事实与价值之关系究竟是统合还是分立而展开。就哈贝马斯而言,依然强调两者之整合可能性,只不过在细微上与康德传统有所不同,后者主张以价值统合事实,实践理性优先于理论理性,而前者则强调两者之间的张力与相互作用。就哈贝马斯的法哲学巨著《在事实与规范之间》而言,完全是围绕此问题来谋篇布局。

二、哈贝马斯法律理论的发展历程

1.相关专著

《公共领域的结构转型》《合法性危机》《历史唯物主义的重建》《交往行为理论》。尽管哈贝马斯的法律理论最早的集中呈现当从 1986 年泰纳讲座开始,然而我们还是可以在哈贝马斯之前的作品中,发现其法律理论的问题意识、核心概念与分析关照。在《合法性危机》《历史唯物主义的重建》二书中,哈贝马斯通过对晚期资本主义危机的整体分析已经涉及法的合法性问题,特别是对于形式理性所造成的民众之义务动机不足之问题,而对于韦伯理性概念之歧异性也已有明确的分析;在其洋洋大作《交往行为理论》之中,对于法律的分析更是占据十分重要的篇幅,特别是对于看待法律的两种视角、现代法律的两种功能已有很好的分析。在这本著作中,哈贝马斯亦提出了法的功能分析与法的道德论证两个层次的理论策略问题①。当然,《交往行为理论》更为集中的还是对于现代法律变迁的分析,哈贝马斯提出了现代法的形式合理性增长的四个发展阶段:早期资产阶级国家阶段、资产阶级法治国家阶段、民主的法治国家阶段、福利国家阶段。而在其更早的教授资格论文《公共领域的结构转型》中,自由法治国向福利法治国的转型的基本脉络和分析框架已经颇具雏形。

2.准备论文

《法律与道德》(1986)②、《作为程序的人民主权》(1988)、《迈向一个理性集体意

---

① Mathieu deflem,habermas,modernity and law. London:sage,1996, introduction.

② 原载 s. m. mcmurrin 主编《泰纳人类价值讲座》(第 8 卷),犹他大学出版社 1988 年版。后收录进《事实与规范》,后面的《作为程序的人民主权》和《民身份和民族认同》也是。

志形成过程的交往概念：一个思想试验》(1989)①、《民身份和民族认同》(1990)。20世纪大部分学者的写作,可以说是一种论文汇编的方法。哈贝马斯也是如此,所有这几篇论文(特别是泰纳讲座)无疑可以作为其法哲学思想的一个雏形。当然他的一些观点在日后做了一定修改,比如对于法律与道德之间的关系问题,原来认为法律是通过道德来论证,后来则认为道德与法律都是通过商谈原则来论证②。

3.集中专著

《在事实与规范之间》(1992)、1996年英文版后记以及一些回应性文章 。1992年哈贝马斯的法哲学巨著《在事实与规范之间：关于法律和民主法治国的商谈理论》甫一出版,立即引来学者们巨大关注,一般的观点认为这本书具有一种法哲学范式转型的意义,有人甚至认为这是哈贝马斯本人最伟大的作品。当然,也有少数人对哈贝马斯的改良主义进行了激烈的批评,比如马肖认为,哈贝马斯的法律理论既不能说明资本主义社会的现实,又低估、误解和忽视了资本主义民主的深层病理,存在着13个自相矛盾之处③。哈贝马斯针对这些批评做了认真的回应,特别是《在事实与规范之间：作者的一个反思》一文对其基本观点做了更为简练的阐述。

三、哈贝马斯法律理论的思路、命题与读法

1.《在事实与规范之间》的谋篇布局

《在事实与规范之间》的书名显示了这部作品的布局特点,它紧紧围绕事实与价值之间的张力关系展开,具有极强的方法论意识,而哈贝马斯所力图处理的就是如何使两者的关系得以缓和,简单而言就是在规范与事实的"相互建构"中寻求一种规范主义与客观主义的平衡。哈贝马斯认为事实与价值之间的张力根源于语言本身,由于交往理论把语言作为社会交往与整合之主要媒介,因而这种本源意义上的张力就进入了社会,成为社会秩序的一种异议威胁(第1章)。紧接着,由于哈贝马斯在法律双重属性下特别重视法律的社会整合功能(即法律不仅应当被遵守,而

---

① Habermas,'towards a communication-concept of rational collective will-formation：a thought-experiment', ratio juris 2：144—54.

② 参见德国著名哲学家 karl-otto apel 为《在事实与规范之间》写的评论,题为《regarding the relationship of morality、law and democracy》,载《哈贝马斯与实用主义》一书,routledge 出版社 2002 年版。

③ See James l. Marsh,unjust legality,rowman & littlefield,2001, pp1—4.

且值得被遵守,在后形而上学时代,现代法的正当性必须立足于一种人民自我立法的观念,即公民既是法律的承受者,又是法律的制定者),这种张力得以进入法律内部,具体体现为多个层次:法律的实证性与合法性之间、权利体系中私人自主与公共自主之间、法治国中现代法律与政治权力之间的关系、司法领域中法律确定性原则与法律运作之合法性原则之间、宪法法院的司法审查职能中法律共同体的独特传统与宪法解释所具有的超越性向度之间(第3—6章)。再后,这种内在于法律的事实与价值的张力体现为社会政治现实与法律规范系统之间的关系(第7、8章)。最后,哈贝马斯认为这种张力关系也反映到资产阶级形式法与福利国家实质法两种理论范式上来,为此,哈贝马斯提出一种程序主义的范式来整合两者,试图从根本上缓和一直以来的相互对立的自由主义和共和主义两种法律理论传统。由此可见,哈贝马斯的谋篇布局安排是围绕"事实与规范"这一关系,经由语言(有效条件)—法律(规范内涵与建制建构)—社会(系统与生活世界)—范式(背景共识)这一逻辑链条来展开其法理分析的,其目的就是要借用理性的双重结构去重建现代法的正当性。

2. 哈贝马斯法律理论的基本命题

从上述谋篇布局来看,哈贝马斯的《在事实与规范之间》并不是一部严格意义上的法哲学著作,不仅其中的政治哲学内容占有很大的篇幅,而且一种试图贯通法哲学、法理学和法教义学、法社会学的多元方法论视角下的法律理论,这对于初读者而言可能会带来理解上的困难。根据哈贝马斯自己的说明,他在《在事实与规范之间》一书中主要包含了以下六个论题[①]:

第一个论题:现代法的形式与功能;

第二个论题:法律与道德的关系;

第三个论题:人权与人民主权的关系;

第四个论题:民主的认识功能;

第五个论题:公共交往的极端重要性;

第六个论题:程序主义法律范式问题。

如何理解这几个论题之间的逻辑关系?笔者认为,我们可以将之理解为一种理性法传统的交往理性重构,而其中的关键乃是哈贝马斯一种双重理性观,即法的理性不仅是一种工具理性,也是一种交往理性,此种理性观决定现代法的合理性不仅体现在它的实证性、合法性和形式性上,更重要的是现代法必须具备论证性和正

---

① [德]哈贝马斯:《法的合法性——〈事实与规则〉要义》,许彰润译,载郑永流主编:《法哲学与法社会学论丛》第 3 辑,中国政法大学出版社 2000 年版。该文是哈贝马斯本文给郑永流老师的特稿。对这个文章的英文版本参见 JURGEN HABERMAS: 'BETWEEN FACTS AND NORMS: AN AUTHOR'S REFLECTIONS',Denver University Law Review1999(76), pp937—942.

当性要求,即合理的可接受性(法律的双重性质)。然而,随着现代社会的降临,价值多元论下的"多神论"困境使得关于法律的正当性问题无法展开,现代法被片面地理解为单一理性支配下的法律,自19世纪法律实证主义兴起以来,法更多地被理解为一种体现国家意志的实证法,而不再是正当法。哈贝马斯法哲学的基本命题就可以确定为"现代法正当性之交往理性重构"。

第一类是重构性命题,主要包括:(1)法律本质之交往理性论;(2)法律与道德关系之补充论;(3)法律与政治权力之互补论。这三个命题构成了《事实与规范》第2—4章的主要脉络,哈贝马斯不厌其烦地用大量的篇幅来梳理当代法哲学大家的观点,汲取其优势之处,特别是对他的"论敌"系统功能主义也承认其合理性。在此论证之下,哈贝马斯完成了对权利体系和法治国诸原则的重构:从主体间性权利论的角度,哈贝马斯提出了包括五种权利型的体系;从人权与人民主权互为前提论的角度,哈贝马斯提出了比传统三权分立原则更为细致和突出民主要素的法治国诸原则。至此,哈贝马斯的宪政国家已基本成型,值得注意的是这种分析更多的是一种理论分析,在接后的第5、6章中他又用经验分析的方法对前述结论在宪政运作中进行了实证研究,前者更具法哲学色彩,后者则属法理学(法律科学),可见他在方法上的综合性(或调和性)。

第二类是论证性命题:第四、第五个论题,实际上是哈贝马斯对前面立论的后设层次论证。尽管这种论证在哈贝马斯的前期认识论著作中已有详细论述,但是哈贝马斯在《事实与规范》一书中做了进一步发展,特别是对于其最初教授论文《公共领域的结构转型》中的公共领域思想而言,更可以说是一种最终定稿(协商民主论)。由此,我们也能够领会交往理性与公共领域在哈贝马斯理论中的核心地位,而他学术思想之一贯性与严密性,更是叹为观止。但是这些内容,与本文所侧重的法哲学视角更加遥远,在此,也就不做展开了。

3.哈贝马斯法律理论的两种读法

哈贝马斯的著作历来以艰深晦涩著称,尽管我们可以从他整书的谋篇布局当中管窥其思想意图,然而,如果要细致地去探究哈氏理论精华,笔者认为可以由两个层次入手。

第一种读法,法律的现代化理论,即通过发挥现代法的系统整合与社会整合功能,解答"系统对生活世界的殖民化"议题,在此,核心概念是交往理性,分析框架是系统与生活世界两分框架。法律与道德关系的功能分析—交往权力与行政权力的辩证关系;正是因为现代法律不仅仅是一种实证法,同时亦必须是一种正当法,才使得现代法的正当化是法律理论不可回避的议题。

第二种读法,法律的商谈理论,即通过商谈的法律正当化解答现代法治国的危机,在此,核心的概念是有效性与正当性,分析框架是证立商谈与适用商谈的两分框架(源自克劳斯·君特的理论,特例命题争议)。具体而言,又包含现代法秩序整体的正当化与个别法的正当化两个层次,其内在逻辑是:(1)现代法秩序的正当化—证立商谈—商谈原则(民主原则)—政治决策的商谈论模型—规范内涵(人民主权与人权的互证)—建制结构(三权分立);(2)个别法正当化(裁判规则)—适用商谈—确定性与合理性。

通过商谈的法律正当化

——哈贝马斯的法律商谈理论及其意义

> 在后形而上学世界观的条件下,只有那些产生于权利平等之公民的商谈性意见形成和意志形成过程的法律,才是具有正当性的法律。
>
> ——哈贝马斯(《在事实与规范之间》第 507 页)

20 世纪 90 年代以来,哈贝马斯的法律理论引发了一种世界性的影响,他的法学专著《事实性与有效性》亦被迅速地认定为上世纪最伟大的作品之一①。与他其余的理论一样,哈贝马斯的法律理论同样有着浓厚的时代关怀,可视为他本人对 20 世纪自由法治国危机②的一种理论回应。20 世纪以来,西方主要国家均步入了所谓的福利国家阶段,现代国家出于干预经济、提供公共服务与社会风险控制的需要而(通过立法授权)扩张了行政权的范围,与此同时,就行政权的行使本身而言,其更多的是通过专业性的管制手段调控经济、社会生活,尽管与行政国家的到来相伴随的,现代国家强化了民主的范围以及司法审查的作用,但是传统的形式法治国理论难以再解释福利国家形态下的国家权力的整体扩张、法律的实质化倾向、国家权力平衡结构的松动等社会现实。因此,哈贝马斯的理论上的回应主要围绕两个问题而展开——法律规范的正确性(rightness)与法律适用的确定性——并且它们均有各自的现实背景与理论对手。

就正确性问题的初始起因而言,主要与二战后西方法理学界对于法西斯的"民主"暴政的反思有关,它不仅动摇了以往人们对实证主义的"基于合法性的正当化"

---

① 仅就 20 世纪下半叶而言,举凡对法学影响最深的作品,则难出哈特《法律的概念》(20 世纪 60 年代)、罗尔斯《正义论》(70 年代)、德沃金《法律帝国》(80 年代)、哈贝马斯《在事实与规范之间》(90 年代)四部,真可谓具有里程碑式的意义。对哈贝马斯法律理论的一般评价之介绍,亦可参见童世骏为《事实性与有效性》的中译本所写的后记。

② 自由主义法治理论的危机,既来自其内部的保守派,如哈耶克,亦有来自外部,尤其是批判法学的攻击。

学说的信念,也留下的一个能否以及如何排出恶法(或确保良法)的难题。对此,哈贝马斯明确提出,现代法不仅是一种具有实效性的实证法,更是一种具有可证成性的正当法①,而法律的正当性必须由一种强的民主观念及其建制来确保,以此来解套"法律由国家制定,国家通过法律进行正当化"的正当性难题。就确定性问题而言,主要是应对在自由资本主义向福利国家主义的社会变迁中出现的"法律实质化"的现象②,哈贝马斯既反对法律现实主义、批判法学研究运动等理论在此问题上的怀疑主义论立场,也不同意法律实证主义对此问题存而不论的放任主义立场,认为不仅要继续确保法律适用的确定性,而且还要同时保障其合理的可接受性,以此才能化解法律实质化对现代司法运作及其规范性内涵的挑战③。由此可见,无论正确性问题还是确定性问题,实际上都与现代法的正当性有关,现代法的正当性问题构成了哈贝马斯法律理论的核心。④

更为重要的是,在哈贝马斯对现代法所进行的程序主义重构中,上述两个问题早已被纳入一个逻辑严密的商谈理论体系。⑤ 正确性问题主要通过一种证成性商谈(Discourse of Justification)及其建制化来加以解答,也就是由参与者对特定规范加以商谈的证明,这是法形成阶段的主要任务;确定性问题则通过另一种适用性商谈(Discourse of Application)来解答,也就是将设定为有效的规范适用于具体的情形,这是法实施阶段的主要任务。⑥ 总之,在哈贝马斯眼中,它们乃是法律正当化过程的两个不同层次,并且证成性商谈的定位优先于适用性商谈,哈贝马斯正是在此理论框架下来重构现代法秩序的正当性,具体而言又可细分为法概念论(法律的概念)、法价值论(权利体系理论)、法体制论(民主法治国理论)、法适用论(司法理论)、法认识论(程序主义法范式)。

因为篇幅的限制,本文只能就哈贝马斯法律正当性(legal legitimacy)理论的第一个层面(即通过证成性商谈解决法律规范的正确性问题)展开论述,而哈贝马斯

①　哈贝马斯:《在事实与规范之间》,童世骏译,北京:三联书店 2003 年版,第 35 页。
②　哈贝马斯对法律实质化的界定比较分散,据笔者看来,它主要是指国家干预经济及社会福利政策所带来的法律概念的一般化、公、私法内容的重合化等问题。
③　哈贝马斯:《在事实与规范之间》,童世骏译,北京:三联书店 2003 年版,第 245 页。
④　Mathieu Deflem, Habermas, Mondernity and Law, london:sage,1996,pp1—20。
⑤　对哈贝马斯所构建的商谈体系的一般性介绍,see Erik OddvarEriksen and JarleWeigard, Understanding Habermas:Communicative Action and Deliberative Democracy, London:Continuumbook 2003, p175.
⑥　哈贝马斯:《在事实与规范之间》,童世骏译,北京:三联书店 2003 年版,第 210 页。哈贝马斯的这一区分直接取自克劳斯·贡特尔的学说,它构成了哈贝马斯法律正当性的一个核心议题,同时也是一个最受争议的问题,see JurgenHabermas,Responds to symposium participants,17 Cardozo L. Rev.

解决正确性问题的思路又可细分为三个层面:(1)经由商谈原则向民主原则的分化而重构法律秩序的规范性内涵;(2)经由民主原则的建制化而重构现代民主法治国的实践性安排;(3)经由程序法范式的阐释而重构现代法理论的认知性范畴。

　　本文主要分为四个部分。第一部分,鉴于"正当性"一词的多义性与正当性问题的复杂性,笔者先就这两个问题做背景性交代,另外也要对哈贝马斯从商谈理论的角度切入法律正确性问题的主要特色进行梳理,说明其认知方法论的特色;第二部分的内容则侧重于说明哈贝马斯是如何对现代法秩序的规范内涵进行商谈论重构的,其中涉及到商谈原则的分化、法哲学层面的法律与道德、法律与政治的关系问题以及宪法哲学层面的人权理论问题;第三部分将谈论哈贝马斯的商谈原则的建制化问题;文章最后主要对哈贝马斯的法律正当性理论基础上的程序法范式进行一个初步的评估与反思。

一、法律正当性与商谈理论

(一)西方法律正当性的一般理论

　　正当性(legitimacy)仍是一个需要详加考订的概念,在学说史上,不同的学者出于不同的研究侧重常常有不同的用法,这造成它与相关概念的不断勾连(尤其是与 validity、legality、orthodox 诸概念),但就本文所涉及的哈贝马斯的用法而言,正当性与有效性基本上是两个可以互换的概念,两者都意味着某种规范是合理可接受的或正确的。① 而 legality 是其下位概念,主要指向正当性(有效性)的形式层面,至于正统性(orthodox),哈贝马斯并未涉及,一般认为是一个"权力承天启运、一脉相传的公认谱系问题"。②

　　1.正当性的两种基本内涵:经验正当性与规范正当性

　　围绕正当性问题的研究,在程序理论尚未兴起之前,按其研究者关注视角的不同,基本上可以划分为两种类型——经验意义上的研究和规范意义上的研究,由此

① 一般而言,有效性主要是一个法学(尤其是分析法学)的概念,它主要讨论法律的拘束力问题;而正当性概念的使用范围更广,除法学外,在政治学、社会学中均可见到,主要讨论对政治权力(体制)或法律的接受与承认问题。但就问题的实质来看,都涉及对法律要求的接受问题。当然,从逻辑的周延性而言,不接受问题也应当包括在内,这一问题在 20 世纪主要体现为公民不服从与良心反抗现象而引人瞩目(罗尔斯、哈贝马斯等人都探讨过此问题),却由于其牵涉的复杂性与政治敏感性而作为独立议题处理。对公民不服从与良心反抗的介绍,国内的文献可参见何怀宏编:《西方公民不服从》,长春:吉林人民出版社 2001 年版。
② 季卫东:《宪政新论》(第二版),北京大学出版社 2005 年版,第 513 页。

构成了正当性的两种基本内涵(经验正当性与规范正当性)。与此可形成对应的是,法律的经验正当性大致相当于法律的实效性(efficacy),而它的规范正当性则与法律有效性基本一致。

一般而言,经验正当性理论主要是站在一个观察者(observers)的视角上,侧重于探究公民接受/遵守法律的实际原因或法律适用的实际效果。早期的法实证论①、法实在论以及 20 世纪兴起的法社会学都可归入经验理论的阵营。而规范性理论则主要从一个参与者(participants)的视角,从规范性的基础探寻法律规范可以接受/有效的标准,也就是要论证法律可接受性的理由。从学说脉络来看,这种理由被进一步细分为实体性理由与形式性理由,由此构成规范正当性的两个亚型:实体正当性与形式正当性,前者以自然法学为代表,后者以法律分析实证主义为代表。正因如此,将正当性的概念细分为三个层次的各种学说亦已成为一种有力的意见。②

(1)观察者与参与者视角的意义

参与者与观察者的区分在这里具有重要的意义。因为它们不仅代表着学者研究法律问题的取径(approach)差异,同时也构造了一般人对待法律之态度的两种理想型:积极的与消极的态度。从学说发展的脉络来看,这一对视角的区分最初得益于哈特在《法律概念》一书中有关内在观点和外在观点(internal or external points of view)的学说,后经麦考密克的进一步深化,最后为阿列克西、哈贝马斯所吸收。

在哈特看来,外在观点的要义在于仅从一个观察者的态度来看待一个法律规则,而"所谓的观察者态度,指的是一个人从外部记录'某个社会群体接受此等规则'这个现象,但他自己并不接受这项规则的一种态度。"③;内在观点则要求"人们可以站在群体团体的成员的角度,而接受并使用这些规则作为行为的指引"④,并

---

① 早期实证主义者如奥斯丁、边沁等都强调外在强制性因素在法律效力中的作用,具有很强的经验主义色彩,但是从哈特开始,实证主义开始明显转向法律的内在层面,这一点尤以凯尔森与拉兹为明显。对实证主义的这种侧重点的转向,see Brain Bix, Jurisprudence(seconededtion), London:Sweet & Maxwell 1999, p33.

② 例如阿列克西就将法律效力细分社会学、伦理学与法教义学三个层次。See Robert Alexy, Begriff und Geltung des Rechts, 1992 Munchen, S. 139—144. 转引自郑永流:《中国法治与法的有效性》,载氏著《法治四章》,中国政法大学出版社 2002 年版,第 223 页。另外,阿列克西亦认为,正当执行(due enactment)、社会实效与实体正确乃是界定法概念的三个必备要素,由此可进一步明确三层有效性各自的重心所在。See Robert Alexy, My Philosophy of Law: theInstitutionalisation of Reason, in the Law in philosophical perspectives(Wintgens, ed.), Dordrecht: Kluwer Academic Publishers, p23.

③ 哈特:《法律的概念》,许家馨、李冠宜译,台湾商周出版社 2001 年版,第 133 页。

④ 同③,第 116 页。

且"持有此观点的人,不只记录和预测遵从现行规则的行为,而且也使用规则作为他们自己和其他人之行为的评价标准"。① 不仅接受该规则且将之作为自己行动的向导。哈特更进一步区分行为与规则,而内在观点所要求的对规则的接受,其关键的要素在于针对特定形式的社会行为保持一种"批判反思的态度(critical reflective attitude)"。② 随后,麦考密克进一步从认知(cognition)与意愿(volition)两个要素来诠释。所谓认知的要素指的是我们能够根据法律所设定的行为模式来鉴别和评价自身的行为和社会中其它成员的行为;所谓意愿的要素则要求我们接受法律所要求的行为模式,即按照法律的要求行动③。根据麦考密克的观点,须同时具备认知要素和意愿要素才构成哈特意义上的内在观点,如果只有认知要素而没有意愿要素则不过是一种外在观点。麦考密克把外在观点分为普通的外在观点和极端的外在观点:前者事实上包括了对内在观点的参酌,是以客观第三者参考其他人对系争规则的立场;后者则是一种纯粹的观察者立场,只单纯地记录所观察之社会中地行为的规律性。④ 从普通的外在观点切入的理论,以韦伯为代表,而极端的外在观点则以卢曼为代表。最后,阿列克西与哈贝马斯都明确地使用参与者与观察者的提法,特别就哈贝马斯而言,参与者与观察者代表着两种对待法律的不同态度。参与者对法律持有一种施为性的态度,认为对法律规范的接受乃是可批判的和需要论证的。而观察者对法律则持有一种客观化的态度,将法律作为一种社会现实,对其的遵守和违法都是一个功利计算问题⑤。

由此可见,区分参与者与观察者视角的观点,不仅使我们从人们对待法律的多元态度中,了解到公民守法的复杂样态,从而对法律的落实有一个更为全面的认知。更进一步地,也可以藉此反称出以往理论的片面性,经验理论侧重于说明那些消极地遵守法律的人的行为,而规范理论则更加关注积极的守法现象,因此就鼓励我们对法律的正当性问题做一种更为全面的关注。

(2)经验正当性与规范正当性(或实效与有效)之间的关系

这一问题涉及到哲学上有关事实与价值关系或者实然与应然的关系问题。在学说史上,休谟首先对以往理论中常常存在着直接从实然推出应然的现象提出批评,由此提出"事实与价值(实然与应然)两分"的休谟法则。随后,康德以对分析判断和综合判断的区分分别确立了理论理性与实践理性两套不同的命题体系,从而

---

① 哈特:《法律的概念》,许家馨、李冠宜译,台湾商周出版社 2001 年版,第 127 页。

② 严厥安:《法与实践理性》,中国政法大学出版社 2003 年版,第 277 页。

③ Kaarlo Tuori, Critical Legal Positivism, Burlington:Ashgate Publishing Limited 2002, p253.

④ 严厥安:《法与实践理性》,中国政法大学出版社 2003 年版,第 280、279 页。

⑤ Hugh Baxter, Habermas's Discourse Theory of Law and Democracy, 50 BuffalL. Rev (2002).

使休谟的观点得以系统化。康德的理性分析,与其说是张扬理性,莫如说使我们更明确理性的有限性,同时,康德最终主张实践理性应当优先于理论理性,日后新康德主义利用在此基础上发展出方法二元论与价值相对主义学说,此后基本上占据了 20 世纪初期思想史的主流地位。在此之前,虽然存在着黑格尔及马克思辨证法中对两者关系的整合(就此存在着从应然直接推出实然或从实然直接推出应然的危险)以及逻辑实证主义认为能将应然命题还原为实然命题的自然主义论调,它们均未对主流观点构成有力的挑战。[①] 在此问题上,法学界的情况基本相同,主流的观点均认为法律之实效与有效性并无必然的联系,实效性并非判断法律有效的标准,但是法律制度之最低限度的实效乃是分析法律之规范有效性的前提。[②] 由此,法律正当性理论的重点一般也主要倾向于规范的有效性。

试图解如下:

正当性	视角	侧重点		学说代表	效力
经验正当性	极端的观察者	接受法律的规律与法律适用的效果		法社会学	社会实效
规范正当性	参与者	论证法律可接受性的理由与标准	实体正当性(侧重内容正确)	自然法学	伦理有效
	中立的观察者		形式正当性(侧重形式合理)	分析法学	逻辑有效

2. 作为过程性概念的正当化

从词性的角度而言,"正当化(legitimation)"所表征的乃是一种动态化的赋予"正当性(legitimacy)"过程。在此过程中,有两个基本的要素是不可缺少的,那就是正当化的对象(object)与受众(audience)/主体(subject)。一般而言,对象总是会提出一种正当性的主张(claim),要求人们的承认或接受,但这种主张能否实现则取决于它有否满足受众所提出的正当性标准。因而,正当化可以说是一个标准的关系性概念。同时,与前述正当性概念立足于事实与规范、形式与实质的两分框架,通过社会、伦理与逻辑的三元要件来分析法律正当性问题不同,正当化概念所立足的分析框架毋宁是过程与结果的两分,它所注重的经由特定规范-结构意蕴

[①]　对事实与价值问题学说史的一般考察可以参见孙伟平:《事实与价值》,中国社会科学出版社 2001 年版。当然,20 世纪 70 年代以来,美国实用主义对这事实与价值的两分法提出了强力的挑战,参见[美]希拉里·普特南:《事实与价值两分法的崩溃》,应奇译,东方出版社 2006 年版,特别其导论部分。值得注意的是,哈贝马斯的批判理论受美国实用主义影响颇深,在此问题上亦有与之比较接近的看法,参见下文分析。

[②]　KaarloTuori, Critical Legal Positivism, Burlington:Ashgate Publishing Limited 2002, p267.

的过程所产生的结果可以为受众合理地接受,在正当性概念下往往阐述的是一种实体的资质问题,而正当化概念则更多是一种主体间的认同问题。

(1)正当化之对象:法秩序整体与个别法律

现代法律的发展,在总体趋向实证化的同时亦早已呈现出一种多样化的形态。就其效力范围的不同,而有国家法(或国内法,state law system)、国际法、宗教法、社团法等。这些法律形式当然均有正当化之需要,然而就最有必要且意义最重的正当化对象,则非国家法莫属。因为国家法乃是一种对其领地内的每一公民都适用的法律,并且还垄断了最严厉的强制执行手段(警察和军队)。所以,法律正当性理论一般主要探讨对国家法的正当化问题。①

对于法律正当化的具体对象,学说上一般认为有法律秩序整体(the whole legal order)与个别法律(individual legal norm)两种。个别法律规范主要指作为衡量某个具体法律关系之标准的法律规范或司法判决,但是对于法秩序整体的外延,则有一定争议,一般规范理论所指的法秩序整体主要是由所有法律规范所构成的法律体系整体(a legal system as a whole),然而法社会学等经验理论则进一步将法律体系的运作机制(包括政治立法者、法官与法学家等),甚至隐含在法制背后的自由民主等文化价值观念也包括在内,②由此构成一个由表及里的正当化层次。

就法秩序整体与个别法律之间的关系而言,由于西方自 18 世纪社会革命以来,由于民主法治国的成功实践,基本上已无针对整个国家体制的反对或革命问题,因而,法律正当性理论的重心主要集中于对个别法律规范的效力进行证成,而法秩序整体的正当性问题就显得相对次要,一般仅作为一个经验性命题而存在。但这一理论成就在进入 20 世纪随着法治国陷入危机境地而有较大改变,而哈贝马斯之法律理论的其中一项工作就是要通过商谈理论来重构现代法治国的规范基础与制度架构,以此恢复一般民众对于宪政体制的信赖。

(2)正当化之受众:法律人与普通公民

国家法的正当化只有在与受众的关系中才有意义,不同的受众对于法律的正当性有着不同的预期,从而对正当化的目标选择有着不同的价值。诚如前面的分析,存在着消极和积极两种对待法律的态度,从对确保法律制度获得尊重的意义而言,参与者所持的积极态度显然更加重要,这一点已获得学说上的普遍认同。然而问题的关键或难点在于,究竟何者属于法律意义上的参与者?理论上又如何来确认之?对此学说上主要有两种观点。

一种意见以法教义学或法实证主义为代表,对法律持积极态度的人主要是法

---

① Mark Van Hoecke: Law as Communication,Oxford & Portland:Hart Publishing 2002,p187.

② 同①,p188。

律人,他们将法律视为自身行动的标准,而普通公民一般对法律持一种功利性态度,将法律视为一种规划行动时必须考虑的外在因素。在一个具体的法律关系之中,只要法官能够严格按照既定的法律规定行事,法律的要求一般就会得到当事人的尊重。而法官之所以认为所适用的法律是正当的,主要因为它是按照合乎法律的程序制定以及与其他法律规范无矛盾。因此法律正当化的受众应以法律人(尤其是法官)为重点,法律正当性的要求应然满足法律人的正当性标准(即形式合理)为核心。

另一种意见则认为仅仅从法律人的内在、形式标准无法确保法律的正当性。一方面,自然法理论认为,法律的内容如果与普通公民的道德意识完全背离,则根本无法获得法律人的实体认同(法律人也是普通人);另一方面,法社会学则认为,个别法律的效力依赖法律体系整体,但是如果没有普通公民对法律运作体制及其背后的文化价值观的信赖支持,这种法律效力是无法具有权威的。由此可见,无论从确保法律的实体正当和法律体系的整体效力而言,普通公民的视角都不是可以随意忽视的。

3.法律正当性的证成模式

(1)规范正当性的基本议题:认知问题与基础问题

法律正当性理论中的经验理论,尽管其切入点与侧重方向有所不同,但就其所欲解决的基础问题而言,则大致仍在两个方面:正当性的认知问题与基础问题(the cognitive problem and the foundational problem)。[1]

所谓认知问题,在经验理论,主要是观察守法行为的规律性问题;在规范理论主要是法律正当性的标准或法律的规范性问题,即以何种方式确定(identify)一个法律是正当的或有效的。[2] 所谓基础问题,在经验理论,主要是守法的原因(心理原因与社会原因)或法律实施的效果问题。在规范理论,也就是法律规范性的基础问题,即如何建立法律规范性及其相应的守法义务问题。[3]

(2)法律正当性的证成模式:内在证成与外在证成

围绕着上述两个问题的解答,形成法律正当性理论的不同模式。在经验理论,理论检验的重心主要在比照研究结果与现实事态的符合问题;而规范理论始终存在证成的逻辑与结果的可实践性问题,据此可以细分为内在证成与外在证成两种模式。

外在证成模式以自然法理论为代表。它以自然法与实证法之间的二元等级结

---

[1] 严格而言,认知问题与基础问题主要是规范理论所欲解决的问题。本文出于一种广义的理解,把经验理论也包括在内。

[2][3] KaarloTuori, Critical Legal Positivism, Burlington:Ashgate Publishing Limited 2002,p269.

构为逻辑前提,虽则经历了不同的发展阶段(包括古希腊之本体自然法、中世纪之神权自然法、近代以来的理性自然法),但其不变点在于始终强调法律的有效性必须以法律规范在内容上是否符合外在的自然法为认知标准。这种自然法的特点常常在于其内容上的简单稳定,基本是一些教条,比如《圣经》中的"十戒"、己所不欲、勿施于人的"黄金法则"等等。自然法的另一个最重要的特点乃是强调其内容上的正确性是不证自明的。至于要追问为什么这些自然法是正确的或者自然法本身有效的基础何在时,它常常会诉诸"事物的本质""神意""自由意志"等概念。由此可见,自然法的证成模式乃是通过一种线性的方式,将法律的内容正确性向外追溯至一些无法证实的形而上学假定。

内在证成模式则以实证法学为代表。就认知标准而言,实证主义主要是构建一个法律体系模型来判断个别法律规范的有效性。在20世纪最著名的分析实证主义代表人物哈特与凯尔森的理论中,法律体系议题占据了重要的地位。哈特将法律体系的内容分为初级规则与次级规则两大类,初级规则设定义务,次级规则授予权力,次级规则代表着一个发展的法律体系的运作机制,可进一步细化为裁判规则、改变规则与承认规则,而一个法律规范有效性的主要标准由承认规则确定。相比哈特而言,凯尔森的法律体系理论具有更强的等级化特征,规范之效力来自层层的授权,因此形成一个法规范的层级结构。低阶规范的创立方式为高阶规范所决定;后者的方式,复为较高的规范的决定。这种后退或回溯,终会达到一个最高阶的规范即基本规范。① 实证主义这种高度形式化的认知标准,虽有利于确保法律推理过程的确定性,但在效力基础问题上也存在暧昧之处。哈特认为,承认规则作为一个实效法律规范,只有存在与否的问题,而没有效力来源的问题,换言之,把承认规则的基础作为一个事实问题而排除在规范性讨论之外;凯尔森虽然把存在问题转化为一个认知问题,认为基础规则并不具有实效性,但是却是每一个想要认知法律的规范性效力所必须预设的前提。

(二)法律正当性之商谈理论的基本特色

哈贝马斯的法律正当性理论乃是一个宏大的理论架构,就其自身的旨趣而言,体现出一种意欲走出自然法学与法实证主义之二分的传统格局,开拓一条以程序理性证成内容正确性的第三条道路②。就该理论的基本特色而言,大致可概括为以下三个方面:

---

① 严厩安:《法与实践理性》,中国政法大学出版社2003年版,第263页。
② 考夫曼亦把此视为内容性法哲学的一种复活,以期校正自然法之独断论与实证论的怀疑论的双重困境。参见考夫曼:《后现代哲学——告别演讲》,米健译,法律出版社2000年版,特别见其后记;亦可见氏著:《法哲学》,刘幸义译,法律出版社2004年版,第四章。

1. 整全论

哈贝马斯对法律正当性问题的研究，乃是从法律理论、法社会学、法律史、道德理论和社会理论的多种视角切入，几乎涉及了经验理论与规范理论的所有议题，因此是（也只能是）一种整全性的理论（comprehensive theory）[①]。同时，哈贝马斯也进一步以一个事实与价值的框架来对这种方法论上的多元处理加以整合，从而使整个理论不致因论出多头而显得纷乱无章。

在《事实性与有效性》一书中，哈贝马斯首先从交往理论的角度引入事实与价值的张力关系模型，其重心乃是区分出内在于法律的事实与价值之间的张力，以及外在于法律的事实与价值之间的张力（第一章）。进而，由法律规范内部的张力引发出法律概念内部的两个基本层面：事实性与有效性/理想有效性与经验有效性/正当性与强制性）（第二章）；随后，哈贝马斯又进一步将法律规范的内在张力区分为两个层次，第一个层次主要处理法律秩序整体的正当性问题（第三、四章），第二层次主要处理个别法律的正当性问题（第五、六章）。再次，哈贝马斯来处理法律规范与外在社会现实之间的关系（第七、八章），最后，作出一个结论，提出法律程序主义范式（第九章）。

2. 重建论

哈贝马斯的正当性理论从整体上看依然是一种规范理论，但它又不否定经验性素材的意义，因此，哈氏将自己的正当性概念称之为重建（reconstructive）的正当性[②]，以区别于经验正当性与规范正当性。这里的重心乃是如何来理解重建这个概念。

"重建（Rekonstruktion）"或"后建（Nachkonstruktion）"都是哈贝马斯用来说明其社会科学知识论的核心概念[③]，其主要目的在于构建批判理论的规范基础。重建的出发点乃是这样一种的直觉即人们的言说、行动乃是受某种规则意识引导的结果，我们每个人对于规则都具有一种前理解或前理论知识，它使我们的沟通得以可能。比如，一个小孩子虽然并不熟悉语法规则，但是仍能够熟练地运用自己的母语与人交流正说明前理论知识的存在。因此，重建的程序就是"把已被有能力主体之实践熟练化运用的前理论知识（知道—如何）转换为某种客观的、明晰的知识

---

① 对哈贝马斯的这种理论抱负，阿列克西曾不置可否的评价道："如果这样做还能成为一种成功的法律理论的话，它就只能是一种整全性的法律体系理论。"see Robert Alexy, Jurgen Habermas's Theory of Legal Discourse, 17 Cardozo L. Rev(1996).

② 哈贝马斯：《重建历史唯物主义》，郭官义译，社会科学文献出版社 2001 年版，第 293 页。

③ 盛晓明：《话语规则与知识基础——语用学纬度》，学林出版社 2000 年版，第 128 页。

(知道—为何)……"①。

在重构过程中,研究者所要面对的不是一种客观化、外在化的经验对象,而是每个人(包括研究者本人)都会拥有的沟通体验之符号化形式(如构造正确的句子、发展成熟的理论等等),外在的行动仅仅是这种体验的证据而已。因此,在重建科学中,研究者和被研究者不再是那种(在客观化科学中的)超然、分离的主客体关系②,而是一种参与和对话的主体间关系。另一方面,在哈贝马斯看来,每一种理论背后都有一种认知旨趣的支持③,因此,理论与现实的关系并非如实证论所说仅是一种单方面的消极反映,而是一种辨证的关系,理论应当并且也能够建构现实。④ 所以,以解放为主要旨趣的重构科学的任务不是要描述现实中所是的东西,而是通过重构所获得的理想形式来批判(反思)社会中的不合理、揭露应然与实然之间的张力,最终促成现实的转化。

重建的具体方法主要是一种内在批判,也就是通过分析来还原出规范理论中的一些反事实预设或假定。这种反事实的预设或假定既是内存于现行的社会秩序(反事实也是事实的一种)的,因而可以与实然形成对照;但其现实又意味着超越了现行之秩序(反事实是超越事实的),可以说是一种蕴涵了应然的实然,因而可以来预测并促进实然的转变。⑤ 哈贝马斯对正当性的重构分析基本上主要也包括这三个步骤。

3. 商谈论

从知识论的层面来看,哈贝马斯认为批判理论的旨趣(或基础)就是促成人类的解放,所谓解放,其实就是人群的"自主"与"负责",因此,批判理论仍然具有批判与启蒙的任务。随后,哈贝马斯进一步从人类的言语行动中推演出自主与负责的兴趣乃是每一种成功的交往行动所必须预设的前提条件,从而更有力也更明确地以交往行动作为批判理论的规范基础。⑥ 在此基础上,哈贝马斯更大胆地认为,那

---

① 哈贝马斯:《交往与社会进化》,张博树译,重庆出版社1989年,第15页。

② 对重建科学与客观化科学的比较,参见黄瑞琪:《社会理论与社会世界》,北京大学出版社2005年版,第193页。

③ 哈贝马斯:《认识与兴趣》,郭官义、李黎译,学林出版社2002年版,特别见第三章。所谓兴趣主要指人类社会文化生活的基本需要,哈贝马斯区分劳动、交往与权力三种兴趣,以此来构建他的整个知识论框架。对此问题的精彩分析,参见黄瑞琪:《社会理论与社会世界》,北京大学出版社2005年版,第6页。

④ 对建构论与实证论这两种社会知识观的进一步分析,参见吉尔德·德兰逊:《社会科学——超越建构论和实在论》,张茂元译,吉林人民出版社2005年版。

⑤ 对内在批判的进一步,see Welsey Shih, Reconstruction Blues: A Critique of Habermasian Adjudicatory Theory, 36 Suffolk U. L. Rev.

⑥ 黄瑞琪:《社会理论与社会世界》,北京大学出版社2005年版,第125页。

些我们在交往行动中必须遵守的语用学预设,可以作为判断行动规范的正确性或有效性的最终标准(名之曰商谈原则)。之所以有这种从理论哲学向实践哲学的跃进,乃是因为在哈贝马斯的理解中,一个规范的有效性或正确性与这个规范的有效性主张能够在一种商谈实践中得到证明是一致的。① 由上述三阶段的理论发展脉络可知,交往行动及其语用学预设占据了哈贝马斯整个理论的中枢地位。

(1)交往行动与策略行动

哈贝马斯首先将行动分为单独行动(solitary action)与社会互动(social inter-action)两种类型。单独行动乃是一种应用技术性规则改造现实世界的工具行动(instrumental action),反映着人与外在自然的关系;而社会互动乃是一种人际间行动,反映一种人与人之间的社会关联。社会互动又可进一步区分为策略行动(strategic action)与交往行动(cummunicative action),哈贝马斯之行动理论的重心主要探讨社会互动的两个亚型之间的关联与意义,其基本的范畴框架如图4:

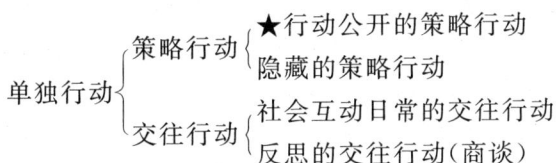

单独行动 {
策略行动 { ★行动公开的策略行动
隐藏的策略行动
交往行动 { 社会互动日常的交往行动
反思的交往行动(商谈)

图4 哈贝马斯的社会行动类型

对于策略行动与交往行动的界分标准,哈贝马斯前后共使用三个标准。

在《交往行动理论》中,哈贝马斯首先用行动取向(action orientation)来区分两者:在策略行动中,行动者取向"成功",这种成功程度以一种符合自我利益计算的标准来加以度量;而在交往行动中,行动者则取向相互间的"理解"。但是这一标准并不能清楚地对两种行动加以区别,成功与理解都属于一种受目标指引的行为,达成"理解"其实也可以作为"成功"的一种。因此,哈贝马斯进一步以行动的协调机制为标准来加以界分。这里,由于行动协调必须以语言为媒介,所以可以通过分析不同的言语行动来阐明不同协调机制的差别。在交往行动中,行动者(说者与听者)之间乃是通过对一种言说之有效性主张达成共识或理解的方式来实现行动间的协调。而在策略行动中,行动者只是凭借言说来达到影响他人行动的目的,这种相互间的影响,如果是以一种开诚布公的方式(共同接受一种公开的规则)为之的,比如在比较成熟的市场体系中发生的商业竞争行为或宪政框架中发生的政党竞争,那它就是一种公开的策略行动;如果以一种隐藏真意、蓄意欺骗的方式为之,比如向亲人借款赌博却谎称有正当的用途,那它就是一种

---

① 对这一关键点的详细探讨,参见林远泽:《意义理解与行动的规范性——试论对话伦理学的基本理念、形成与限度》,载《人文及社会科学集刊》2002年第十五卷第三期。

隐藏的策略行动。

但是,在作了这样的阐明之后,问题依然存在:由于公开策略行动主要发生于市场与政治制度之中,而那里又存在着大量的既定规则,因此就必须进一步说明公开策略行动对待规则的态度与交往行动有什么不同。对于这一问题,哈贝马斯在《事实性与有效性》中试图加以解答,从对待规则之有效性要求的不同态度来对交往行动与公开策略行动加以进一步区分。交往行动者对规则持有一种施为性的态度,认为社会规范的有效性是可以批判(criticazable)和需要证明的,质言之,他们对规范持有一种批判反思的态度,只接受那些正确的规则。公开策略行动者对规范持有一种客观化的态度,也就是把规则对象化,作为一种追求自我利益时外在成本而加以考虑,不关心规则本身的实体有效性。

(2)交往行动与商谈

哈贝马斯对策略行动与交往行动的分析,其最终目的之一乃是要突显交往行动对于社会整合的重要意义。[①] 这一点又是与他对现代社会的整体危机状况的把握紧密关联,在哈贝马斯看来,由于传统世界观和价值观的解体,现代社会正面临着越来越大的异议风险。在这种前提下,存在着三种选择:要么通过交往行动或策略行动这两种方法来消除分歧,重新整合,要么就是整个地放弃整合这个目标,接受社会四分五裂的事实。在20世纪,选择前两者还是选择第三者基本上成立划分现代性理论与后现代性理论的标准。

哈贝马斯以现代性的信念果断地排除了第三种选择,对于策略行动方案与交往行动方案则更倾向于后者,因为在哈贝马斯看来,由理性共识所保障的社会整合显然比功利考虑下的简单凑合更加稳定与牢固,这一点从两者之间的区别中已不难看出。现在一个需要阐明的关键问题就是,交往行动是如何来凝聚共识,并实现稳定的社会整合? 对此,哈贝马斯由两个层面加以回答:一方面通过重构交往行动的语用学预设来回答形成共识所必须的前提条件,另一方面又通过交往行动与生活世界的关系以及商谈的理想言说情境来说明交往行动下的共识稳定问题。

在哈贝马斯的语用学分析中,交往行动者是通过一种说者与听者间的言语行动来达成共识的。在这种以言行事的语用态度下,除了语言的可理解性之一般要求外,说者与听者还必须就一项言说(utterance)在三个层面上达成共识——命题的真实性、规范的正确性与表达的真诚性——才是有效的或合理的。这三个有效性要求,代表着言说者之间就不同世界中的事物达成共识:真实性对应客观世界、正确性代表着社会世界,真诚性代表着主观世界。同时,根据不同言说

---

① Hugh Baxter: Habermas's Discourse Thoery of Law and Democracy, 50 Buffalo L. Rev (2002).

侧重点的不同,可以区分出三种言说类型:侧重真实性的断言性言说、侧重正确性的调节性言说以及侧重真诚性的表现性言说,但每一种有效的言说仍然必须同时满足三个有效性的不同要求。哈贝马斯对交往行动形式语用学分析,可解读如表 2:①

表 2　交往行动的语用学分析

典型的言语行动	语言功能	基本立场	有效性要求	世界关联
断言性言说	呈现事态	客观立场	真实性	客观世界
调节性言说	建立人际关系	规范立场	正确性	社会世界
表现性言说	自我表现	表现立场	真诚性	主观世界

交往行动所取之共识,在日常的情形之下,一般由生活世界来加以保障。换言之,由于存在着共同的生活世界,交往行动者在一般情况下很容易就有效性要求达成共识。在哈贝马斯眼中,生活世界一方面乃是与系统相对的概念,构成社会的一个层面;另一方面则主要作为一种交往行动的背景知识或视域而存在,它的三个经由理性分化而形成的三个成分:文化、社会与人格分别承担着不同的功能,从而为交往行动的有效性要求提供担保。对于这种关系,可解读如表 3:

表 3　生活世界与交往行动的关系

生活世界	承担的主要功能	确保的有效性
文化	文化解释(文化知识的更新与转换)	真实性
社会	社会整合(促进社会团结)	正确性
人格	社会化(形成人格认同)	真诚性

但是,在反思的交往行动之下,由前理论的生活世界所确保的背景共识之稳定性被打破了,言说者必须进入更深一层的言说,其言说的对象就是生活世界本身(也就是作为有效性要求之基础),其主要任务就是要重建或回复一种背景共识。在哈贝马斯看来,这种更深入的交往行动就是商谈,构成商谈的前提就是"理想的言说情境"(ideal speech situation)。理想的言说情境,可以说是一个典型通过将每一项有效性要求理想化而得到的概念,也就是理想的言说情境就是在每一项有效性要求遭到质疑时要继续进行言说时所必须遵守的程序性要求,其基本内容围绕平等、自由及追求共识三个理念展开:

(1)每个人都有平等的机会参与商谈过程,有权利提出自己的议题、论据和批评意见(平等原则);

---

① 参见哈贝马斯:《交往行动理论》,曹卫东译,上海人民出版社 2004 年版,第 312 页。

（2）在整个商谈过程中必须排除一切强制，只服从更好的论据之力量（自由原则）；

（3）所有的人均以追求共识为唯一的目标，不计时空限制（共识原则）。①

二、现代法的双重性及其正当化路径

在了解哈贝马斯对现代法律秩序的自我理解的重构之前，有必要交代一下哈贝马斯对现代法律的定位。在哈贝马斯眼中，现代法首先是实在法，但同时必须是正当法，因为现代法不仅承担着社会控制的任务（系统整合），而且还必须促进社会团结（社会整合）。在一个后形而上学的时代，传统的世界观价值观已经解体的情况下，法律的这种在社会成员间维持自我认同与集体认同的功能愈发重要。当然，法律自身也要求正当化，但法律的正当化的基础既不是自然法所说的道德，也不是法实证主义所强调的政治（权力），而是民主的立法程序本身，因此，法律与道德、法律与政治（权力）的辨析在哈贝马斯的正当性理论中也有重要的意义。

（一）现代法的双重性质：正当性与实证性

哈贝马斯对现代法律性质的认知，经历了一些变化。

在其早期的作品中，哈贝马斯分别从策略合理性的视角和规范合理性的视角来分别加以把握。在策略理性视角看来，现代法具有四个显著的特征：实证性，意味着现代法是人类主动设定的法律，现实中体现为政治立法者的决定，同时以国家强制为实施之后盾；合法性（legality），现代法除了要求普遍服从之外，不考虑守法的具体动机；形式（惯例）性，现代法的适用是程式化，具有严格的规范逻辑结构；同时，凡法律所不禁止之处即自由。这种法律通过确定性实现了行动者对行动后果可预期性的诉求。但是，这种策略合理性视角所假定的行动者的自利性一方面会助长人们遵守法律的机会主义心态、削弱法律的权威，另一方面也会造成社会的严重分裂，与法律的秩序追求之间也存在着某种紧张。因此，现代法律尚有最后一个特征：普遍性，即"现代法律应该由共同的规范组成，共同的规范原则上不允许有例外和特权。这种普遍性对策略行动者施加了某种限制，但这种限制在马克思看来也仅仅是"字面上的、形式上的，而不是实际结果上的"。但是从规范理性的角度来看，主要是处理现代法的正当性问题，也就是它是在承认策略理性对现代法的形式

---

① 对于理性言说情境的具体内容，哈贝马斯本人并没有明确的概括，因此，这三条内容仅仅是笔者的一种理解。哈贝马斯有关于此的论述，参见哈贝马斯：《交往行动理论》，曹卫东译，上海人民出版社2004年版，第25—27页。

理解上，着重解决现代法的可接受性问题。① 这种观点在《交往行动理论》中并未有太大的改变。②

在《事实性与有效性》，哈贝马斯比较明确地从参与者与观察者视角（施为性与客观化态度）来分析法律的性质，对法律的界定也主要侧重于法律的有效性层面。"我把'法律'理解为现代的实证法，它要求作系统的论证、作有约束力的诠释和执行"，"法律同时是身兼二任的：既是知识系统，又是行动系统。它既可以理解为一种表达语句和解释规范的文本，也可以理解为一种建制，也就是说理解为诸行动规则的复合体"。③ 法律作为行动系统的一面，可以区别于道德；作为知识系统的一面，可以区别于政治。

与这种法律的两重性定位相关联，哈贝马斯区分出法律有效性的两个层面："一方面是社会的或事实的有效性，即得到接受，另一方面是正当性或规范的有效性，即合理的可接受性。法律规范的社会有效性，是根据它们得到施行的程度，也就是事实上可以期待法律同伴的接受程度。……是那种人为确立的事实性，即从法的形式方面加以定义的，可以向法律提请强制执行的事实性。相反，规范的合法性程度取决于对它们的规范有效性主张的商谈的可兑现性，归根结底，取决于它们是否通过一个合理的立法程序而形成……。"④ 至于两者有效性的关系，哈贝马斯认为法律的正当性乃是独立于法律的事实性，但是反过来，"社会的有效性和事实上的遵守，是随着法律共同体成员对正当性信念而发生变化的，而这种信念又是以对正当性，也就是规范的可辩护性的预设为基础"。⑤

现代法律允许人们自由选择对待法律的视角，这一点对现代法的社会功能也有很大影响。哈贝马斯认为，现代法主要有两种功能即系统整合与社会整合。所谓社会整合，就是满足行为预期的功能，法律作为一种中立性的行动正当性的标准，对这个社会的团结具有积极的意义。所谓系统整合，就是法律实现政治系统的既定集体目标的能力，在这种情形下法律成为政治的工具。哈贝马斯进一步认为，现代法的社会整合乃是法律最初与根本的功能，但是随着现代社会系统的发展，法律的系统整合功能不断扩张，一方面有利于社会的控制，但在另一方面也助长了一

---

① 对现代法律性质的论述最早可见之于《对现代法律的进化论价值的思考》一文，载《重建历史唯物主义》（郭官义译，社会科学文献出版社 2000 年版）。对此问题的整理与评述，可参见褚国建：《哈贝马斯早期法律思想的一个片段》（未刊稿）。

② 哈贝马斯：《交往行动理论》，曹卫东译，上海人民出版社 2004 年版，第 248 页。

③ 哈贝马斯：《在事实与规范之间》，童世骏译，生活·读书·新知三联书店 2003 年版，第 35 页。

④ 同③，第 36 页。

⑤ 哈贝马斯：《在事实与规范之间》，童世骏译，生活·读书·新知三联书店 2003 年版，第 36 页。

种对待法律的自私的功利化态度,最终却不利于整个社会的团结,造成正当化的危机。如表4所示。

表4 法律定位的两种途径

观察的视角	所持的态度	法律的性质	法律的功能	意义
参与者	施为性态度	知识系统	社会性整合	团结与认同
观察者	客观化态度	行动系统	系统性整合	社会控制

(二)现代法正当性证成的策略:法律与道德

法律与道德乃是法理学(特别是法概念论)的一个核心议题[①],统一说与分离说乃是自然法学与分析法学在此问题上的基本立场。实际上,这也代表了两个学派对法律的价值的不同追求,自然法理论强调的是法律的正当性,而实证法理论更强调法律的确定性,前者更强调法律的实质合理性,后者更强调法律的形式合理性。哈贝马斯在此问题的观点相对比较复杂,他一方面从一种法社会学角度去透视法律与道德之间的那种重叠交叉的关系,另一方面,基于后形而上学语境的立场,哈贝马斯清晰地认识到在现代社会价值多元的背景下,自然法理论很难再为法律的正当性提供强有力的论证。因此,他特别从商谈理论的角度指出,作为规范的法律和道德都具有一个正当性的要求,必须立足于基本理想言说情境重构的商谈原则。但是,法律与道德在证成原则上却是分化的,前者为民主原则,后者为普遍化原则。

1.法律与道德的历史同源性与功能互补性

哈贝马斯首先从一种法社会学的角度去分析法律与道德之间的关系,认为法律与道德在历史上是平行发展的,在功能上是相互补充的,前者可以说驳斥自然法学那种认为法律从属于道德的观点,后者则反对了分析法学那种认为法律与道德分离的观点。

从历史的角度来看,法律与道德是同时从那种传统法和具有法规效力的伦理之间交错不分的全社会精神气质当中分化出来的,这种分化乃是生活世界理性化在社会层面上体现。因此,法律与道德所涉及的乃是同样一些问题(这些问题实

---

① 根据阿列克西的分析,法律与道德的议题主要涉及两个层面:概念上的与规范上的。分析法学一般侧重于第一个层面,认为法律与道德在概念上(效力上)没有必然的联系;自然法学的观点主要涉及第二个层面,认为法律在所要实现的规范目的中必然包含道德的要求,对于第一个层面则观点不一。See Robert Alexy,the Argument from Injustice:a Reply to Legal Positivism(trans. by. Bonnie L. Paulson and Stanley L. Paulson)Oxford:Oxford University Press,2002,p. 21.

际上都关涉社会整合):人与人之间的关系如何进行合法的调节,多个行动如何借助于经过辩护的规则而得到彼此协调,行动冲突如何在主体间承认的规范性原则和规则的背景下以共识的方式加以解决,等等,只不过它们解决这些问题的方式不同罢了。① 根据哈贝马斯(见表5),只有到道德意识发展的后习俗阶段,法律与道德才真正实现分离②,道德对行动的调节只涉及个体的内在动机与自由意志(选择),而法律通过与国家权力相结合,通过外在的、可强制的方式来调节行动关系,至此康德意义上的道德性与合法性(morality and legality)的分离正式确立。

表 5　法律发展的阶段

道德意识的阶段	社会认知的基本概念	伦理(道德)	法律的类型
前习俗	特定的行为预期	奥义伦理	神灵法
习俗	规范	法律伦理	传统法
后习俗	原则	信念与责任伦理	形式法

哈贝马斯进一步详细分析了随着法律与道德分离所产生的差异。①从内容上看,在道德领域,权利与义务总是存在着一种平衡关系,而在法律领域则是依据主体权利而建立起来,因而权利具有优先性。②从效力范围来看,道德在社会空间和历史时间上面没有限制,涵盖了所有的自然人,而法律则在时空方面都有具体的限制,且只对特定人(一国的公民)有效。③从调整的方式和对象来看,法律只调整人的外在行动,而道德还涉及人的内心;法律不但涉及狭义上的道德问题(即人际间的冲突),而且还涉及实用问题和伦理问题,并让相互冲突的利益达成妥协。所以对法律的证成涉及不同的理由。③

但是在哈贝马斯看来,这种差异性并不能掩盖法律与道德在功能上的互补性,一方面,法律可以弥补由于道德在认知、动机和组织方面的高标准要求给人们行动带来的负担;另一方面,由于法律的调整过于具体,只有通过与道德原则的相容性而为自身获得正当性。从法律对道德的作用而言,①理性道德只提供对有争议问题之公平判断的一个程序,但是却要求主体自己判断何为正当的规范证成与规范应用。这种原则导向的认知方式在面对复杂问题时会对个人的分析能力是一种过分苛刻的要求。法律产生过程的事实性可以补充这种认知不确定性问题:建制化的司法判决实践,以及法教义学的精确说明规则和系统梳理判决的专业工作,免除

---

① 哈贝马斯:《在事实与规范之间》,童世骏译,生活·读书·新知三联书店2003年版,第131页。

② 哈贝马斯:《交往行动理论》(第二卷),洪佩郁、蔺青译,重庆出版社1994年版,第231页。

③ 哈贝马斯:《包容他者》,曹卫东译,上海人民出版社2002年版,第297—298页。

了个人的道德判断的认知负担。②理性道德要求个人在冲突的情境中应该努力通过共识的方法解决问题,并且要有勇气按照道德洞见而行动,这种意志力量上的高要求在面对复杂问题时会产生情感不肯定性与可期待性问题,对此,可以通过法律实施过程的事实性加以解决,通过强制性法律的制裁威胁来确保即使在结果导向的守法心理之下也能实现法律的普遍有效性。③理性道德要求一种普遍的积极服从义务,但这种义务的落实却缺乏组织保障,这种义务的可责成性问题,可以借助法律的行政执行来加以解决。①

2.法律证成与道德证成原则的分化

哈贝马斯对法律与道德问题的讨论,最后涉及两者在证立原则上的分化,但这种分化却并不意味着一种分离:首先,法律与道德同属于社会规范,因而对两者的证立都属于商谈原则的作用范围,也就是说,法律规范与道德规范的有效性基础都是商谈;其次,虽然商谈原则经由实践中的具体化,在道德问题上体现为普遍化原则,而在法律问题上体现为民主原则,但是在实际的商谈论证中,对法律的证立过程进一步细化为道德商谈、伦理商谈与视域商谈,换言之,道德规范对法律规范的证立仍然有一定的作用。

在此需要补充的是,所谓商谈原则,其最终表述为:

行动规范只有在所有可能的相关者作为合理商谈的参与者有可能同意的情形下才是有效的。②

而普遍化原则其一般表述为:

当一个争议中的规范的共同遵守对每个人的利益满足而言,其可预见会产生的后果或附带作用,能被所有人无强迫的也接受的话,则这个规范是有效的。③

对于两者在商谈伦理学中的地位,则经过一段演变过程④,最终形成如图5的知识结构:

---

① 哈贝马斯:《在事实与规范之间》,童世骏译,生活·读书·新知三联书店 2003 年版,第141—143 页。

② 同①,第 132 页。

③ 哈贝马斯:《道德意识与交往行动》,法兰克福:舒卡普出版社 1983 年版,第 103 页。转引自前揭林远泽文章。

④ 哈贝马斯最初尝试以普遍原则作为道德规范的认知原则,而将商谈原则作为道德规范的证立原则。此后,哈贝马斯接受了麦卡锡、阿佩尔等人的意见,将实践理性进一步扩展为三个维度(道德、伦理与实用)并因此而对商谈原则的地位加以提升,作为社会规范的一般证立原则。对此观点的转变过程,see Karl-Otto Apel, On Habermas's Philosophy of Law (1992) from a transcendental-pragmatic point of view, in Hbermas and Pragmatism (Ed. by Mitchell Aboulafa etc.) London: Routledge 2002, p.18.

道德中立的商谈原则(D):

作为社会规范证立的一般原则

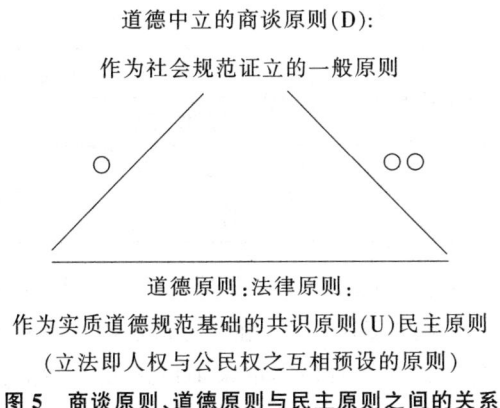

道德原则:法律原则:

作为实质道德规范基础的共识原则(U)民主原则

(立法即人权与公民权之互相预设的原则)

图5　商谈原则、道德原则与民主原则之间的关系

(三)现代法的正当化功能:法律与政治(权力)

1.法律与政治权力之内在联系

在现代国家中,法律与政治权力体现出一种互惠性的关联。从法律的角度来看,不仅法律的实施需要一个以惩罚为后盾的政治权力,制定正当法所必须的民主程序也是通过政治权力加以确立,就此而言,法律预设着政治权力。反过来,从政治权力的角度来看,现代国家中的政治权力是通过实证法组织起来的,政治权力的应用必须符合合法性原则才被认为是正当的,就此而言,政治权力也预设着法律。总之,法律与政治权力之间显现出一种功能上的协作关系,它们结合为一个复合体。

哈贝马斯所关心的是这种法律与政治权力的复合体是如何形成的,它的历史渊源在哪里?为此,他首先建构出两种行动协调的基本类型。在哈贝马斯看来,社会秩序中发生的行动分歧主要依靠两种方式加以协调:冲突仲裁与集体意志的形成。前者涉及的是"在发生分歧的情况下对行为期待的稳定",后者涉及的是"对共识目标的选择和由成效的实现"。[①] 同时,这两种协调模式或机制由于受不同行动取向(或动机)——它包括价值共识与利益平衡两个理想型——的影响而形成一个包含四种解决方法的复杂模型(表6):[②]

---

① 哈贝马斯:《在事实与规范之间》,童世骏译,生活·读书·新知三联书店 2003 年版,第172 页。

② 同①,第173 页。

表6　行动协调的基本类型

协调模式 \ 问题	人际冲突调节	集体目标的追求	
		目标设定	目标实施
价值取向	共识（Ⅰ）	权威决定（Ⅱ）	具有组织分工的命令权力
利益平衡	仲裁（Ⅲ）	妥协（Ⅳ）	

接着，哈贝马斯应用这一理想模型来分析不同社会形态中规范与权力之间的关系。在原始社会中，解决方法中的（Ⅲ）和（Ⅳ）都依赖于一种单纯的权力状态，这种权力状态通过它的等级性血缘身份制度来加以保障，它表达了植根于宗教世界观和巫术实践之中的规范结构；而（Ⅰ）和（Ⅱ）则依赖于一种规范复合体——在其中法律、道德与习俗尚未分化，它依靠那些具有权威的权力拥有者来加以实施。值得注意的是，在原始社会中，社会权力与行动规范乃是通过神灵世界观的力量结合在一起。规范的正当性直接由神灵赋予（它就是一种神灵法），代表了一种赋予权力以正当性的正义源泉，因此由神灵法把权威授予特定的主体，通过其所掌握的权力来负责规范的解释与适用。在这种关系中，神灵法赋予权力以权威，而社会权力给予法律的实施以强制性支持。

但是，随着传统世界观的解体与国家科层组织的形成，权力与规范之间的关系发生了根本性的改变，其中影响最大的莫过于国家掌握了法律的制定权而将权力和法律同时工具化。在这种情况下，一方面，原本那种神灵—法—权力的线性、等级式权力正当化模式现在由于权力对法律的反制性利用而出现断裂；另一方面，法律在提供正当化的同时其自身的正当性却随着世界观的除魅过程而失去依凭。因此，一种引入了内在功能与外在功能之区分而回避正当性问题的功能主义解释出现了（表7）。①

表7　法律代码和权力代码之间的功能联系

代码 \ 功能	内在功能	外在功能
权力	集体目标的实现	法律的国家建制化
法律	行为期待的稳定	政治统治的组织手段

权力与法律实际上代表着前面所述的两者协调机制。法律要求行动者之间在发生行动之时进行自我的协调，而权力要求由一个组织而非个人来落实集体的目

---

① 哈贝马斯：《在事实与规范之间》，童世骏译，生活·读书·新知三联书店2003年版，第177页。

标。在现代法治社会中,法律在实现内在功能(稳定行为期待)的同时,对政治统治加以组织与控制;而权力一方面仍然需要将集体目标加以落实,另一方面也充当着制定、实施法律的功能,促进了法律的确定性。但功能主义这种通过实效性来确保法律的有效性(以效率取得正当)的策略,在它无法满足人们对于效率的预期时,就会造成正当性危机。因此,法律与权力的正当性问题依然是一个无法回避的问题。在哈贝马斯看来,"神灵法的拱顶塌陷之后,废墟上留下的是通过政治途径制定的法律和作为工具来运用的权力这两个支柱,世俗的、自我授权的法律只能从理性那里找到一个替代物,它可以把真正的权威送还给一个被设想为政治立法者的权力拥有者"[1],而这里的理性,就是指交往理性。

2. 交往权力与行政权力的区分

在法的正当性问题上,哈贝马斯明确拒绝了自然法学模式而批判性地继承了法律实证主义的模式。在哈贝马斯看来,在世界观与价值观多元化的后形而上学时代,通过一种高级法或自然法的理念演绎证成实在法不可避免地会陷入独断论;但法律实证主义在承认法的整体有效性的前提下,只侧重个别规范的形式有效性,则容易由法律与权力相互论证的假象而最终引发实体正当性危机。"法律形式本身并不足以为政治权力的实施提供正当性","只有当它能够起提供正义之来源的作用时,才具有提供正当化的功能"。因此,哈贝马斯进一步将政治权力区分为交往权力与行政权力(administrative power)[2],通过引入一个符合民主原则的权力观念来构建一个新的权力正当化模式。

在《交往行动理论》中,哈贝马斯把权力理解为"阻止他人或集团追求其利益的能力",这种理解基本与经典的韦伯式理解[3]无异,但是在 1976 年的一篇文章中他已经注意到阿伦特那种把权力与暴力相对立的独特观点。[4] 在《事实性与有效性》中,哈贝马斯明确批评韦伯式权力理解缺乏规范评价,从而现实实践中可能产生不正当的权力问题,并把阿伦特的权力概念作为构建其新的权力正当化模式的关键。

所谓交往权力,在阿伦特看来就是一种"旨在达成理解之交往的形成共识力量",它所反映的是人类与他人协调一致地行动的能力,因而与那种为了自己利

---

① 哈贝马斯:《在事实与规范之间》,童世骏译,生活·读书·新知三联书店 2003 年版,第 180 页。

② 这里的行政权应该作广义的理解,因为它实际上包括了立法权、司法观与狭义的行政权(executive power)。

③ 即把权力看作是社会现象中不顾反抗而观测自己意志的可能性。

④ Habermas, Hannah Arendt. On the Concept of Power, in Philosophical-Political Profile (trans, by. Frederick G. Lawrence). Cambridge: the MIT Press 1990, 1976, pp. 173—189.

益而将别人的意志工具化的暴力截然不同。阿伦特进一步强调,这种交往权力只可能产生于未发生畸变的公共领域之中,而这种公共领域又是以一个充满活力的市民社会的存在为前提。因此,是公开而不受限制的交往自由产生了权力。最后,阿伦特指出,从一开始,法律就同这种产生正当之法的交往权力联系在一起。政治权力既不是贯彻自己利益或实现集体目标的潜力,也不是达成有约束力之集体决定的行政权力,而是一种表现在正当之法的制定、建制的创立之中的授权力量。

哈贝马斯基本上继承了阿伦特共识权力论的上述观念,但同时也认为它仍然存在问题,特别是它没有具体说明"联合起来的公民在形成交往权力的同时是如何制定正当之法的,以及它们是如何以法律的形式来确保这种实践,尤其是确保他们的政治自主性"①。哈贝马斯的处理办法是将共识权力论的作用范围限制在说明政治权力的产生,而仍然保留以强制为基础的行政权力在法律实施上的作用,由此形成一个完善的权力正当化模式(图6)②,在这个模式中,公共领域中的非正式的意见形成过程产生了交往权力,再由交往权力促成正式的政治意志的形成(正当法同时产生),最后通过正当法的公开授权产生广义的行政权力来加以落实。关键的环节在于,法律充当了交往权力向行政权力转化的媒介,一方面防止行政权力的自我繁殖,另一方面则使行政权力摆脱社会权力(即经济系统或经济权力)的影响③,最终实现三种社会整合力量(货币、权力与团结)的平衡。

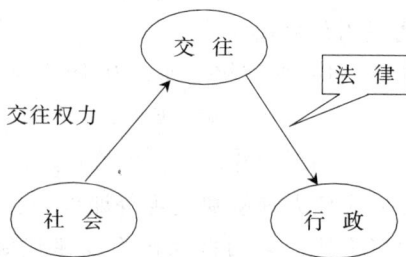

图6　政治权力的循环模型

---

① 哈贝马斯:《在事实与规范之间》,童世骏译,生活·读书·新知三联书店2003年版,第183页。

② Erik Oddvar Eriksen and Jarle Weigard. Understanding Habermas. London:continuum 2003, p. 174.

③ 哈贝马斯:《在事实与规范之间》,童世骏译,生活·读书·新知三联书店2003年版,第184—183页。

三、现代法秩序之规范内涵的重构

现代法律秩序是通过人权规范这个内涵来加以辩护,通过权力分权的制度安排来进行实践落实,因此,就现代法秩序的重构而言,必须为其规范内涵进行论证。

(一)权利体系:正当法的前提条件

1.权利体系之意义与任务

从规范性的角度来看,现代法秩序乃是以主观权利为基础进行构建的,传统上这种主观权利一直被理解为是对私人自主下的确保。也就是说这种权利为法权人提供了合法的活动空间,使他们能够按照自己的偏好去行动。现代法律秩序的这一基础构成了它与传统法律秩序的主要区别,对于现代法而言,法律没有明确禁止的,就是允许。同时也意味着道德和法律的分离。道德最初告诉我们的是我所要承担的义务,而法律结构则强调权利的重要性。道德权利来源于相互之间的义务,而法律义务则源于对主权自由的合法限制。

现代法的这种结构也影响了对法律之规范有效性的理解,它把具有合理程序的立法的合法性与国家司法的事实性结合了起来。也就是说现代法律允许接受者自己决定,是把规范仅仅看作是对他们行为范围的实际限制,并用策略的方式来对待破坏规则可能导致的一定后果;还是"出于尊重法律"才愿意遵守规定。① 换言之,现代法秩序允许法律承受者自由选择究竟把法律作为强制法接受还是作为正当法接受,对现代法的接受是不问动机的。

但现代法秩序的主观权利,与现代法的形式特征形成了某种紧张。现代法主要是一种由政治立法制定的实证法,它是可以随时改变的。对这种法律之正当性的论证,由主观权利(私人自主)的人权性质所设定的基本规范就难以自圆其说;相反,必须从一种公共自主的角度加以说明。换言之,对现代法的正当性说明,出现了两种基本的方式:私人自主/公共自主,人权与人民主权。因此,基本权利体系的意义就在于它确立了现代法秩序的正当性条件,而对基本权利体系进行理论说明的主要任务就是要说明人权与人民主权是如何为现代法的正当性确立基础的,人权与人民主权存在着怎样的理论关联。

2.权利的基础:人权与人民主权(私人自主与公共自主)

(1)权利解说的两大范式:自由主义与共和主义

哈贝马斯分别从德国私法学说史与卢梭和康德的社会契约理论追溯对于基本

---

① 哈贝马斯:《后民族结构》,曹卫东译,上海人民出版社2002年版,第134页。

权利的两种基本解说范式。前者强调基本权利的私人自主性但忽视了作为客观法的正当性问题的公共自主性；后者虽然注意到了私人自主与公共自主的关联，但仍然持一种对立而非整合的立场。

根据哈贝马斯的观察，从萨维尼到普赫塔的德国私法学，由于受到德国观念论的影响，将主观权利理解为一种具有可诉性，保障个人行动空间免受非法干预的消极性权利。这种私人权利在法律上由财产权与契约自由加以保障。到了 19 世纪晚期，学说上进一步以康德的道德自主性作为主观权利的基础，通过法律人之间的平等地位和所有人的相互承认来证成主观权利。当然，这种证成是独立于民主立法之外的，它创设了一个私人主权与私人自主的地带，然而，也正是在这个时期，主观权利的道德基础被实证主义的主权者意志所取代，它退化至一种透过实证法律的现实拘束力所保障的个人自主决定权限。这种客观化的理论走向经过耶林的利益法学，到了凯尔森可以说发展到了巅峰，将主观权利完全理解为由客观法所保障的利益以及恣意自由。而到卢曼的社会学理论中，主观权利更转而以一种功能主义的方式来加以理解，不过是一种法律自我创造的逻辑空间而已，所有规范性的考虑终于消失殆尽。这种情形虽然在二战后有所改变，雷泽从社会权的角度对主观权利的重新解释部分恢复了它的主体间意义，但仍然不够抽象，它仍然没有说明这种确保私人自主的法律其自身的正当性从何而来？它与前面的观念论与客观化理论一样，都没有注意到民主立法问题，更没有去思考作为民主立法之基础的人民主权原则（公共自主）与作为主观权利的人权原则（私人自主）之间的关系问题。而在哈贝马斯看来，民主的立法只有当它与主观权利联系在一起时才是正当的，主观权利与客观法（私人自主与公共自主、人权与人民主权）实际上同源地产生的。[①]

哈贝马斯只有在康德与卢梭的社会契约论中才发现了在德国民法学说中一直受到忽视的私人自主与公共自主的内在联系问题。但是，他们仍然带着各自的偏向（康德侧重私人自主而卢梭侧重公共自主），没有考虑到对私人自主与公共自主、人权与人民主权进行整合的可能性。这种立场上的对立实际上反映了自由主义与共和主义两大理论传统在基本权利问题上的分歧。在此，哈贝马斯援引了米歇尔曼对美国宪法传统的解释分歧来加以说明。在美国，自由主义将人权理解为一种道德自我限定（self-determination）的表达，强调一种以固有人权为基础的非人格化的法治；公民共和主义则将人民主权理解为伦理性自我实现（self-realization）的表达，强调通过人民的主权意志制定的法律来对共同体进行一种自发性的自我组织。他们都认为人权与人民主权是不可调和与相互竞争的。自由主义认为人民主

---

① 哈贝马斯：《在事实与规范之间》，童世骏译，生活·读书·新知三联书店 2003 年版，第 112—113 页。

权会造成一种多数暴政(tyrannical majority)的危险,因而主张能够保障主体之前政治自由的人权的优先性,通过人权来限制政治立法者的主权意志。公民共和主义则强调,公民的自我组织原本就具有一种非工具性的价值,而人权只有当它是一种自身适合之传统的要素之时才对社群具有约束性。从这种基本立场出发,他们对基本权利的观点也存在巨大分歧。在自由主义看来,权利对它自己的限定乃是以一种在前政治的自然状态中所得到的道德洞见为基础的,换言之,对权利的法律调节受主体道德认知的支配;而共和主义则认为,自我实现的集体性伦理政治意志不会承认任何与它的真切生活规划不相称的权利,对于权利的法律调节受集体伦理意愿的支配①。可见,人权所强调的是基本权利的固有性和不可侵犯性,而人民主权所强调的是基本权利的历史情境性与工具性,对自由主义与共和主义的基本分歧,可解读如表 8:②

表 8　自由主义与共和主义的重要区别

比较项	自由主义	共和主义
自由的概念	消极的	积极的
权利	前政治的	政治的
程序	决策的手段	本身也是目的
论证	"正确性"	"善"
决策模式	聚合论(aggregation)	审议论

在自由主义和共和主义的理论脉络下,康德与卢梭对自主性认知的偏向就显现出来。

就康德而言,他是将一种道德原则应用于外在关系而得到法权原则。他从一种每个人作为他的人性而享有的权利出发,这种原初权利调节着内在你我的关系,把它运用到外在的你我关系就产生出主观的私人权利。这种私人权利,是在分化出公法之前,从道德原则出发就获得了正当性,因而是独立于随着社会契约才形成的公民政治自主的。在康德看来,政治自主只能在社会契约中用人民主权与人权之间的关系来加以解释。康德的社会契约论乃是对霍布斯功利主义理论的一种反驳,在后者看来,不借助于道德理由,仅仅从参与者的开明利益出发就可以证成一个权利系统,自然状态中的主体基于自我保存的考虑,通过一次性的社会契约授于主权者以权威,由他制定与执行法律来保障公民的自由与利益。在霍布斯的理论

---

① James L. Marsh: *Unjust Legality: a Critique of Habermas's Philosophy of Law*, Oxford: Rowman& Littlefield Publishers. Inc 2001, p39.

② Erik Oddvar Eriksen and Jarle Weigard: *Understanding Habermas*, London: Continuum 2003, p118.

中,道德上必须做的事情是自发地出于合理利己主义者的利益导向而行动的。但是,康德有力地指出,霍布斯混淆了为统治者提供正当性的社会契约与私人契约之间的结构性差别。私人契约是为着一定的经济目的而缔结的,因而仅具有工具性的价值;但社会契约却是要把"自己本身确定为法权原则支配之下建立社会联系过程的模式"①,它代表着自主性的公民以一种取向共识的角度通过一种民主程序的方式将平等的主观行动自由的权利建制化、实证化。由此可见,在康德的社会契约中,法权原则、道德原则(私人自主、人权)与民主原则(公共自主、人民主权)乃是交织在一起的,但是从其出发点而言,道德原则仍然具有优先性。

卢梭的出发点是公民自主的构成,尤其强调人民主权与人权之间的内在关联。因为人民的主权意志只能表达于普遍和抽象之法规的语言之中,这种语言中就直接铭刻着每个人对于平等的主观自由的权利(即康德所说的人权)。在卢梭那里,政治自主的行使不再处于天赋权利的限制之下,人权的规范性内容毋宁说已经进入了人民主权之实施模式中。根据这种观点,以符合程序的方式行使人民主权,同时确保康德的原初人权的实质。但卢梭最终却没有贯彻这一思路。他将政治自主性理解为特定民族的自觉把握的生活形式的实现。因而在社会契约中,人民主权的主体从个体化的、取向于成功而行动的个人转变为一个伦理共同体的取向于共同福利(common good 又译为共同善、共同利益)的公民。作为一个集合性实体的成员,这些公民被要求融合进一种断绝了与仅仅服从法规的私人的个人利益之间的联系。卢梭相信这种具备政治美德的公民存在于那些小国寡民的共同体之内,通过共同的文化传统或国家强制而整合起来。但是卢梭这种伦理版本的人民主权却无法解释:公民的共同福利如何与私人的权利相协调? 规范上建构的共同意志在没有强制的情况下又如何与个体的自由选项相协调? 更为要害的是,当多数人能够以共同福利和共同价值的名义压制少数者时人权的普遍化意义在哪里?

(2)权利的商谈论解释:人权与人民主权的同源论

哈贝马斯认为,康德与卢梭在人权与人民主权关系上的观点都存在问题。康德的过错在于,他认为理性意志只能形成于一个单个主体,个人的道德自主必须贯穿于所有人的联合起来的意志的政治自主,以便用自然法来确保每个人的私人自主。换言之,康德将道德化的人权作为法律正当性的最终渊源。卢梭的错误在于,他认为理性意志只能形成于一个民族的宏观主体,政治自主必须被理解为一个特定共同体的伦理生活本质的自觉实现;而私人自主则通过法规的一视同仁形式而得到保护,以对付政治自主的压倒性力量。换言之,卢梭将伦理化的人民主权作为

---

① 哈贝马斯:《在事实与规范之间》,童世骏译,生活·读书·新知三联书店 2003 年版,第116 页。

法律正当性的最终渊源。两者都将法律的正当性建立在外在于法律的因素之上，通过法律秩序与其他秩序的一致性来加以确认。

而在哈贝马斯看来，随着生活世界的理性化，实证化的法律与道德和伦理的关联已经减弱了，法律的正当性只能通过法律之内的立法程序加以认知，而这种立法程序本身的正当性则立足于一种自由平等的商谈过程。在这个过程中，取向于理解的语言使用活动的语内行动约束力被用来把理性和意志结合在一起，以导致一个所有个人都可能无强制同意的信念。因此，在商谈理论看来，权利体系的意义就在于通过分析人权与人民主权之间的内在关系，揭示出政治自主的立法过程所必须的交往形式本身得以在法律上建制化的条件。商谈理论的任务，就是要通过私人自主与公共自主的同源性来澄清自我立法概念的意象。根据这个意象，法律的承受者同时也是这些法律的创制者，一方面，人民主权在商谈性意志形成和意志形成过程中获得法律形式；另一方面，人权的实质就在于这种过程得以法律建制化的形式条件。

哈贝马斯用来对自我立法概念进行商谈论解释的就是民主原则。民主原则具有一种赋予促成立法过程形成正当性的力量，它是商谈原则和法律形式相互交叠的结果或者说是商谈原则法律化的结果。在哈贝马斯看来，正是这种商谈原则与法律形式相互交叠构成了权利的逻辑起源。① 从这个角度切入，我们可以看到私人自主与公共自主之间的一个循环过程。其开端是将商谈原则运用于一般意义上的行动自由的权利，这种权利构成了法律正当性的前提条件；其末端是对商谈运用政治自主的条件的法律建制化，借助于这种政治自主，起初被抽象的确定的私人自主反过来可以在法律上得到提升。

总之，在商谈论的理解中，私人自主被理解为一种公民若要和平共存就必须相互承认的关系，但其具体的内涵需要通过公共自主加以澄清；公共自主则被理解为一种政治意见和意志的形成过程，它要求将具体化的私人自主加以建制化：两者共同构成了法律正当性的基础。

3. 权利体系的重构

哈贝马斯随后引入一个重构之后的权利体系，以进一步缓解私人自主与公共自主的紧张关系：

（1）自由权利："产生于以政治自主方式阐明对尽可能多的平等的个人自由的权利的那些基本权利。"

（2）成员权利："产生于以政治自主方式阐明法律同伴的志愿团体的成员身份

---

① 哈贝马斯：《在事实与规范之间》，童世骏译，生活·读书·新知三联书店 2003 年版，第148 页。

的那些基本权利。"

（3）司法救济权利："直接产生于权利的可诉诸法律行动的性质和以政治自主的方式阐明的个人法律保护的那些基本权利。"

（4）参与权利："机会均等地参与意见形成和意志形成过程——在这个过程中公民行使其政治自主,通过这个过程公民制定合法的法律——的那些基本权利。"

（5）福利权利："获得特定生活的条件——现有状态下公民要机会平等地利用从（1）到（4）所提到的公民权利所必需的,在社会上、技术上和生态上得到确保的生活条件——的基本权利。"

权利体系在哈贝马斯看来,乃是将同源于商谈原则之私人自主与公共自主法律化的结果。其中,第（1）、（2）、（3）项权利构成了对私人自主的保障,这些权利乃是从一种外在参与者的角度加以描述的,是公民若要用实证法对其共同生活做正当的调节所必须彼此承认的,因此,这三项权利可以说在法律与国家产生之前就已经存在,它构成了将商谈原则运用于一般意义上的横向联合的法律形式所必须满足的必要条件。当然,这三项权利仍相当抽象,需要通过一个政治立法机关加以具体化,以适应社会环境的不断变化。

第（4）项权利构成了对公共自主的保障,对这种权利的引入乃是从一种参与者的视角,也就是从将每个公民作为法律的制定者的角度而加以确认的,这一权利构成了公民从法律媒介内部根据商谈原则来判断他们所立之法是不是正当之法的条件。值得注意的是,哈贝马斯要求这种参与公共自主的公民必须具有自由平等的商谈机会,必须以一定的法律资格为限,必须对公民在立法过程的侵害加以救济,由此,一方面可说明民主立法对于私人主体自我选择之利益的尊重,另一方面则显示共识的基础乃是理性推动的。

至于第（5）项权利,在哈贝马斯看来,乃是对前四项通过形式平等加以保障的基本权利提供一种实体平等的补正。

最后,哈贝马斯指出,基本权利体系并不是作为一种自然法而事先给予制宪者的,而是在一个特定的宪法诠释过程之中不断发展起来的,[1]就此而言,它已摆脱了旧式形式上论证的最后纠缠。

（二）法治国诸原则的重构

在现代这样一个高度复杂与分化的社会里,若要有效地确保私人自主与公共自主就必须通过法律建制化形成一个权利体系,在法治国的框架内加以落实。一方面,公民间和平共存必须相互承认的私人自主只有通过正当立法的具体化与建

---

① 哈贝马斯:《在事实与规范之间》,童世骏译,生活·读书·新知三联书店 2003 年版,第 156 页。

制化之后才具有一种对抗国家干预的自由抗拒权的意义①（其调节对象也从公民之间的横向关系扩张至法律主体对国家机构的纵向关系），在此，商谈论将正当立法理解为一种形成理性政治意志的商谈过程。另一方面，在法律与政治权力相互构成的格局之下，由公民运用其公共自主商谈所形成的正当立法若要对公共权力加以控制就需要一个法治国的架构加以保障。在此，法治国调节着从交往权力到正当法到行政权力的转换过程。总之，在商谈论看来，法治国的主要意义在于：一方面赋予交往自由之公共运用以建制形式，另一方面，给与交往权力向行政权力之转化以规范指导。②

1. 政治立法过程模型：正当立法的理想化身

（1）商谈的类型

在哈贝马斯看来，对法律规范的证成必须运作实践理性的全部范围。与道德规范的证成不同，它的指涉系统仅限于法律共同体（而道德是所有人）。同时，由于法律与政治之间的内在联系，这种法律规范证成过程（即正当立法的过程）也就直接与一种围绕"我们应该做什么"这个根本问题而展开的政治意见与意志的形成过程联系在一起。根据具体调节问题的不同，根本问题被进一步分化成三个小问题：实用问题、伦理问题与道德问题。

实用问题涉及的是为了实现既定的目标而选择合适的手段，或者当目标本身出现问题时，根据事先已认可的价值（偏好）来加以权衡。因此，它实际上也包含着两个略有不同的层次：目的合理性的手段选择和取向于价值的目标权衡。对实用问题的解答常常体现为一种技术性或策略性的行动建议，这种解答的有效性则可以在一种实用商谈中根据经验知识来加以判断。

伦理问题是在实用性价值偏好本身成问题时产生的，它所涉及的是在一个特定的社会共同体内，什么是一种好的生活（good life）。这里须注意，哈贝马斯所说的伦理问题，就其完整的含义包括个体与社会两个层面。个体层面的伦理问题常常以第一人称单数发问：我是谁？我想要成为谁？什么样的生活方式，涉及自我认同/同一性问题；社会层面的伦理问题则对个体伦理的相同问题以第一人称复数的形式发问，涉及的是集体认同/同一性问题。在法律与政治商谈中主要涉及的是社会层面，哈贝马斯也直接以"政治—伦理问题"来称谓③，对此问题的解答常常体现

---

① 哈贝马斯：《在事实与规范之间》，童世骏译，生活·读书·新知三联书店2003年版，第212页。

② 同①，第215页。

③ 当然，也有学者对哈贝马斯这种直接将伦理与政治问题联系的做法提出异议，认为他忽视了如何在个体伦理层面以一种与商谈原则不冲突的方式解决价值冲突的问题。See Hugh Baxter: Habermas's Discourse Thoery of Law and Democracy, 50 Buffalo L. Rev(2002).

为一些临床劝告,其中的关键乃是通过一种伦理商谈来对主体间共享的生活形式和传统进行批判性吸取(或诠释),以符合当下的情境,因此,伦理问题的答案常常是相对于特定的文化背景而言的。

道德问题则在利益冲突和价值分歧难以调和的情形下产生的,它所涉及的乃是考虑到所有其他人的意义,什么是我们该做的正确事情,什么是正义或公平问题(或如何根据所有人的平等利益来调节我们共同的生活)。对于该问题的回答往往体现为一种绝对律令,这种绝对律令的有效性可以在一种道德商谈中加以证明,它必须是无条件的可普遍化的或者用商谈论的话语来说就是"一个规范,当且仅当所有人都可以在可比情境中意欲它内每个人所遵守,才是正当的"。[①]不过这样证立的法律规范势必非常抽象,哈贝马斯因此从其学生克劳斯·贡特尔处引入证立性商谈与适用性商谈的区分,将法律规范的情境化问题交由后者承担。[②]见表9。

表 9 商谈类型的分化

	调节问题	参与者视角	商谈类型(逻辑)	问题答案	有效性标准
我们应当做什么	实用问题	主体自我	实用商谈(功利)	技术或策略建议	经验知识
	伦理问题	特定共同体(种族)	伦理商谈(价值)	临床劝告	主体间共享之生活形式与传统
	道德问题	无限交往共同体	道德商谈(原则)	道德/正义律令	无条件的可普遍化

(2)政治立法中的"应当"格局:以意见与意志两个要素为基础

在完成对商谈类型的细化之后,哈贝马斯进一步根据取得商谈共识之应当过程中所包含的意见(理性)与意志关系来建构一个商谈论的政治立法过程模型。这个过程从实用问题出发,经过达成妥协和伦理商谈的分支道德对道德问题的澄清,最后结束于对规范的法律审查。

在哈贝马斯看来,不同商谈类型的顺序排列乃是以它们对"我们应当做什么"这一问题的答案中所宣称的"应当"程度为标准,而这种应当的格局则主要根据意见和意志两者要素间关系来加以衡量确定。

在实用建议中,"应当"是相对于既定的目的和价值而言的,它所诉诸的乃是行

---

① 哈贝马斯:《在事实与规范之间》,童世骏译,生活·读书·新知三联书店 2003 年版,第198 页。

② 贡特尔对证立性商谈与适用性商谈的区分原本仅仅指道德规范论证而言,前者必须符合普遍化原则,后者必须符合适当性原则。哈贝马斯则进一步将这种区分扩展至法律规范领域。对于这一问题,哈贝马斯在《事实性与有效性》一书中着墨较少,比较详细地说明,see Jurgen Habermas,Responds to symposium participants,17 Cardozo L. Rev. 另外,有关贡特尔本人的观点。

动者的选择自由,而这些行动者又是在假定的预设的利益状况和价值取向的基础上做出机制的决策。由此可见,意志决断在实用商谈的答案给出中占据主要的地位,并未与理性意见的反思过程建立内在联系,因此实用建议的应当程度就相对较弱。

在临床劝告中,"应当"相对的是我们的良好的生活目的,它所诉诸的是一个要确认意志真切的生活方式的集体所具有的决断力。这种有关价值分歧的决断乃是通过一种理性洞见而引入的,决断力乃是以一种对传统与生活形式的批判性自我理解为前提。另一方面,这种理性的自我理解也需要由决断力来加以确定与巩固,由此可见,理性与意志在伦理商谈中是相互决定的,伦理规范已是一种相对于特定共同体的假言性应当,具有较强的指令性。

在道德/正义律令中,"应当"则是相对于所有行动者的利益而言的,这些行动者被要求从一切偶然的规范性情境抽身出来,对规范之有效性主张采取一种假设性态度。因此,道德规范之定言性应当所诉诸的乃是"这些行动者在洞见的合理影响下愿意接受所有人都能够意欲的东西的约束"①。与实用商谈中的任意和伦理商谈中的决断不同,道德商谈中的意志摆脱了偶然的利益和价值取向,尤其是文化生活形式和影响认同之传统的他律性质,成为一种自主的意志,它把理性内在化了。当然,这种以自主意志为基础的道德规范也有缺陷,就是它只能根据自身决定的合理动机来执行,在现代社会,这种动机缺陷得到了法律建制化的弥补。

(3)合理的政治意见和意志的形成过程

值得注意的是,哈贝马斯并没有直接根据这一商谈解答的应当格局来排列出一个理想的政治立法过程模型,而是另外加入两者补充的形式(磋商与法律商谈),这可以理解为哈贝马斯考虑了现实实践情形后的一种修正。他通过区分过程模型的两个阶段来具体解说磋商与法律商谈和实用商谈、伦理商谈及道德商谈之间的内在逻辑关系的。

在哈贝马斯看来,政治问题首先以实用形式开始,即对政治立法者要通过的集体目标以价值为取向的选择,以及对政治立法者要通过的策略的以目的合理性为依据的权衡。因此,实用商谈构成了政治决定过程的第一阶段。在这个阶段中,由于需要对现实情境的正确诠释,对所要描述问题的恰当描述,以及有关的和可靠的信息的通畅,加上对这种信息的高效处理,因此,有一定的专家知识必不可少,当然这种知识是可错的,不大可能是价值中立的,或者说毫无争议。

在第一阶段的实用商谈中所预设的商谈主体对目标与价值的异议接受在第二

---

① 哈贝马斯:《在事实与规范之间》,童世骏译,生活·读书·新知三联书店2003年版,第200页。

阶段成为讨论的对象,这种讨论当然也会根据需要调节问题的不同而有所分化。如果涉及的是一个与道德有关的问题,这些问题涉及社会财富的分配,生活机会和生存机会的分配,则需要在一种经过宪法诠释和澄清的权力体系框架内,把彼此竞争的利益和价值取向付诸一个普遍化的检验。如果涉及的是一个同伦理有关的问题,则要求参与者超越彼此冲突的利益和价值取向,通过自我理解过程促使人们反思的意识到共同的生活形式之中根深蒂固的共鸣。但是,在复杂社会中,也存在着伦理商谈与道德商谈都无法解决的问题,在这种情形之下,是否还有其他选择?哈贝马斯的回答是肯定的,这种伦理与道德之外的第三种选择就是磋商(bargaining或译为谈判)。

磋商可以说是一种兼具交往行动与策略行动特征的行为。在磋商过程中,行动者虽然以成功为行动的取向,但是相互之间仍有一种合作的诚意,磋商的主要目的在于达成一种妥协,当然也不是无条件的,妥协的安排必须:①是对所有人来说都比没有任何安排更有利的,②是排除推出合作的搭便车的,③是排除那些在合作中贡献多于回报的受剥削者的。① 即便如此,妥协与共识还有很大的区别,前者所达到的仅仅是一种平衡了彼此冲突之利益的协议或者说妥协的结果刚好是不同各方出于各自不同的理由都能接受的,而后者则建立在一种以同样方式使所有各方确信的理由之上。

这里存在着一个潜在的问题需要澄清:根据哈贝马斯的观点,政治决定的应当要求乃是由商谈的共识力所保障的,既然妥协不同于共识,那么,由谈判所产生的结果又怎么会具有一种规范性呢?哈贝马斯的回答是,虽然妥协主要是通过影响,经由各方的互相威胁与许诺所具有的谈判力来运作,因而商谈原则无法直接对磋商过程发生影响,但仍然可以通过达成协议所必须的公平程序发挥一种间接的效力。对于谈判者而言,只有当磋商程序能够确保所有利益相关者都有平等的机会参加谈判、彼此施加影响以及为所有有关的利益创作大致平等的实施机会,结果才是可接受的。换言之,正是受道德商谈原则调节的磋商程序使得经由它所产生的妥协具有了一种规范性的力量,谈判并内有破坏商谈原则,而是以它为前提。同样的关系也存在于伦理商谈与道德商谈之间,伦理商谈的结果也主要在同道德原则至少是相容时才具有效力。因此,政治意见和意志的形成过程主要表现为一个具有多重线路又彼此相连的过程模型(如图7)。

对这个模型,我们尚需要做一些补充说明。首先,不同商谈类型之间的排列顺序反映的是一种在商谈内容之复杂性与商谈结果之规范性不断强化的过程。换言之,只有在前一阶段的商谈中没有达成共识(妥协)时,才需要进入下一阶段的商谈。

---

① 哈贝马斯:《在事实与规范之间》,童世骏译,生活·读书·新知三联书店 2003 年版,第203 页。

実用商谈

在程序上受调节的谈判伦理—政治商谈

道德商谈

法律商谈

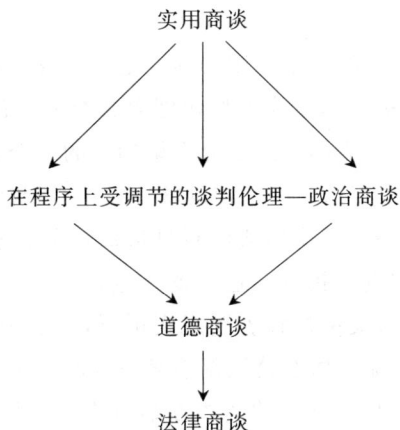

图 7　政治立法过程模型

当然,在现实的政治立法过程中需要用尽所有商谈形式的问题毕竟是很少的。其次,这种解答方法上的分化并不意味着在商谈类型之间存在等级关系。最后,这里所谓的法律商谈,涉及的是对政治立法结果的一种规范审查,以保障新的立法不与整个法律体系发生规范冲突,从法律的角度而言,所有的政治决定都应然接受一种融贯性的检验。需要注意的是,这里的法律商谈还仅仅限于立法阶段,而没有涉及司法审查的问题。

总之,正是上面这些不同的商谈与磋商的类型使得法律的规范有效性(正当性)具有一个多元的基础。法律规范的正当性不仅具有与道德规范相同的经过商谈阐明了的"正义"之意义,而且"还表达了法律共同体的真切的自我理解,对这个共同体中所分布的价值和利益的公平考虑,以及对策略和手段的具有目的合理性的选择"。①

2.法治国诸原则的商谈论重构:正当法的实效化

(1)法治国诸原则

在哈贝马斯看来,权利体系与法治国乃是通过人民主权原则联系起来。从对人民主权的商谈论理解出发,法治国的诸原则被重新加以解释:

(1)人民主权原则;

(2)(通过一个独立的司法部门而确保的)对个人权利的全面保护原则;

(3)有关行政部门必须服从法规,必须接受来自司法和议会的监督的原则;

---

① 哈贝马斯:《在事实与规范之间》,童世骏译,生活·读书·新知三联书店 2003 年版,第191 页。

(4) 国家与社会分离原则。①

这四个原则,第(1)(2)(3)三个原则实际上是对三权分立架构的一个规范性说明。对此,哈贝马斯尚有从具体商谈类型角度对各个机关的权限的一个补充说明(见下文);第(4)个原则主要表明了三权分立架构下的一个方法论预设。

关于人民主权原则,根据商谈的原初理解,乃是一切政治权力来自公民的交往权力,也就是根据公民在一个商谈构成的意见形成过程和意志形成过程中制定的法律来对政治权力的形式进行授权。这种商谈过程的理想结构已如上所述,但是在哈贝马斯看来,这种政治决策过程若要现实可行,则必须在主体上、时间上和空间上加以限制:首先,不可能让所有公民都能参与政治立法过程,因此,需要通过代议对主体加以限制;其次,政治立法的商谈面临着决定的压力,不可能没有时间限制,因此,需要确立服从多数的决议模式;最后,为了保障商谈的质量,必须对简单的互动与交往商谈加以分拣,同时要求一种政治多元主义确保意见的审议性。总之,人民主权在法治国中具体体现为议会原则、自主公共领域之保障的原则和党派竞争原则,它们共同构成了对商谈原则的制度性保障。

关于权利的司法保障原则,主要是考虑到两个原因:一方面,公民相互承认的权利体系只有通过法律才得到诠释和展开;另一方面,必须作为一个部分而对整体做出行动的有组织国家权力,只有通过法律才能获得纲领和得到控制。因此,需要专门的机关负责将法律实施于个别情况,以满足公民对于权利的诉求。同时,为了防止司法机关对权利的自我定义而产生滥用权力,司法机关本身要必须以法律为行动依据。最后,哈贝马斯强调独立的司法机关的任务在于在运用法律中同时确保法律的确定性与司法判决的合理可接受性。

关于依法行政原则与对行政机关的监督原则,哈贝马斯认为只有行政的合法性原则才揭示了权力分立的核心含义,其目的在于使行政权力的运用受到民主的制定的法律的约束,从而使行政权力仅仅产生于公民共同形成的交往权力。② 哈贝马斯更进一步指出,这种合法性原则的认知意义在于行政部分自身不拥有作为其决定之基础的规范前提,而起实践意义在于行政权力不可干预立法过程。另外,对于议会和司法机关的监督,哈贝马斯认为两者都从事后来补充立法部门的事先控制。

关于国家与社会相分离的原则,哈贝马斯认为这是自由主义法治国的一个基本方法论预设,它的基本含义是对一种社会自主性的法律保障。但是,哈贝马斯提醒我们要加以注意的是,这种将国家职能局限于确保内部与外部安全,而把

---

① 哈贝马斯:《在事实与规范之间》,童世骏译,生活·读书·新知三联书店 2003 年版,第207 页。

② 同①,第 211 页。

所有的其他职能交由一个基本上摆脱政府调节的、自我导控的经济社会模式未必就能真的保障个人的选择自由。这种由社会权力加以导控的社会如果没有一个以公民自我联合与公共自主的市民社会为基础,甚至与行政权力相互共谋的话,反而会对交往权力构成障碍。因此,哈贝马斯认为国家与社会相分离原则也应当包括禁止社会权力对行政权力干预的原则。这一思想在他的权力循环模型中也有体现。

(2)作为商谈之体制性架构的三权分立(以立法商谈为重心)

在哈贝马斯看来,古典的权力分立是用政府的职能分化来加以解释的:立法部门论证和通过普遍方案,司法部门依照这种法律根据来解决行动冲突,行政部门则负责实施那些不自动生效而需要加以执行的法律。但是这种分权格局在 20 世纪却随着福利国家中的法律实质化问题而产生模糊化:一方面,由于国家干预的需要,行政部分的立法职能愈来愈扩张,逐渐表现出一种欲脱离民主立法控制而独立化的趋势,另一方面,由于对集权民主的惨痛教训而产生的人权保障要求,赋予司法机关一种审查立法的职能,它们共同造成立法拘束力的下降,这样一来实际上也就减弱了民主立法其对专门化之司法与行政进行正当化与规则控制的能力。因而哈贝马斯有理由指出,这种法律实质化的背后隐含着一个巨大的悖论:福利国家干预的出发点是要为消极自由的行使提供物质前提,然而这种积极自由取向的调节最终却是以损害消极自由为代价。[①]

在哈贝马斯看来,解决法律实质化悖论的出路,仍是通过商谈的逻辑来重构功能性权力分立的基础,同时也要确保民主的立法过程的优先性以及行政权力对于交往权力的依赖性。根据交往形式与相信的理由潜力,立法、司法和行政的功能最终被加以重新分化:立法部门主要作为一种论证性商谈而存在,其主要目的在于为法律提供正当性的理由与论据支持,因而可以包括各种不同的论据理由;司法商谈主要作为一种应用性商谈而存在,其主要的功能在于将抽象的法律适应于具体的案例,确保法律的确定性与判决的合理可接受性;行政部门则主要作为一种实用性商谈的场所而存在,其主要任务在于为实现立法部门给定的价值和目标而选择既定条件下合适的技术和策略(表10)[②]。

---

① 哈贝马斯:《在事实与规范之间》,童世骏译,生活·读书·新知三联书店 2003 年版,第506 页。

② Erik Oddvar Eriksen and Jarle Weigard, Understanding Habermas, London:continuum 2003,p175. 这里需要注意的是,立法商谈中实际是包括磋商的,但是由于磋商仅由商谈原则间接地加以调节,因而没有列入。

表 10　商谈论视角下的三权分立

政府部门	功能	建制	商谈类型
立法权	规范之制定	议会	实用商谈、伦理商谈、道德商谈
司法权	规范之适用	法院	法律商谈
行政权	规范与目标之落实	内阁/政府	实用商谈

四、结语：重建法律正当性的意义与局限

20 世纪下半叶，受到后现代主义思潮的影响，整个社会科学之中充满着对启蒙现代性工程的怀疑主义之风。在这种大环境中，哈贝马斯坚定地维护着启蒙的理性主义、普遍主义等基本信念，认为现代性仍是一项"未竟的工程"，颇有种"逆潮流而动"的气势。但是，他的这种理论取向绝非是标新立异，而是植根于他对整个晚期资本主义社会危机原理的深切把握为基础。在哈贝马斯看来，以科技主义为知识支撑的行政国家干预最终会导致一个整体性的社会危机，它从表层的经济危机（经济系统）开始，逐渐蔓延到中层的合理性危机与正当化危机（政治系统），最终引发触及社会深层的动机危机（社会文化系统动机）。① 这种动机危机本质上就是人与人之间的相互不信任，其根源就在于对理性的策略性使用，把自我之外的一切都视作是必须加以算计的因素，腐蚀了传统中的价值共识资源。因此，哈贝马斯一方面猛烈地批判这种工具理性的主要表现形式（在知识论上体现为实证主义、在政治上体现为科技主义、专家治国论）；另一方面则从人类交往的直观入手，通过普遍语用学分析，重构出一个以理解与共识为取向的交往行为理论②，以交往理性来抗

---

① Habermas, Legitimation Crisis, translated by Thomas MacCaryhy, Boston：Beacon press (1975)，p50.中译本可参见哈贝马斯：《合法化危机》，刘北城、曹卫东译，上海人民出版社 2000 年版，第 68 页。

② 在理性议题上，哈贝马斯的主要重构对象是韦伯。在哈贝马斯看来，韦伯的主要贡献在于：(1)对工具理性与价值理性加以区分，并认为对工具理性的注重乃是西方现代化过程的主要特征，(2)韦伯也深刻地观察到这种对理性的工具化使用最终会导致一种与启蒙主义预期相矛盾的意义丧失与自由丧失现象，最终不得不求助于价值理性来对之加以校正。但是，哈贝马斯也注意到由于韦伯深切的价值怀疑论立场使得他始终对这种依靠价值理性的现代性自救抱有一种高度的悲观主义。与之不同的是，哈贝马斯则始终持一种价值认知主义与普遍主义的立场。质言之，哈贝马斯与韦伯的差异主要不是在对现代性的诊断与救治方法上，而是在价值立场的分野。由此，笔者认为把交往理性理解为一种在认知主义立场下对价值理性的重构是能够成立的。对于韦伯与哈贝马斯的精彩比较，see John. P. Mccormick, Max Weber and Jurgen Habermas：the Sociology and Philosophy of Law during Crisises of the State, 9 Yale Journal of Law & the Humanities (1997).

衡工具理性与策略理性对人类生活的钳制。这种以校正晚期资本主义危机为旨趣的交往行动理论应用到实践哲学之后就成为一种激进的民主理论,它要求以一种在法治国的架构内①得到保障的理性商谈,促成一种非正式公共领域与正式的宪政建制(议会、政党、利益集团)之间、公共意见与政治意志之间的良性互动,重构法律秩序的正当性。

在哈贝马斯对现代法治秩序的两个层面——权利体系与权力分立——进行重构的过程中,体现出一个复杂的论证结构:(1)权利体系构成了法律正当性的前提,它必须能够同时确保私人自主与公共自主,在这里面体现出哈贝马斯对自由主义与共和主义的一种整合。一方面,在一个后形而上学的时代,私人自主再也不能立足于一个抽象个体的道德自主,而必须以一种和平共存的主体间承认为基础,通过公民间的政治自主加以具体化。另一方面,公共自主若要洗脱它那个饱受责难的"多数暴政"罪孽就必须时刻以私人自主为归依。(2)权力分立乃是确保正当性立法的建制架构,理性的政治意见与意志形成过程乃是法律正当性产生的基本机制。在哈贝马斯看来,这种通过程序的正当化,不是取决于民主程序的自身结构,而是立法过程中的商谈质量。只有在公民对其共同生活的规则达成一种理解的过程中,民主程序才能获得其正当性力量。② 在哈贝马斯看来,只有在立法过程中,才包含了最全面的商谈与磋商类型,因而立法权在整个分权架构具有优先性。

哈贝马斯的法律正当性理论之核心就是要强化民主在法治国家中的正当化作用。这种理论就其要维持一种严格的议会制宪政框架,反对行政与司法分享立法权而言,在实践上似乎具有保守性的一面。但是,如果考虑到哈贝马斯特别强调公共领域与议会民主之间的互动以及民主共识的合理性与可能性而言,亦显示出他对于启蒙思想中之激进民主观的坚定信念。但是,哈贝马斯若要使这种理论在实践上真正可行,则必须进一步阐明以下两个问题:

(1)人民主权与人权能否平衡?或者说,人民主权是否有可能侵蚀人权?通过人民主权来证立人权虽然避免了自然权利理论的独断论性质,但是也使人权丧失了其本有的固有性与不可剥夺性,实际上,哈贝马斯否认对人民主权进行底线限制的可能性。③这在实践上更有可能使国家权力通过名义上的人民主权来侵犯人权。关于这一点,哈贝马斯实际上是有警觉的,这也是他同时把人权与人民主权共同确立为基本权利之基础的原因所在。质言之,在人民主权没有作为一种基本权利得

---

① 哈贝马斯对激进民主的实现形式,在《交往行动理论》中还主张通过社会运动,而在《事实性与有效性》中则转而诉诸法治国框架。

②③ See IngeborgMaus, Liberties and Popolar Sovereignty:OnHabermas's Reconstruction of the System of right,Cardozo Law Review 17 (1998).

到保障,公民无法切实行使其政治自由之前提,任何立法过程都没有正当性可言。但是,哈贝马斯似乎忘记了公民若要在公共领域形成理性的公共意见,除了要排除国家的干预之外,尚有其他的干扰因素(特别是经济系统)的存在①。人民主权不仅有可能因为迫于国家权力的威胁,更有可能因为挡不住市场利益的诱惑而放弃其保障人权的初衷。进一步的,这里实际上隐含了一个更为一般性的问题,即出于自愿的剥夺人权是否具有正当性?

(2)商谈过程如何确保结果的正当性?或者说,商谈能否排除错误的结果?哈贝马斯的法律正当性理论可以说是一种通过商谈过程来确保法律结果的正确性的理论,在此过程中,商谈主体的自由、平等是通过基本权利来加以保障的,而商谈程序则通过程序法来保障。但是,问题的关键在于任何外在的、形式的保障都不能代替主体自身的判断,而这种判断的做出不仅需要知识也需要智慧,在这一点上,哈贝马斯所预设的每个主体之言语能力的平等似乎还无法抚平每个人在智识上的事实差异。质言之,仅仅通过确保所有商谈参与者的机会均等、言论自由、没有特权、真诚、不受强迫等形式性条件仍无法保障商谈的质量。考夫曼更进一步指出,如果没有实际经验的支持我们甚至有可能就一个错误的观点达成共识,在这种情况下,严格按照商谈理论就有可能导致严重的后果。"以为内容只能出自形式即程序的人,实际上是自欺欺人。"②这一点,恐怕也是哈贝马斯要确保商谈理论的普遍主义性质所不得不付出的代价。

---

① 哈贝马斯公共领域思想的主要优势就是在于强调在晚期资本主义我们要防范来自国家与市场的对公民公共自主的双重干预,而早期的市民社会理论只强调针对国家干预的消极自由。这也是其"系统对生活世界殖民化"议题的主要价值所在。

② 考夫曼:《后现代哲学——告别演讲》,米健译,法律出版社2000年版,第39页。

哈贝马斯交往行动理论中的法律思想*

[美]马修·戴弗雷姆 著

这本论文集中的文章所要探讨的主题是哈贝马斯交往行动理论中的法律思想。哈贝马斯的著作被公认为加深了我们对当代社会的理论理解,特别其法律理论最近也日益引起学界的关注。然而,目前在探讨哈贝马斯法律思想的人仍然只局限于欧洲那些属于批判理论传统的专业人士,况且他们的研究也往往都是道德哲学和法哲学意义上的,缺乏经验取向的法律研究①。因而,本书所载的那些文章,它们在结合哲学视角的同时,针对社会中的具体问题进行了广泛的经验研究,希望有助于改变目前暂有的研究取向。

凭借其两卷本著作《交往行动理论》(1984,1987a),哈贝马斯无疑已提出了一个富有创建与影响的社会理论。但是这本书(正如哈贝马斯的大部分著作一样)实在不容易读懂。特别在论证结构上,他对古典和当代理论作了大范围而又极为细致的元理论探讨,以此来发展一种社会理论,这可能会使那些潜在的读者望而却步。② 因

---

* 本文是马修·戴弗雷姆(Mathieu Deflem)主编的《哈贝马斯、现代性与法律》一书的导言部分。See,Mathieu Deflem,Habermas,Mondernity and Law,london:sage,1996,pp.1—20。感谢作者提供翻译授权。

① 但这并不意味着哈贝马斯的法律思想尚未得到欧洲以外的学者的关注。欧洲以外对哈贝马斯法律思想作一般性介绍与评论的著作,可以参见:Brand(1987);Eder(1988);Haarscher(1986);Murphy(1989);Preuss(1989);Raes(1986);Scheuerman(1993);van der Burg(1990)。同时,我们也可以在美国法律与社会传统中找到受哈贝马斯理论影响的经验性研究,他们的关注点十分广泛,比如女权主义法学(Cole,1985),环境法(Northey,1988),法律解释(Hoy,1985;Mootz,1988),法律共同体的职业角色(Dan-Cohen,1989),以及立法与宪法管制的分析(Feldman,1993;Felts 和 Fields,1988;Leedes,1991;Solum,1989)。更多的文献可以参见本书的参考书目。

② 尽管哈贝马斯的著作知识广博而不易理解,但是仍然有很多导论性质的文章与书籍有利于我们更好的理解哈贝马斯的基本思想。这方面最有价值的仍然是麦卡锡对哈贝马斯所作的研究,特别是其中他对哈贝马斯早期作品的理论基础与发展轨迹所作的梳理(McCarthy,1978)。对哈贝马斯最近作品的介绍可以参见:Brand(1990);Holub(1991);Ingram(1987);Rasmussen(1990a);Roderick(1986)。

而,先对哈贝马斯理论的一般结构作一个简要的交代,不仅有助于弄清楚他的基本法律观点,同时也有助于明白他的批评者之意见所指。这也符合我们编辑这本专门讨论哈贝马斯法律理论的文集的初衷。

一、交往行动理论:概念与论题

哈贝马斯的交往行动理论主要建立在区分两种能够形成知识、指导人们行为的理性概念之上(哈贝马斯,1984:8—22,168—85)。首先,认知—工具理性取向那些旨在成功实现私人目的的行为。这些行为类型,当它们取向有效地干涉世界中的一个事态时(比如通过劳动),就是工具性的;或者,当它们取向试图成功地影响其他行动者的决定时(比如在统治关系中),就是策略性的。其次,交往理性影响那些目的在于相互理解的行为,它创建了一个在言说主体之间达成共识的程序。

为了避免误解,有必要指出哈贝马斯的交往行动概念并非认定主体只能通过言语行为(比如,在至少两个交往行动者之间所使用的语言)来达成相互理解,也没有说共识是所有交往行动过程之必然结果。许多虽然不是语言学性(图像、符号)行为,只要它们能够通过语言媒介转向互动,也能够导向理解。同时,取向共识的交往行动者也没有排除对受到扭曲的(distorted)和未完成的交往之结果提出异议的可能性。哈贝马斯认为,只有通过语言,在理论论证的条件下,社会行动者才能以相互理解为取向协调相互行动。

接着,通过对那些在言语行为中或明或暗地出现的有效性主张进行区分,哈贝马斯分析了在交往行动中进行理性论证(argumentation)的条件。他区分出下列有效性要求:可理解为简洁(wellformed)的言语行为所做的对真理的客观性主张、对规范的正当性主张与对表现与评价的可靠性与真诚性主张(哈贝马斯,1984:319—28)。不同的话语类型实现不同的主张:有关真理的理论言说、有关规范正当性的道德—实践言说以及有关可靠性和真诚性的美学及治疗术(therapeutic)批评(哈贝马斯,1984:22—42)。作为论证理论的基础,哈贝马斯发展了一个系统与生活世界两分的方法。哈贝马斯认为,交往行动的有效性要求在社会日常生活中是不会经常引起疑问或批评的,原因在于这些要求是在一个无可置疑和共享的生活世界内提出来的(哈贝马斯,1987a:119—52)。生活世界提供了一个可以在其中协调行为并被普遍接受的背景知识。西方社会理性化的特征就是生活世界按照不同言语行为的有效性要求进行不断分化。最终,在交往行动中分化出三种行为态度:对事情和环境之外在世界的客观性态度,对人类共同体的社会世界的规范性态度以及对个人主体之内在世界的表现性态度。因此,哈贝马斯的生活世界概念并不局限于一个特定共同体的文化传统(对世界的共同解释)。除了提供文化价值之外,生活世界同时也能确保社会行为符合其所在的社会的规范标准(为了社会中不同社群的团结)以及使社会行动者形成与其所在社会环境(认同信息)相一致的健全人格。

生活世界具有三个承担着不同功能的结构性要素:文化、社会和人格。在文化的层次,文化再生产关系到为生活世界成员所一致分享的解释方案的传承。在社会互动层次,社会整合涉及通过(经由主体间共享之规范而实现的)行为协调来形成人际间关系的正当性秩序。最后,在人格的层次,社会化过程力求培育起具有交往能力的人格。所以,文化、社会和人格组成了理性生活世界的三个结构性成分。借此,社会理性化过程使得曾经统一的生活世界分化为不同的结构领域和特殊的社会制度。因此,生活世界具有双重含义:一方面,它是指三种平行发展(horizon-forming)的使交往行动得以发生的文化、社会和人格背景;另一方面,也是指交往行动参与者继承和更新文化知识、建立社会团结记忆、形成社会认同的可能性资源。

当哈贝马斯认为行动取向的生活世界观点无法解释现代社会的所有复杂性时,他的社会演化理论实现了一个重要的转向。理性化过程不应当仅仅被理解为依靠交往秩序中的符号再生产而实现的生活世界的分化,还应当从社会物质基础的角度去理解(哈贝马斯。1987a:236—82)。这种两分法观点显示出社会除了要确保文化价值、正当性规范和社会过程的传递之外,还必须以成功干预为目标有效地掌控它所处的环境。因此,哈贝马斯用系统理论来补充生活世界的观点,特别对经济和政治系统投入了极大关注(哈贝马斯,1987a:338—43)。

这些从生活世界分离出来的具有独立功能的系统不再以取向理解的交往行动为基础,而是根据货币和权力等控制媒介的功能性来加以衡量。交往行动要在一个具有广泛行动选择的复杂社会里达成一致面临着持续性异议威胁的困难,而这些通过控制媒介形成的行为协调机制使交往行动得以从中解脱出来。但这些以货币和权力控制媒介的行为协调机制与交往行动不同,它们的目的要么是为了在(经济上的)货币利润基础上成功地实现(认知—工具意义上的)生产组织和商品交换,要么是根据(政治上的)科层效率标准来形成政府有拘束力的决定。

哈贝马斯并不认为系统与生活世界的"分离"存在问题。系统中的行为协调最好由控制媒介来确保,因为它们可以使交往行动从异议风险中解脱出来,并且它们可以用高度的生产力和工作效率来衡量。但是,系统也具有回过头来穿透生活世界的潜能。如果这样,成功取向的协调机制强行进入了原本应由取向相互理解的交往行动来协调的生活世界(文化、社会与人格)并使之陷入混乱与危机(哈贝马斯,1987a:318—31)。哈贝马斯把这个过程称为生活世界的殖民化:生活世界中取向理解的交往潜能被货币与科层系统的系统性干预消耗殆尽。

二、生活世界、系统和法律的理性化

在《交往行动理论》中，哈贝马斯在讨论社会理性化过程中出现的两个重要进步时提出了他的法律观点。首先，法律从道德中独立出来对于系统与生活世界的分离具有重要意义；其次，法律过程有助于解释西方社会中出现的系统对生活世界的殖民现象。

1.法律与系统和生活世界的分离

哈贝马斯赋予了法律很重要的角色，它规范地使货币和权力控制媒介的独立功能"固定化"和制度化。货币和权力的法律规范化对系统从生活世界中分离出来具有中心意义（哈贝马斯，1987a：164—97，264—82）。历史地看，当政治权威集中于掌握暴力的司法机构时，政治系统的分立最早出现。接着是随着政治组织日益复杂化而出现政治机构的分化过程，这种过程在现代国家中已经得到充分发展。在围绕着国家而形成的社会组织化结构中，由货币媒介导控的市场最终也出现了。从交往行动无法解决的难题中解脱出来，现代国家的政治系统依据权力通过有拘束力的决定去实现它所设立的集体目标，而经济系统依据货币生产力来确保物品的生产和分配。这些系统是"形式上组织化了的行为领域……因而——从最终的分析来看——不再通过相互理解的机制来进行整合，它们是从生活世界的背景中推演出来的、凝结着一种规范自由的一致性"（哈贝马斯，1987a：307）。

为了引进系统与生活世界的分离，哈贝马斯认为，法律必须将从生活世界结构中独立出来的经济和政治环节制度化（哈贝马斯，1987a：164—79）。法律是将生活世界中的货币和权力控制媒介固定化的制度。换言之，系统只有在将它们的控制媒介法律化之后，使自己与生活世界分离时才能脱离生活世界而独立运作。在货币媒介的情形，交换关系必须置于财产法和合同法的管制之下；而政治系统的权力媒介则需要通过将科层制中的官职组织制度化才能在规范上得以固定。因此系统的分立要求通过法律与道德、私法与公法的分离而实现的生活世界的高度理性化。法律和道德的分离是后俗成层次社会演化的结果，也就是当法律和道德表述建基于可以批评的抽象原则，而不是直接依赖于那些与特定伦理传统相联系的具体价值。进而，道德就成为一个具体的个人事务、仅仅为主体的道德—实践所关注，而法律，作为一种依赖外在强力的社会制度，为了整个社会将抽象的规范标准实体化。私法和公法的分离也回应了经济（比如合同法）和政治（比如税法）功能的独立化。

作为对具有独立性的系统在规范上进行法律化的手段，哈贝马斯之法律讨论的潜在观点是法律能被正式地视为有关社会规范之实践言说的制度化（哈贝马斯，

1984:243—71)。哈贝马斯认为(与韦伯相同),现代西方社会中的法律是实证的(表达了主权立法者的意志)、法条化的(legalistic)(实施时与规范相分离)和形式的(法不禁止即自由)。在此意义上,现代法被实证化为一个功能性的、技术性的系统而不需要求助于任何的道德审议。但是(与韦伯的观点不同的是),哈贝马斯认为在社会演化的后俗成层次上,法律仍然是建基于保持开放讨论的道德原则之上:法律秩序实证化的完成虽然意味着某种论证要求的减轻,但这仅仅是指使最广泛意义上的论证问题从法律的技术性管理中解脱出来——而不是整个的解除(哈贝马斯,1984:261)。现代法作为一个整体依然需要进行证成与批判,精确地说来,是为了要祛除其系统性质,在一个普遍而抽象条件下对规范正确性的普遍加以批判。

2.法律、法制化(juridification)和生活世界的殖民化

哈贝马斯从交往行动理论视点赋予法律的第二个重要的角色涉及生活世界的内在殖民化论题(哈贝马斯,1987a:356—73)。哈贝马斯是在讨论(欧洲)历史上的法制化过程时提出该论题的。法制化概念一般认为与形式法律在以下方式中的增长有关:实证法的扩张,也就是更多的社会关系被纳入法律管制;法律的精细化(densification),也就是法律管制变得日益具体。哈贝马斯认为在欧洲福利国家背景中有过四波法制化浪潮。

第一波法制化发生在欧洲资产阶级专制(absolutist)国家形成过程中。垄断暴力的主权、合同权利和私人责任受到法律化了的强大君主国家和自由企业市场的管制。在第二波时,19世纪的资产阶级宪政国家逐渐使私人权利免于君主政治权利的控制:私人主体的生活、自由和财产得到宪政保障。接着,受法国大革命影响的民主宪政国家产生,公民参与政治秩序形成的社会权利使国家权力得以民主化。最后,随着20世纪福利国家的兴起,资本主义经济系统第一次通过法律手段限制个人自由,通过社会权利限制自由市场的专断。

哈贝马斯认为,后三波法制化浪潮,显示出生活世界试图要求抵制市场和国家的自主运作。这种要求首先通过主张针对主权的个人权利,接着通过政治秩序大的民主化,最后通过确保针对经济系统的自由和权利而实现。哈贝马斯认为,因为每一种自由的保障马上意味着另一种自由的丧失,福利国家法制化的当前形势依旧使人充满困顿(ambivalent)。哈贝马斯通过探讨福利国家法律中的四个主要问题来解释这种自相矛盾之处:(1)对生活世界的法律干预采用了形式上的再建构模式,从而导致法律要求的个人化;(2)社会法的适用条件在形式上作了具体规定;(3)与社会问题有关的法律权利依靠集权化的官僚与数字化的组织来保障;并且(4)社会福利的要求经常通过货币补偿的方式来满足(完全是消费取向的)。由此,生活世界的需要转化为官僚组织和货币组织的命令,在此情况下,法律以一种系统

的方式来干预人们的日常生活。当法律规定被视为是对国家与经济命令的服从，那么，生活世界也就通过以法律媒介的方式被内在殖民化了。

哈贝马斯认为法律作为一种组织媒介的性质从属于其作为实践话语之制度领域的特征。法律不仅是一种对经济和国家进行法律组织的媒介，更为重要的，也是通过福利政策对生活世界的形式结构进行规制的手段。在后一种情形下，哈贝马斯提到学校法和家庭法在转变社会整合方式方面的作用比在官僚管理和货币控制方面的作用更为重要。这些法律不需要任何实质性的论证，而仅仅是一种功能性程序。从另一方面讲，法律作为一种制度，与道德存在着本质的联系。例如宪法与刑法这类有关管理的法律，必须进行规范性评价，并且也需要在道德实践话语中进行论证。

三、哈贝马斯法律理论的成功与不足

哈贝马斯的法律理论已经推动了对法律理论与法律程序的研究，产生了一些有趣的理论洞见与经验材料，当然也包括对哈贝马斯的评判。我将简要地概括一下有关这些评判性讨论的主要议题。

首先，哈贝马斯法律观念中引起最多争议的是他的话语伦理学观点[①]。在这种道德哲学立场下，哈贝马斯已经说明了程序性的道德概念是如何可能被构思的。在《交往行动理论》中，哈贝马斯认为现代法即使已经被理性化为一个完全的功能性实体，也仍然需要在实践话语领域内就规范的正当性进行道德论证。然而问题是，这种实践话语如何被构造成能够确保理性的论证呢？哈贝马斯认为，从后形而上学的观点来看，哲学无法再辩称说自己能够提供一个没有争议的、经过了理性论证的、正当的（作为法律规范实质基础的）道德规范；相反，通过哲学研究至多仅能够勾勒出一些理性程序的条件，在此程序下，人们应当可以在生活世界的背景下建立规范基础。因此，话语伦理学宣称"只有那些能够满足（或可能满足）让所有实践话语参与者都有可能同意（这一条件的）规范方能主张其有效性"（哈贝马斯，1990a:66）。即使在哈贝马斯意识到任何这样的规范话语只能在特定的伦理生活形式之范围内成立，他仍然坚持认为他所提倡的话语原则是纯粹程序性的，因而具有普遍的适用性。

而在有关哈贝马斯话语伦理学的讨论中，大多数学者主要关注其程序资质

---

① 哈贝马斯最近接受批评者的意见对其话语伦理学的早期观点（Habermas，1990a:43—11S)作了修正（Habermas,1993）。对哈贝马斯道德哲学的一般介绍，参见 Ferrara (1986)；Heller (1984-S)；Rasmussen (1990a；S6-74)；Tuori (1989)．对其道德哲学的成功与不足的谈论，参见 Benhabib 和 Dallmayr (1990)；Kelly (1990a)；Rasmussen (1990b)。

(procedural status)的问题,而不是话语伦理与法律的关系问题。例如,有些学者提出哈贝马斯的道德哲学实际上包含着实质性价值。① 尽管并非是明言的,民主、自律和平等概念还是占据着哈贝马斯的理论,这可能使他低估了实践言谈得以发生的具体生活形式的消极影响。换言之,也可以认为哈贝马斯其实并没有发展出一种真正的道德理论,他的形式主义(formalistic)立场在规范上是"空洞的"。② 话语伦理学,正如它主张的,是一种非决定论的方法论,并没有提高任何实质性的道德原则,同时也没有构想出一条通往理想社会的康庄大道。对话语原则有意义的应用也至多是通过研究和贯彻程序要求,从而有助于人权、团结、关爱、自由或正义等实质性原则的实现。

前述那种建议哈贝马斯的程序性话语伦理学应当在实质性的规范层面上继续发展的观点在一些深受交往行动理论影响的法律研究中也有体现。在其中最引人注目的是德国法学家罗伯特·阿列克西(1989a;1989b;1990),他将哈贝马斯的话语理论用于法律分析。进而认为实践话语在法律话语中的应用必须根据在特定法律结构中显现的具体规范予以情景化。在话语模式看来,法律总是构成了一种实质性的伦理这一点是次要的。因此,以话语伦理学为基础的法律研究更应当去考虑那些比法庭上的法律主张更为基础、能够作为一种标准去遵循的原则问题。以此将可以对那些在宪法和法律诉讼过程中起指导作用的潜在性规范原则予以揭示与评价。最后,针对有关话语伦理学具有非决定论性质的批评,这种哈贝马斯话语伦理学影响下的法律研究也作了改进,他认为研究的目的在于对法律是否满足程序性要求进行批判,这些程序体现了一定的实质性规范原则。特别是,要对法律过程中的人权保障给予重视(目前还远没有得到应有的重视)。

其次,有关程序性道德的恰当含义问题在哈贝马斯与批判法学研究运动(CLS)的论争中得到关注。③ 批判法学研究运动赞同哈贝马斯关于法律与道德存在紧密关联的观点,但是他们不认为能够根据普遍性的话语程序对法律的道德基础给予理性重构。法律的道德论证被法律道德性的非神秘性启蒙思想予以否定,

---

① 有关哈贝马斯的话语伦理学虽然坚持严格的程序观点但仍然含有实质性的规范主张的批评,可以参见 Benhabib(1990);Kelly(1990b);Tuori(1989)。

② 有关哈贝马斯的道德哲学的非决定论形式主义特质以及难以适用的批评,可以参见 Dlbert(1990);Dwars(1992);Günther(1989;1990);Heller(1984);Pettit(1982). 这一问题对法律研究的影响可以参见阿列克西(1992;1993)与古瑟(Günther,1993)之间的谈论. 对哈贝马斯法律理论中的人权思想的讨论,参见 Mullen(1986)。

③ 对批判法学研究基本观点的介绍,可以参见,Fitzpatrick 和 Hunt(1987);Unger(1986). 哈贝马斯对批判法学的研究方法的评论(e.g. Habermas,1988;1992a;261 ff.),以及有关哈贝马斯与批判法学研究之间的关系(参见 Belliotti,1989;Hoy,198S;Husson,1986;Ingram,1990;以及 Rasmussen,1988,1990a)。

决策仅仅是一种任意的意志拼凑过程。哈贝马斯对这种立场给予了回应,他认为批判法学研究运动的学者们以自己的灵感已经在对法律的功能性批判中做出了有益的贡献,但是他们没有提供任何有关他们那些批判得以成立的理性基础或论证。因而他们显然面临这样一个悖论:在论证自己的道德立场时预设了一个理性标准,同时却没有追问这种标准在法律中是否有可能存在。[1]

　　法律的道德基础问题(或者法律与道德分离的程度问题)同样也使得哈贝马斯的作品与尼克拉斯·卢曼的法律理论存在明显差异。[2] 卢曼认为社会进化已使得现代社会高度分化,以至于法律作为一个自组织系统不再需要任何从规范角度进行的论证。法律的自组织观点意味着法律系统的运作是封闭性的,仅仅根据设定在自身项目(法律)中的二元制代码(合法/不合法)开展运作。其他的社会系统,包括道德系统也是以相似的方式封闭起来的。同时,不同系统之间的信息交流又是可能的,系统之间的界限(intransparency)阻止了系统之间的相互干涉。因此,卢曼认为法律不能也不需要道德基础以确保其内在功能性。

　　很显然,卢曼的观点与哈贝马斯的法律概念存在鲜明的差别,特别在有关法律的道德论证问题上。以系统与生活世界的二分观点为基础,哈贝马斯把法制化过程解释为生活世界反抗政治与经济系统命令扭曲的暧昧结果。尽管对法律中的货币和官僚干涉可以从目的性功能的角度进行理解,但是,哈贝马斯坚持认为,对法律之生活世界属性应该从旨在达成相互理解的交往行动视角进行分析。哈贝马斯同意把法律视为一种制度,但仍然需要进行道德论证;同时,法律也是一种媒介,使得系统从道德—实践关注中脱离出来:这两点道出了法律理性化过程中的核心目标(哈贝马斯,1984:270)。

　　这场论争引起了学术界对探究哈贝马斯法律理论(特别是他最近的那些有关法律问题的著作)的浓厚兴趣。它主要涉及法律的功能性(作为一种媒介)与法律恒常之道德论证需求之间的关系。这一问题的源起在于,哈贝马斯在《交往行动理论》中赋予了法律一种在现代社会进化过程中的消极的,或者是有点毁誉

---

① 哈贝马斯对批判法学研究之批评的潜在议题就是所谓的"施为性矛盾(performative contradiction)"。施为性矛盾就是论据的内容与论证自身的必要前提相冲突(参见 Habermas,1990a:80-2)。哈贝马斯经常以这种相似的模式来批评解构主义与后现代理论(参见 Habermas,1987b),以及用相同的论证来反对米歇尔·福柯(Habermas,1987b:238-93;1989a:173-9;参见 Jay 的讨论,1992)。

② 对尼克拉斯·卢曼理论的讨论已经超出了这个导论的范围。有关卢曼法律理论的详细内容,参见(Luhmann 1985;1992)。哈贝马斯已经对卢曼思想的系统理论基础(Habermas,1987b:368-85)以及对法律研究的消极影响(Habermas,1988:251-60)作了批评。Holub(1991:106-32)对哈贝马斯与卢曼之间的主要理论分歧作了清楚的说明;对他们的法律观点的比较性讨论,可以参见 Eder(1988);Teubner(1983;1989)。

参半的角色。① 作为一种制度,法律与道德相连,属于生活世界的一部分;作为一种媒介,法律是一种类似于政治与经济系统的功能实体。这一论述的含糊之处在于似乎存在着两种截然不同的法律类型:有些法律提出了一种规范正当性的要求并且允许人们对此展开批评,而其他的法律则纯粹是一些(根据效率与生产力来衡量的)系统命令。此外,哈贝马斯原来认为法律作为一种媒介受其作为一种制度的拘束,并且它们经历了十分不同的理性化过程(认知—工具理性对交往理性)。因此,生活世界的法制化和内在殖民化议题似乎仅仅将法律作为(系统对生活世界)殖民化的媒介,而忽视了法律自身被殖民化的可能性,也即法律作为生活世界的制度复合体是有可能被系统予以重构的。换言之,从他的论述来看,好像既承认法律与道德存在一种原初的联系,同时又不否认系统命令干预法律的可能性。但是事实上,哈贝马斯在其最近的一些著作中认为,从某种程度而言,由于法律在正当程序得以建立和确保的民主宪政国家中是理性的,所以法律实际上被置于系统与生活世界之间。② 换言之,虽然现代法可能无法避免来自形式上组织化了的政治和经济系统的干预,但是仍然是以道德为基础的。法律之所以能够通过道德实践话语得以正当化,并不是因为它能够在内容上包容伦理上正当的具体价值,而是因为它依赖那种在程序上构思出来的理性观念,这种理性观念通过立法、法学和法律执行中的民主原则得到实现。

四、对本文集的一个概览

我把法的正当性问题作为对哈贝马斯法律理论评论的结束,这一问题无疑在哈贝马斯最近著作居于中心位置。正如我上面指出的,哈贝马斯明确区分法律的功能性与道德性引起了一些问题,主要在于无法在保留生活世界内在殖民化观点的同时又坚持认为法律在整体性上需要进行道德论证。这些对通过合法性建立正当性是否可能及必要的考虑,促使哈贝马斯得出了一个消极的结论,他"不再坚持(他)在《交往行动理论》第二卷中做出的法律作为一种媒介与作为一种制度之间的区分"(哈贝马斯,1990b:130)。在其最近的著作《事实性与有效性》中(哈贝马斯,1992a;英译本题为《在事实与规范之间》),哈贝马斯已经完全将此议题置于法律的正当性问题(在特定的民主宪政国家背景下)中来讨论。可以说,正是正当法或有

---

① 对哈贝马斯交往行动理论中的早期法律观点的批评,参见 Raes (1986); van der Burg (1990)。

② 哈贝马斯在此后——1981 年德国初版的《交往行动理论》——的多篇文章中都对其法律思想的变化作了说明(特别见,Habermas,1988;1989b;1990b;1990c)。也可参见哈贝马斯有关公民不服从的讨论,这些讨论业已预示他对自己法律理论的重新定位(参见 Habermas,198S;1992b)。

效法议题使得该书中讨论的所有问题得以统一。

在对《事实性与有效性》一书的评论中,大卫·拉斯穆森曾将哈贝马斯法律理论的最近发展界定为批判的主题。哈贝马斯的《事实性与有效性》一书无疑会将有关法律正当性问题的争论引向更为深入的层次。该书在德国刚推出不到一年就已经有了四个版本这一事实也足以证明这一点。由于该书的高度复杂性,对其主要议题作一个介绍是十分有必要的。此外,拉斯穆森也明确指出,哈贝马斯不仅是在交往行动理论的一般背景下,同时也更是在深远的法哲学与法社会学传统中,将其讨论集中于法律的规范有效性问题。事实上,法哲学与法社会学的分离——或者从黑格尔到韦伯的转型——正好为哈贝马斯深入讨论法律的事实性与有效性问题提供了媒介。拉斯穆森认为,正是这一重要的两分法使得哈贝马斯的独特视角与立场能够与自由社会中其他法律传统依次碰撞,其范围涉及了从罗尔斯、德沃金和法律解释学到批判法律研究、法律现实主义和卢曼等的众多法学流派。

接着,皮埃尔·古本提夫(Pierre Guibentif)的论文则从一个不同的视角,但是也立足于法律的两分法——哲学的与社会学的,或者理想的与现实的,来探讨哈贝马斯的法律理论。古本提夫认为,哈贝马斯在进行一种对其而言并不典型的架桥试验(bridge-building exercise),在其中把法律产品作为一种沟通两种法学方法的通道:一种是试图对法律正当性给予说明的立场,另一种则是认为可以通过社会强力形成法律现实的交往主义者立场。他由此概括出哈贝马斯法律理论的发展轨迹:早期仅仅是作为有关理论与实践问题论述中的相关内容而存在,也即其中那些涉及政治哲学与法哲学内容的部分,而后经历了交往行动的语言学转向,开始集中讨论有关规范有效性的问题。

而皮特·巴尔(peter bal)在他的有关人权与刑事程序的文章中,把法律与道德的关系问题视为哈贝马斯话语伦理学在法律过程中的应用。正如我上面所提到的,形式主义与实质主义在哈贝马斯的道德哲学上存在着极大分歧,巴尔由此站在论争一方的立场上就话语伦理学对刑法领域的影响进行了考察。在刑事法庭上,有关道德正当性的话语要求占据着中心位置,它提供了一个对哈贝马斯论证理论进行应用的重要场所。同时,巴尔也认为,哈贝马斯的程序模式也需要根据人权要求细化为判断法律判决正当性的实质性内容或最终标准。

最后,伯哈德·皮特斯(bernhard Peters)在其文章中,试图在分清内在(或意义取向)视角与外在(或系统理论)视角的基础上以一种重构性的方法分析法律的二元性。这种方法的前提是承认哈贝马斯的生活世界与系统二分的观点,选择一种内在参与者的视角去分析法律的意义。在讨论了哈贝马斯最近对这种重构可能性的论述之后,皮特斯认为作为哈贝马斯所建议的民主程序(集体自由)现实化的制度担保过于狭隘地集中于程序要求,却是以牺牲某些实质性的权利与原则要求为代价的。此外,在转向法律研究的经验方法时,皮特斯认为,哈贝马斯对生活世界与系统的区分以及将规范理论与经验理论的整合,事实上导致了一种不合理的特殊二元论。因此,皮特斯建议采用一种分析方法,以此来揭示法律作为一个同时包含着意向性和非意向性机制或过程的复杂体的特征。

参考文献

[1] Alexy, Robert (1989a) A Theory of Legal Argumentation. Oxford: Clarendon Press.

[2] Alexy, Robert (1989b) 'On Necessary Relations Between Law and Morality', Ratio Juris 2: 167—83.

[3] Alexy, Robert (1990) 'Problems of Discursive Rationality in Law', in W. Maihofer and G. Sprenger (eds) Law and the States in Modern Times. Stuttgart: Franz Steiner.

[4] Alexy, Robert (1992) 'A Discourse-Theoretical Conception of Practical Reason', Ratio Juris 5: 231—51.

[5] Alexy, Robert (1993) 'justification and Application of Norms', Ratio Juris 6: 157—70.

[6] Belliotti, Raymond A. (1989) 'Radical Politics and Nonfoundational Morality', International Philosophical Quarterly 29: 33.

[7] Benhabib, Seyla (1990) 'In the Shadow of Aristotle and Hegel: Communicative Ethics and Current Controversies in Practical Philosophy', in M. Kelly (ed.) Hermeneutics and Critical Theory in Ethics and Politics. Cambridge, MA: MIT Press.

[8] Benhabib, Seyla and Dallmayr, Fred, eds (1990) The Communicative Ethics Controversy. Cambridge, MA: MIT Press.

[9] Brand, Arie (1987) 'Ethical Rationalization and "Juridification": Habermas' Critical Legal Theory', Australian Journal of Law and Society 4: 103—27.

[10] Brand, Arie (1990) The Force of Reason: An Introduction to Habermas' Theory of Communicative Action. Sydney: Allen & Unwin.

[10] Cole, David (1985) 'Getting There: Reflections on Trashing from Feminist jurisprudence and Critical Theory', Harvard Women's Law journal 8: S 9—91.

[11] Dan-Cohen, Meir (1989) 'Law, Community, and Communication', Duke Law journal 6: 1654—76.

[12] Döbert, Rainer (1990) 'Against the Neglect of Content in the Moral Theories of Kohlberg and Habermas', in T. E. Wren (ed.) The Moral Domain: Essays in the Ongoing Discussion between Philosophy and the Social Sciences. Cambridge, MA: MIT Press.

[13] Dwars, Ingrid (1992) 'Application Discourse and the Special Case-Thesis', Ratio Juris 5: 67—78.

[14] Eder, Klaus (1988) 'Critique of Habermas' Contribution to the Sociology of Law', Law and Society Review 22: 931—44.

[15] Feldman, Stephen M. (1993) 'The Persistence of Power and the Struggle for Dialogic Standards in Postmodern Constitutional jurisprudence: Michelman, Habermas, and Civic Republicanism', Georgetown Law journal 81: 2243—90.

[16] Felts, Arthur A. and Fields, Charles B. (1988) 'Technical and Symbolic Reasoning: An Application of Habermas' Ideological Analysis to the Legal Arena', Quarterly Journal of Ideology 12: 1—15.

[17] Ferrara, Alessandro (1986) 'A Critique of Habermas' Diskursethik', Telos 64: 4S—74.

[18] Fitzpatrick, Peter and Hunt, Alan (1987) Critical Legal Studies. Oxford: Basil Blackwell.

[19] Günther, Klaus (1989) 'A Normative Conception of Coherence for a Discursive Theory of Legal justification', Ratio Juris 2: 1SS—66.

[20] Günther, Klaus (1990) 'Impartial Application of Moral and Legal Norms: A Contribution to Discourse Ethics', in D. M. Rasmussen (ed.) Universalism vs. Communitarianism: Contemporary Debates in Ethics. Cambridge, MA: MIT Press.

[21] Günther, Klaus (1993) 'Critical Remarks on Robert Alexy's "Special-Case Thesis"', RatioJuris 6: 143—56.

[22] Haarscher, Guy (1986) 'Perelman and Habermas', Law and Philosophy 5: 331—42.

[23] Habermas, Jürgen (1984) The Theory of Communicative Action, Volume 1, Reason and the Rationalization of Society. Boston, MA: Beacon Press.

[24] Habermas, Jürgen (198S) 'Civil Disobedience: Litmus Test for the Democratic Constitutional State', Berkeley Journal of Sociology 30: 96—116.

[25] Habermas, Jürgen (1987a) The Theory of Communicative Action, Volume 2, System and Lifeworld: A Critique of Functionalist Reason. Boston, MA: Beacon Press.

[26] Habermas, Jürgen (1987b) The Philosophical Discourse of Modernity: Twelve Lectures. Cambridge: Polity Press.

[27] Habermas, Jürgen (1988) 'Law and Morality', in S. M. McMurrin (ed.) The Tanner Lectures on Human Values, Volume 8. Salt Lake City: University of Utah Press.

[28] Habermas, Jürgen (1989a) The New Conservatism: Cultural Criticism and the Historians' Debate. Cambridge, MA: MIT Press.

[29] Habermas, Jürgen (1989b) 'Towards a Communication-Concept of Rational Collective Will-Formation: A Thought-Experiment', Ratio Juris 2: 144—54.

[30] Habermas, Jürgen (1990a) Moral Consciousness and Communicative Action. Cambridge, MA: MIT Press.

[31] Habermas, Jürgen (1990b) 'Remarks on the Discussion', Theory, Culture and Society 7: 127—32.

[32] Habermas, Jürgen (1990c) 'Morality, Society and Ethics: An Interview with Torben Hvild Nielsen', Acta Sociologica 33: 93—114.

[33] Habermas, Jürgen (1992a) Faktizitdt und Geltung. Frankfurt: Suhrkamp.

[34] Habermas, Jürgen (1992b) 'On Morality, Law, Civil Disobedience and Modernity', in P. Dews (ed.) Autonomy and Solidarity: Interviews with Jürgen Habermas, revised edn. London: Verso.

[35] Habermas, Jürgen (1993) justification and Application: Remarks on Discourse Ethics.

Cambridge, MA: MIT Press.

[36] Habermas, Jürgen (1994) 'Nachwort (zur vierten, durchgesehenen und um ein Literaturverzeichms ergänzten Auflage)', in J. Habermas, Faktizitdt und Geltung, 4th edn. Frankfurt: Suhrkamp.

[37] Habermas, Jürgen (forthcoming) Between Facts and Norms. Cambridge, MA: MIT Press.

[38] Heller, Agnes (1984—5) 'The Discourse Ethics of Habermas: Critique and Appraisal', Thesis Eleven 10/11: S-17.

[39] Holub, Robert C. (1991) Jürgen Habermas: Critic in the Public Sphere. London: Routledge.

[40] Hoy, David C. (1985) 'Interpreting the Law: Hermeneutical and Poststructuralist Perspectives', Southern California Law Review 58: 135—76.

[41] Husson, Christine A. Desan (1986) 'Expanding the Legal Vocabulary: The Challenge Posed by the Deconstruction and Defense of Law', Yale LawJournal 95: 969—91.

[42] Ingram, David (1987) Habermas and the Dialectic of Reason. New Haven, CT: Yale University Press.

[43] Ingram, David (1990) 'Dworkin, Habermas, and the CLS Movement on Moral Criticism in Law', Philosophy and Social Criticism 16: 23768.

[44] Jay, Martin (1992) 'The Debate over Performative Contradiction', in A. Hormeth, T. McCarthy, C. Offe and A. Wellmer (eds) Philosophical Interventions in the Unfinished Project of Enlightenment. Cambridge, MA: MIT Press.

[45] Kelly, Michael, ed. (1990a) Hermeneutics and Critical Theory in Ethics and Politics. Cambridge, MA: MIT Press.

[46] Kelly, Michael (1990b) 'Maclntyre, Habermas and Philosophical Ethics', in M. Kelly (ed.) Hermeneutics and Critical Theory in Ethics and Politics. Cambridge, MA: MIT Press.

[47] Leedes, Gary C. (1991) 'The Discourse Ethics Alternative to Rust v. Sullivan', University of Richmond Law Review 26: 87—143.

[48] Luhmann, Niklas (1985) A Sociological Theory of Law. London: Routledge & Kegan Paul.

[49] Luhmann, Niklas (1992) 'Operational Closure and Structural Coupling: The Differentiation of the Legal System', Cardozo Law Review 13:1419—41.

[50] McCarthy, Thomas (1978) The Critical Theory of Jürgen Habermas. Cambridge, MA: MIT Press.

[51] Mootz, Francis J. (1988) 'The Ontological Basis of Legal Hermeneutics: A Proposed Model of Inquiry Based on the Work of Gadamer, Habermas, and Ricoeur', Boston University Law Review 68: S23—617.

[52] Mullen, T. (1986) 'Constitutional Protection of Human Rights', in T. Campbell, D. Goldberg, S. McLean and T. Mullen (eds) Human Rights: From Rhetoric to Reality. Ox-

ford: Basil Blackwell.

[53] Murphy, W. T. (1989) 'The Habermas Effect: Critical Theory and Academic Law', Current Legal Problems 42: 135—65.

[54] Northey, Rod (1988) 'Conflicting Principles of Canadian Environmental Reform: Trubek and Habermas v. Law and Economics and the Law Reform Commission', Dalhousie LawJournal 11: 639—62.

[55] Pettit, Philip (1982) 'Habermas on Truth and justice', in G. H. R. Parkinson (ed.) Marx and Marxisms. Cambridge: Cambridge University Press.

[56] Preuss, Ulrich K. (1989) 'Rationality Potentials of Law: Allocative, Distributive and Communicative Rationality', in C. Joerges and D. M. Trubek (eds) Critical Legal Thought: An American-German Debate. Baden-Baden: Nomos.

[57] Raes, Koen (1986) 'Legalisation, Communication and Strategy: A Critique of Habermas' Approach to Law', Journal of Law and Society 13:183—206.

[58] Rasmussen, David M. (198 8) 'Communication Theory and the Critique of the Law: Habermas and Unger on the Law', Praxis International 8: 155—70.

[59] Rasmussen, David M. (1990a) Reading Habermas. Oxford: Basil Blackwell.

[60] Rasmussen, David M., ed. (1990b) Universalism vs. Communitarianism: Contemporary Debates in Ethics. Cambridge, MA: MIT Press.

[61] Roderick, Rick (1986) Habermas and the Foundations of Critical Theory. London: Macmillan.

[62] Scheuerman, Bill (1993) 'Neumann v. Habermas: The Frankfurt School and the Case of the Rule of Law', Praxis International 13: 50—67.

[63] Solum, Lawrence B. (1989) 'Freedom of Communicative Action: A Theory of the First Amendment Freedom of Speech', Northwestern University Law Review 83: S4—135.

[64] Teubner, Günther (1983) 'Substantive and Reflexive Elements in Modern Law', Law and Society Review 17: 239—85.

[65] Teubner, Günther (1989) 'How the Law Thinks: Toward a Constructivist Epistemology of Law', Law and Society Review 23: 727—57.

[66] Tuori, Kaarlo (1989) 'Discourse Ethics and the Legitimacy of Law', Ratio Juris 2: 125—43.

[67] Unger, Robert M. (1986) The Critical Legal Studies Movement. Cambridge, MA: Harvard University Press.

[68] van der Burg, Wibren (1990) 'Jurgen Habermas on Law and Morality: Some Critical Comments', Theory, Culture and Society 7: 105—11.

（载《浙江工业大学法学评论》2006 年卷）

哈贝马斯的法律商谈理论[*]

[德]阿列克西 著

尤尔根·哈贝马斯的法律商谈理论试图表明,商谈原则的思想内涵能够在法律体系的制度性架构内实现。其成果就是一种民主宪政国家理论,它的基本理念为自由平等之公民者在法律之下的(自觉)联合与自我决定。① 这种理论已远不是商谈理论在法律领域内的简单应用。一方面,商谈理论出于理论内在的原因而要求将法律体系制度化。② 另一方面,为了将合法性等同于正当性,实证法也要依靠商谈理论。因此,理想与现实就发生了联系。

法律商谈理论在其发展过程中几乎触及了法哲学与法律理论、宪法理论以及政治哲学中的所有问题。如果这样做还能成为一种成功的法律理论的话,它就只能是一种整全性的法律体系理论。当然,要想在此对哈贝马斯理论的所有方面加以介绍和评论是不可能的。我只想在商谈理论的基本理念下集中探讨这样一个具体的问题,即哈贝马斯的法律商谈理论是否足够作为一种裁判合理性理论。

一、事实性与有效性

哈贝马斯法律理论的核心主题就是事实性与有效性之间的紧张关系。在法律商谈中,这种紧张关系就体现为"一种法律确定性原则与对法律的正当适用要求,也就是做成正确的或对的判决之间的张力"。③ 简言之,就是"法律的确定性与其

---

* 本文原载《卡多佐法律评论》1996 年第 17 期第 1027—1034 页。感谢阿列克西教授提供中文翻译授权。

① 见 Jurgen Habermas:《在事实与规范之间:关于法律与民主的商谈理论》,第 176、387 页(William Rehg 译,1996)。

② 同①,第 223 页。

③ 同①,第 197 页。

正确性之间"的紧张。① 法律商谈理论就是为了妥当地处理"正当性要求"问题②，因此必须回答法律判决如何能够对过去的制度性判决与"具有合理基础的手头案件"③都是正确的。哈贝马斯的回答集中在融贯性、原则、应用性商谈、适当性（appropriateness）、范式和法律商谈等概念上。

二、融贯性

融贯性概念总令法学家与法理学家着迷。它总是与实证法、合理性等概念联系在一起。似乎在任何一个体系里权威和理性总是走在一块（walk together）。

尽管有这种关联，哈贝马斯对融贯性的态度仍然是暧昧的。一方面，哈贝马斯吸收了德沃金的那个"可理想证成之法律体系的融贯性"观念④，另一方面却又因它的不确定性而批评"法律融贯性理论"。⑤ 哈贝马斯的批评是以克劳斯·贡特尔的应用性商谈理论为基础的。根据这种理论，有关规则、原则和政策间的位阶只能在个案决定中加以确定。⑥ 这样一来，法律体系就退化为一种主题（topoi）目录，丧失了保障法律确定性的权力。

有一点不得不同意哈贝马斯的是，单靠法律融贯性理论无法解决法律的合理适用问题。正如规则单凭自己无法适用一样，法律体系也无法靠自己产生出正确的答案。因此，人员和程序就是必要的。同时，哈贝马斯要求保留融贯理论也是对的，因为融贯性构成了合理性的基本条件。然而，融贯性的作用仍然是含糊不清的。

三、原则

融贯性恰好居于历史—制度与合理—正确之间。它的适用手段就是系统的论证。系统论证中最重要的部分就是原则论证——它在哈贝马斯的思维中具有重要地位。当然，不可能在这里讨论由他的原则理论所引发的所有问题。我主要集中于以下两点：原则的义务论地位和法律原则是否可以视为一种最优化命令。

哈贝马斯通过区分原则与价值来说明原则这个概念。原则具有一种义务论的

---

①③⑥　见 Jurgen Habermas：《在事实与规范之间：关于法律与民主的商谈理论》，第 199 页（William Rehg 译，1996）。

②　同①，第 198 页。

④　同①，第 219 页；亦可见第 192、198、260 页。

⑤　同①，第 219 页。

意义,而价值是目的论的。① 这种区分——它反映了传统上对正确与善的两分法——是必须同意的。但问题是,哈贝马斯主张"具有约束力的规范之'应然'(内容)乃是一种无条件且普遍的绝对责任;那种'应当去做什么'的主张等同于对所有人都是好的主张"。② 相反,主体间共享之价值的魅力在于要对那种固定或吸收于文化、生活形式中的善进行相对评估:严肃的价值选择或较高层次的偏好会告诉我们从长远和全局来看什么对我们(或对我)是好的。③

如果仅从字面上来理解,原则就是有关道德商谈的议题而价值是有关伦理商谈的议题。④ 但这样(的理解)在法律原则问题上就会产生困难。哈贝马斯强调法律问题不同于道德问题。他认为法律规范"一般……并不说明什么东西对所有人而言都是好的;它们只对具体法律社群中的公民的生活背景进行调节"。⑤ 因此,法律之内的证成性商谈和应用性商谈必须向实用性与伦理性论述开放。⑥(那么,法律原则究竟是不是一种法律规范呢)这里显然对法律原则的规范属性缺乏进一步的限定,因为根据上文的解释,原则一般具有绝对的拘束力⑦,真的如此的话,法律原则最终就与道德规范无异了。

哈贝马斯承认存在这一问题。他指出基本权利是一种可以通过理论商谈具体化—因此是普遍地—可证成的权利体系,以此来解决基本权利的难题。这一事实意在说明基本权利是"严格优先于""立法者的政策目标与价值取向"的。⑧

然而,并非所有的原则,尤其是一个法律体系内的所有法律规范,都像基本权利那样,有必要从一种普遍道德的视角来论证,而不允许法律体系内的任何内容与之相抵触。⑨ 并且,也不是所有的法律原则和规范都具有一种义务论的特性。以此来看,义务论特性并不等于包含绝对特性。法律规范即使在立法者以实用性或伦理的理由来执行时也要有一种义务论特征。而基本权利之"严格优先性",只要其存在,就会在道德上实体化,而不是根据规范的逻辑。

从绝对性的角度来理解原则的义务论内涵会导致一个问题,即原则是否能在保持其义务论特征的同时也被视为一种最优化命令。哈贝马斯出于概念上的原因

---

① ② ③　见 Jurgen Habermas:《在事实与规范之间:关于法律与民主的商谈理论》,第 255 页(William Rehg 译,1996)。

④　见 Jurgen Habermas: Vom pragmatischen, ethischen und moralischen Gebrauch der praktischen Vernunft,载 Erlauterungen zur Diskursethik 100,101 (1991)。

⑤　同①,第 153 页。

⑥　同①,第 154 页。

⑦　同①,第 255 页。

⑧　同①,第 256 页。

⑨　关于法律规范的这一事实,实际是由法律规范必须不得与道德规范相矛盾的观念引发的。同①,见第 155,282 页。

将这一可能性排除在外,因为是从一种成本收益分析的视角来看待将原则建构为一种最优化命令。① 出于一种规范性方面的考虑,他担心将原则界定为一种最优化命令会导致用例如"军队或司法制度的'功能能力(functional capacity)'之类的集体利益来对它进行任意的限制。"②

将原则界定为一种最优化命令实际上意味着将经济合理性标准引入法律领域,这才是这种界定的真实目的。这些标准可以德国宪法上的比例原则为代表,它认为只有满足三个条件的前提下才可以干预基本权利。第一,它必须适合于实现既定的目标。第二,它必须为实现目标所必要——干预的手段必须尽可能的温和、简单。第三,它必须是狭义上的成比例,亦即干预的手段越激烈,所要提供的证成理由就必须越充分。哈贝马斯承认"在具体决定的证成过程中并非每一项权利最终都会胜过集体利益",但同时又强调"只有在集体利益自己能够根据更高的规范或原则来证明它之于相应规范的优先性,权利才不会获胜(prevail)"。③"总之,只有权利才能在论证博弈中被用作一张王牌。"④而后者是否属实则只有在弄清个人权利和集体利益的逻辑关系后才能判断。⑤ 这么复杂的考虑在这里根本用不着,因为最优化议题总是真实的,即便法律商谈在其最终意义上是一种纯粹的权利话语。不论个体权利是否受到集体利益或其他人的个体权利的限制,这种限制本身仍是有必要受到限定的,对权利的干预只有在适当、必要与合乎狭义上之比例的情况下才是正当的。只有那些否认上述条件的人才会否定最优化议题,因为比例原理及其三项辅助规则本身就意味着最优化议题,反之亦然。⑥

而反对者则坚称(如果把原则理解为一种最优化命令)权利就会丧失如德沃金所说的王牌特性,进而失去其更为重要的证成力量,最后,"通过法律规范和原则的义务论理解而在法律商谈中树立的防火墙(fire wall)就轰然倒下了"。⑦ 当然,这种以集体利益的名义对个体权利施加不正当限制的情况确实存在。然而,(即便如此)也不应当以义务论对于目的论的普遍优先性——这一点在法律上很模糊也不很难严格界定——来禁止(将原则理解为一种最优化命令),还不如要经过充分证成之后而显得明确与直观(prima facie)的个体权利对于集体利益的

---

① 见 Jurgen Habermas, Vom pragmatischen, ethischen und moralischen Gebrauch der praktischen Vernunft,载 Erlauterungen zur Diskursethik 206 (1991)。

② 同①,259 页。

③④ 同①。

⑤ 一般可见 Robert Alexy,个体权利与集体利益,载 Rights 163 (Carlos Nino 编,1992)。

⑥ 见 Robert Alexy,Theorie der Grundrechte 100 (1985)。

⑦ 同①,258—259 页。

优先性。① 其他任何议题只有在出现解决原则冲突的更好办法时才是有效的。而依据哈贝马斯的观点,受适当性观念调整的应用性商谈将会是一个更好的解决办法。

四、应用性商谈,适当性与范式

根据哈贝马斯的观点,应用性商谈不关注规范的有效性,而仅关注个案决定的正确性。所谓个案决定,如果以适当的规范为依据的,那它就是正确的。而为了查明规范在一个特定的情形中是否适当,就有必要从一个顾及该情形所有方面和所有潜在可替代规范的观点加以判断,这样做就足够了。② "单个判断的证成必须以所有适当的规范性理由为基础,且这些规范性理由从那种对情况之完全解释的观点来看刚好与手头的案件有关。"③

应用性商谈的观念虽则正确,却是空洞且容易遭人误解。④ 就其表达了要考虑所有方面的旧式解释学要求而言,它是正确的。这一要求是合理性的一个基本假定。它是空洞的,因为它并没有说出哪些方面需以及用何种方式来考虑。当哈贝马斯说这种要求"在考量手头案件的所有相关情况的同时竭力审查整个有效的规范体系……作为一项规则,即使一个专业裁判也会不堪重负",⑤就接近这一观点。哈贝马斯相信借助一种"实用论的法律理解"就可能化解(法律)的不确定性。⑥当然他也承认,由于不同范式间的竞争,这也并非是一种完美的解决方法。⑦在这方面我们也可补充说像自由主义、社群主义或程序主义等法律理解范式是高度抽象的。在许多情况下它们都不足以决定一个明确的决策。它们至多使诸原则间的直观优先性实体化。因此,像融贯性、适当性这样的概念过于含糊而无法解决合理的法律决定问题。

最后,应用性商谈的理念也易遭人误解,因为它面临着非普遍主义决策实践的危险。如果司法管理被视为排他性的应用性商谈并因此与证成性商谈区别开来,那么,前述危险就会成为现实。哈贝马斯认为"法律融贯或协调化中的公共利益使

---

① 一般可见 Robert Alexy:《个体权利与集体利益》,载 Rights 163(Carlos Nino 编,1992),176 页。

② 见 Klaus Gunther,Der Sinn fur Angemessenheit:Anwendungsdiskurse,载 Moral und Recht 257(1988)。

③ 同①,218 页。

④ 一般可见 Robert Alexy:《规范的证成与应用》,载 Ratio Juris,1993 年 7 月号,第 157 页。

⑤⑥ 见 Jurgen Habermas:《在事实与规范之间:关于法律与民主的商谈理论》,第 250 页(William Rehg 译,1996)。

⑦ 同⑤,221 页。

得裁判的运作逻辑更加简明"①。法律在普遍主义决策实践下的协调或统一只有在个案裁判中才是可能的,在此情形下,规则早已事先形成。但是,这些规则也仅是相对具体的规范,因此能够——以及必须——被实体化。因而,每一次应用性商谈都包含了证成性商谈的成分。

五、法律商谈

上面我们对融贯性、原则、应用性商谈、适当性以及范式诸概念的简单考察已经显示,裁判合理性的问题无法仅依靠它们来解决。解决之道只能立足于一种法律商谈的理论。这一理论有三个任务。第一,它必须对法律确定性与正确性之间的关系加以厘定。第二,它必须尽力去发掘内含于融贯性、原则、适当性和范式诸观念中尚未饱和的理性潜能。第三,它还得将法律适用的论证及体制程序纳入民主宪政国家的理论框架。上述三个任务构成了法律商谈的特质,也唯有法律商谈理论在此才值得留意。

哈贝马斯反对那种将法律商谈视为一般实践商谈之特例的观点。② 这种特例论的对错与否取决于我们如何来理解"一般实践商谈"。哈贝马斯的论述主要针对那种认为"法律商谈应当被理解为道德论证的一个子集"的态度,③,也就是说将法律商谈作为道德商谈的特例④。(他认为)这种观点实际上是错误的,因为法律商谈不仅对道德理由,而且也对伦理和实用理由开放。⑤ 因此,那种特例论只有在我们将"一般实践商谈"理解为一种道德、伦理和实用问题可以在其中相互联系的实践商谈时才是正确的。这种实践商谈的概念公式既是明智的又是有必要的,因为在这三种理由之间不单单存在着互补关系⑥,而且还存在着相互渗透。⑦ 假如我们能预设这样一种一般实践商谈概念,特例论才是对的。法律商谈是一般实

① 见 Jurgen Habermas:《在事实与规范之间:关于法律与民主的商谈理论》,第 221 页(William Rehg 译,1996)。

② 一般可见 Robert Alexy,《规范的证成与应用》,载 Ratio Juris,1993 年 7 月号,见第 230—37 页。

③ 同②,第 230 页。

④ 这里所使用的道德商谈是哈贝马斯所定义的概念,见 Jurgen Habermas:Vom pragmatischen,ethischen und moralischen Gebrauch der praktischen Vernunft,载 Erlauterungen zur Diskursethik 100,101 (1991),第 113 页。

⑤ 同①,第 155—56,230,283 页。

⑥ 同①,第 110 页。

⑦ 这里存在着一种渗透关系,这种关系可用以下事实证明,即选择古典自由主义的正义概念还是新自由主义的概念实质上取决于我们要怎样来构思我们生活于其中的社群。

践商谈之特例,同时具有体制化的特征。这些特征乃是经由语言学、系谱系及系统学阐明的。① 这种可以被称之为"体制性的"论据(实际上)受着被视为是"实质性的"论据的补充、渗透与控制。

只有那些法律商谈中必需的道德、伦理及实用论据经过法律的援用,以某种方式失掉其(原有的)一般特征,而带上法律特有的性质时,其他说法才是真的。哈贝马斯那种认为法律商谈"一开始就指向那些民主地制定的法律以及……不仅仅指向法律规范,而且,连同其简直化的交往形式,本身就嵌置于法律体系之中"的观点看上去就比较接近这种情形。② 然而,自相矛盾的是,哈贝马斯也支持这样的观点,他说"法律商谈在一个完全封闭的规范世界里是无法自如运作的,它必须对其他渊源的论据开放"。③ 正确的解决方法可能是用在法律商谈的一般实践论述仍然保持其本色:一般实践商谈。另一方面,法律商谈作为一个整体也显现出由法律④的"专业所限定的……意义"⑤以及它"更加复杂的有效性向度"。⑥ 所谓特例论之目标就在于同时兼顾两方面。因此,它显示了实践理性的统一得以——或可能——在法律中实现。

---

① 见 Robert Alexy,Interpretazione giuridica,载 5 Enciclopedia delle Scienze Sociali (1996)。

② 见 Jurgen Habermas:《在事实与规范之间:关于法律与民主的商谈理论》,第 234 页(William Rehg 译,1996)。

③ 同②,230 页。然而,哈贝马斯本人对这一观点也不是十分确定,因为他又补充说其他渊源的论述"主要"由"立法程序中那些与法律规范的正当性主张结合在一起的实用性、伦理性和道德性理由"构成。用"主要"一词表面哈贝马斯并不相信法律商谈中所有考虑到的实用性、伦理性及道德性理由都会被变成立法者的意图从而纳入法律规范。但是除此之外,他又在其他地方表达了一种自相矛盾的观点,几乎所有的事情都会在立法者的考虑范围之内且总会进入法律制度之中。

④ 同②,第 534 页。

⑤ 同②,第 154—156 页。

⑥ 同②,第 233 页。

人民何以可能始终立法

——商议民主的批判

[美]弗兰克·I.米歇尔曼 著

一、一般理念

商议民主,如果可能的话,是怎样一种在实践上值得追求的目标呢？我所指的是一个概念性的而非实用性的问题——探求某种实践理念的结构及其融贯性,而不是为了这个或某些竞争性理念的进步而建议你或我现在应当做什么。并且,我所关注的也不是那种商议民主的理念可能是什么或者为什么重要等陈旧观念,而是要在这篇文章中发展某种(商议民主的)理念与动机建构。为方便起见,我把这种民主政治思想的建构归功于一个派别,我将称之为"蓝派"。我用"政治思想"意指那种有关政治正确性问题——为了实现道德上当为的事情而做出一整套政治安排——的一般理论模型。我们蓝派大概只是那些声明支持一国政府在道德上应是民主政府之命题的派别当中的一个。蓝派不仅有一套特别的理由来支持民主命题,而且有一套相应的标准来确定该命题何时已在实践中得到满足。换言之,蓝派对什么确实是民主政治有特别的认知。

正如我随后将要谈到的,蓝派政治思想乃是以一种重要但成问题的方式来理解商议民主的观念的。蓝派认为,商议民主是一国为了获得其政治正确性而必须建立的制度,但是它同时却具有一种没有哪个国家有可能建成的外观。这篇文章的副标题"商议民主的批判"即预示了这个结论。但是这篇文章同时也批判整个蓝派政治思想。它包括了两层意思:(1)蓝派思想认为政治正确性构成了一个执着追求商议民主的政治社会所必不可少的一部分,但是(2)在我们思想中有一点即使我们自己也难以理解的是,商议民主(按我们所意指的)如何有可能成为每一个人自觉而执着追求的事情。

但是,什么又是蓝派所理解的商议民主呢？它显然是一种民主与商议的调和物(confection)。

1.民主

在蓝派思想中,政治民主的理念是由被统治者直接向政府(government)要求的。"民主"在我们这个时代无疑意味着那些超越了多数人或群众的——与少数者、最好者或"某个人"的统治相对立的——统治。它意指一国的政治实践(这种实践的所是不同于其在道德上的应是)除非或归根究底(in the last analysis)能使该国的人民处于他们自己的统治之下,否则就不是正确的。我说"归根究底"是因为蓝派民主理念的确认可了大量由代议政府形式下的机关——立法、行政和司法机关——所制定的规则。但是这个理念看上去(seemingly)不会接受一国的人民自己却无法参与制定构成他们政体的法律;这种法律决定着该国的"宪法本质"——规定它的平民政府或代议政府的体制和机构,界定与限制它们各自的权力和权限,并由此而传达出某种政治观念。因此,政治民主或平民的政治自治(self-government),在某种非虚夸的意义上,主要是指由一国的人民不断参与形成其国家根本法的社会工程。当然,那只是一个抛砖引玉式的陈述。我们真正关心的是探求那些悬而未决的问题。

2.商议

在进入正式讨论之前,我需要交代一下,在这篇文章中我是如何用"有效性""正义性""正确性"这些术语来说明根本法的。尽管它们彼此错综关联,但我仍然将它们视为不同的概念;我在涉及根本法的制定时用"有效性",单独涉及根本法时则用"正义性",最后在涉及一个宪法政治体制(regime)或实践时用"正确性"。非常粗略来讲,一个政权的"正确性"意指这个政权实际所是的正是它道德上应是的。根本立法结果的"正义性"涉及用一套与过程无关的标准来正确对待("关注"或"尊重")那些受其影响的个人与群体。而根本法制定的有效性涉及某些立法环境或过程的特征,它们被认为是能够促使人们相信立法的结果是趋向于正义的(tendency-towards-justice)[①]——有足够的信心确保政权的正确性。

根据这一组定义,正义(如果真的存在这种东西的话)铁定就是一种我们可称之为"完全"与过程无关的(process-independent)标准:在判断根本法是否是正义的(如果这种判断完全可能的话)过程中,不需要参照任何与它们的立法过程相关的因素。但是这个定义被认为有可能也适用于正确性,相反地,后者可被(尽管不是

---

① 这些特征必定与立法成果的非程序性评估特征一同存在,例如高度均衡的形式普通性和对主要自由的高度均衡尊重以及更进一步的经验证成的对国家之日常法律运作及其程序制定的预期。

必须如此)理解为一个"不完全"与过程无关的标准。而正确性乃是这样一种观念，凡是其所(实际)意指的东西正是其道德上应是的。无论我们持有何种政治正确性观念，它自身必定是预先设定的(preprocessual)，其内容并非偶然出现在任何政治过程之中。但是即便我们真的有可能持有一种(预先设定的)政治正确性观念，我们仍无法总是(或可能永远)不参照那些在制度中援用和主张的、赋予根本法制定程序有效性的特性(validity-conferring characteristic)——它具有一种相当易于理解的或值得信任的(veridical)，或我们可说是"追求正义"的优点——来判断一个政权的正确性。① 如果真的有这样一种正确性观念的话，我们可以说为了获得正确性，一个立法的政权不需要制定完全正义的法律；相反，它只需要使用能产生法律的程序即可，这些法律的有效性正如我上面的定义(我承认，这多少有点循环论证了)。这种观念可能又会进一步倒过来说，一个政权不是正当的——根据其道德上应当承担或施加的——除非其国民有足够的理由确信其政权的根本立法实践具有一种趋向正义的特性(在且仅在其立法结果被认为是有效的情形下)。

总之，我已经界定了三个术语——"正义性""正确性"和"有效性"——以这样一种方式即政权之政治正确性与它的法律之完全正义性之间可能存在缺口；而有效性正是来贯通或媒介这一缺口的。当然，没有一套定义会要求(mandate)一个如此不严谨或折中的政治正确性观念(正如有些人所认为的那样)。这组定义能做的以及已被选择来做的就是适应这样一种可能的观念——实际上，正如我们将看到的，它其实就是蓝派思想所极力赞成的政治正确性观念。

现在，我回到"商议"这个概念。我在民主政治中用商议这个一般概念是指那些立法中的(广义而言的)程序性要求，它更多的是要求(对法律的)完全的遵从而不仅仅是由实际参与投票的多数意见体现出的对法律的偶然赞同。这样一种我们可称之为超越多数主义(transmajorian)的要求，可能属于制度的那种组织性的、激励性的、话语性的(discursive)或(我将马上解释的在一种实践意义上的)宪政性特征。不同的思想家可能有不同的理由将超越多数主义的要求作为政治实践的有效性条件，或正确性条件，或其他什么的条件。此时这些要求的具体内容可能也会发生相应的改变。

蓝派思想用"人民"是法律的制定者这一观念来意指人民只能由他们每人都参与制定的法律来统治或只在他们每人都参与制定的法律的统治之下。这样一种观

---

① 我相信，"追求正义"对 Lawrnce Gene Sager 是正当的。比如，参见 Sager,"The Birth Logic of a Democratic Constitution",paper presented to NY. U. Colloquium on Constitutional theory,February 1995；Sager,"The Domain of Constitutional justice", paper presented to NY. U. Colloquium on Constitutional theory, February 1996；也可参见 Anthony J. Sebok, "Justice-seeking constitutional theory and the Problem of Fit",paper presented to NY. U. Colloquium on Constitutional theory,March 1996。

点对民主立法提出了一个超越多数主义的要求。当然，让人人来制定法律——让"每一个人"（在某种并非虚夸的意义上！）——在现代民主国家条件下根本还不是一种显然自明（self-explanatory）或易于实践的观念。但这种观念是可以澄清的：不管怎么样它体现了蓝派的核心观点；这种观念的确对立法实践提出了一种超越多数主义的要求。根据 Seyla Benhabib 的意见，这种制定权要求一个国家的根本法制定过程必须按如下要求设计与运作，其（立法）结果将被不断地理解为"由自由且平等之个体间进行理性、公正地集体商议"的产物。① 至于一个立法制度必须具备何种特征才足以通过这种检验并不是我们需要在此处着力考虑的，因为我们用"商议"这一术语所指称的是这些（立法）在规范上必需的超越多数主义的特征，而不管最终我们会决定它们是什么。以下任何或所有待决要素可以暂时作为商议的构成部分：激励性与话语性特征，比如公德心与互惠性，对真诚和与纯粹程序主义安排相反的②（或，换言之，以追求与过程无关的正确答案为论争焦点的）"认知"的预期，以及付诸提出公共理性和其他公认的理想言说情境中的商谈规则；组织性/体制性的特征，例如投票规则、两院制，联邦制以及机构间的相互制衡；宪政性特征，例如人们的基本权利（自由与平等的）③和在法律上受保障的政治公共领域。

总之，在我们看来，"商议民主"是一种以全民为基础的制定根本法的制度或实践，它完全满足了商议性的三重标准。据我们判断，这一术语代表了一种综合了组织性、激励性、话语性和宪政性等多种属性的制度或实践，使得它的立法产物能够以一种正确的方式被所有受他影响的人所接受。因此，在蓝派思想中，商议民主是一种（广义而言的）程序理念，它关系到一套由人民进行政治自治的底线道德要求——在那里"由人民"其实就是"由每一个人"。

3. 商议民主的问题

商议民主理念在蓝派思想中占据着一个我们可称之为"先验的"关键位置。我的意思是蓝派基本上（by and large）将商议民主视为一个完全反事实的观点或理念，而不是从经验中剥离出来的。我们也认为这个观点并未被明确的界定和完全

---

① Seyla Benhabib, "Deliberative Rationality and Models of Constitutional Legitimacy", Constellation1（1994）：26，21.

② 参见本书中 David Esrlund 的论文。

③ 相对于公共"自主"而言这些是私人权利——参见 Jurgen Habermas, Between Facts and Norms：Contribution to a Discourse Theory of Law and Democracy, tr. William Rehg（Cambridge，MA：MIT Press，1996）：118-130，或相对于（商议）民主的（商议）自主权——参见 James E. Fleming，"Securing Deliberative Autonomy"，Stanford Law Review 48（1995）：1-71。作为民主的"构成"的个体权利理念，出于那个理由而证成并且根据它而可解释，参见 Ronald Dworkin, Freedom's Law：The Moral Reading of the American Constitution（Cambridge，MA：Havard University Press，1996）：200-202。

特定化,但并非是不可想象与无法解释的。我们把这种理念视为对宪政民主社会之实际政治自我理解进行理性建构的一部分——用 Benhabib 的话来说,就是要"阐明那些存在于历史与当下之宪政民主思想和实践中的固有原则和逻辑。[①] 同样,尽管将这一难以捉摸的理念付诸实践并取得成功的实际可能性(很小,但它仍然)为我们描绘了一种取得政治正确性的可能条件。果真如此的话,为了蓝派思想,我们最好不要往调节性商议民主观念中添加任何东西,因为那样会使追求这种理念的实践在概念上就变得不可能。本文最大的担心正在于此。

但是,当我质问追求类似商议民主这样一种实践理念的概念可能性时,我的真实意图又是什么呢?当然,如果要想使商议民主的理念在实践上显得更为可行的话,我需要比我曾经做的和将要在此尝试做的(付出更多的精力)来将这个理念界定得更为精确与具体。并且最为可能的是,一旦我们把像商议民主的激励性、话语性之类的要求界定得过于具体,它们在实践中反而就更加难以实现。但是这类定义和经验上的担心不会危及我们对商议民主的构想、追求。它们仅仅意味着需要更进一步地定义工作,同时也意味着现实世界中的理想追求总是缺少完全的成功。尽管如此,我们也许依然能够坚持一种以商议民主为基础的政治正确性概念,这种商议民主在我们最急于追求的事务中仍具有高度的优先性,因而也足以作为我们每一个人都可以为之献身的对象。我之所以说"也许依然能够"是考虑到这样一种可能性,在追求完全成功的商议民主过程中不可避免地存在着不足,这时可能就会产生一个反对这种追求的"次优(second—best)的"选择。这种反对理由可能会立足于这样一个判断,即彻底放弃一个注定要失败的目标将使我们更接近某些最终目的——它可能是正义,或者是我们缺之不可且经过证成的政治强制——如果只有具备政治强制才能使商议民主在实践上有实现可能,那么,它就(与商议民主)构成了一种次级或支持关系。但是,我此刻主要担忧的还不是这种"次优"奇袭的可能性,而是,蓝派思想也许正在将某种东西纳入商议民主的观念,它将使得对后者之专注、审慎的追求在概念上即不可能。

我的想法是:一种实践理念可能如此设计或构造,从而导致一种无限的律令回溯。因此,它不仅将是一个永远不能实现的理念——字面上和绝对的不能,而且它也将是一个在一开始就无法为之设计(行动)纲领的理念追求。现在,蓝派的商议民主毫无疑问将会被证明是一种递归地(recursively)或自我指涉地构成的实践理念,但是一种实践理念中的递归和自我指涉都不会使对这种理念的追求成为不可能。你可以写一本关于你自己如何写这本书的书。即使你无法真正完成它(proust 完成了他的书的写作了吗?),你肯定会令自己投身于这项工作,你会开始写作并能坚持很长一段时间,最好也会因为前面的所有工作而获得好评。但无限

---

① 参见 Benhabib,"Models of Constitutional Legitimacy",42—43。

回溯却是另一回事情。如果有一个人告诉你,他将要写一本书,这本书的每一章都会以上一章的最后一句话为开始,那么,你的问题就不会是无法完成这个任务,而是根本无法开始(这个任务)。这个分派的任务将使你无法动弹,没有任何事情是你能够做的。令我担忧的是,蓝派思想殚精竭虑地要对商议民主提出的要求中正是有着类似的问题。

二、蓝派政治思想的建构——一个开端

蓝派政治思想使政治正确性依赖于一个正在进行的由每一个人("在一种并非虚夸的意义上")参与的制定根本法的过程——但是,它不是立足于已被我们公认为正确的政治道德推理,或是已获得担保的(warranted)政治道德权威来证明这种依赖性,而是一开始就立足于那个其自身即构成了政治道德推理或权威之有效性条件的民主程序。在此领域中,只要还没有显示其民主的渊源或证据,就没有什么推理可被公认为是正确的,也没有什么权威可被公认为是正当的。在这些方面,蓝派思想就是我所谓的"深度"民主。相应地,我将那些欲使国中的每一个人都成为其国家基本法之制定者("在某种并非虚幻的意义上")的政治制度与实践称为深度民主的制度与实践。

尽管蓝派政治思想是主张深度民主的,它依然具有一个十足的义务论自由主义外观,与目的论(自由主义)或民粹主义思想都是对立的。之所以说蓝派观点是义务论的而非目的论的,是因为它认为,任何及所有对社会或集体利益的追求都应当服从于一种优先配置的权利之约束,即公平地对待每一个人,尽可能多地将他们自身视作是"鉴别自我之诉求的渊源"①——每一实体都分别享有获得考量与尊重的基本道德资格。② 而说蓝派观点是自由主义而非民粹主义的,是因为从那种派生自政治统治的正确性要求的观点来看,只有个体实体,而非其他任何超个体的实体,例如人民或多数者,才是鉴别自我之诉求的渊源。③

在一个长期受价值论影响的智识环境中,蓝派思想将自由主义义务论与深度民主结合起来的做法在其初起时是很难被理解的,因为价值论一直认为我们最终须得在(实体)权利与(程序)民主之间抉择出一个首要原则。④ 当我们已认识到蓝

① John Rawls, Political Liberalism (New York: Columbia University Press, 1993), 32.
② 我所使用的"义务论/目的论"这对概念也是来自罗尔斯。参见 Theory of Justice (Cambridge, MA: Harvard University Press, 1971), 24—26。
③ 有关民粹主义的观点,参见 Richard D. Parker, "Here the People Rule": A Constitutional Populist Manifesto (Cambridge, MA: Harvard University Press, 1994)。
④ 例如,参见 Bruce Ackerman, We the People: Foundations (Cambridge, MA: Harvard University Press, 1991), 6—16。

派思想将两种立场贯通起来的确切方法时,我们也需要确切地认识到如何及为何蓝派的民主必定是"商议的",而且为何及如何,根据这种理解,蓝派的商议民主是一种尚成问题的观念。

1. 蓝派政治思想的义务论——自由主义渊源

不论以何种方法,自由主义义务论者迟早都得去证成公民政府(civil government)。"证成"在此仅意指能大致令人信服地回应民众的抱怨,并且对自由主义义务论者而言,针对政府的抱怨尤有可能随时爆发。你难道不会不时地体验到政府对我们生活的那种外在的、强制性的干预,你难道没有意识到即使你没有体验到其他人也肯定已多次体验到了?无论如何,这就是义务论自由主义意义上的理解,它使得政府事实上的每一个行动都面临证成问题。

至少,当我们将我们的思想转向政治统治(political ordering)的实践问题时,我们这些具自由主义思想的商议民主拥护者,会把我们的社会世界看成是由单个的"人"或"主体"构成的,并且他们自己都是有意识、有思想的。这意味着我们将自己和其他人视作各自主宰着自己的思想与生命的个体,而且,还拥有相当的——实际无法计数的(义务论意义上的)——理性行动能力,也就是在实质意识水平上主宰着自己的思想与生活,对于应该做什么,为了什么而奋斗,什么是好的以及什么是正确的等问题做出自己的判断与追求。①

---

① 为了避免被怀疑我已将过多的原子化的主体性观念归于蓝派思想,我在此增加"一些自由主义所理解的个人的属性",引自 Frank I. Michelman,"The Subject of Liberalism,"Stanford Law Review 46(1994):1807,1812:

自由主义主体(被理解为)是以下要素的总和:伦理上独立的,具利益取向的,自主行动的,交往的和具自我意识(或自我反思的)。这意指:

伦理上独立(Ethically several):每一主体均能主导它自己的生活,这种生活在观念上是不同于其他主体的,并且每一种生活在观念上均属于不同的价值领域。("在观念上不同"意指我们可以逐次审视这些生活价值。但这不是要排除每一个人的行动或经验所具有的价值与其他人的价值之间的因果关联或要求)。

具有利益取向(Intertst-bearing):每一主体在不同的事件中总会受到或好或坏的影响,所以可以从提高或损害主体的幸福或发展的角度逐次判断每一事件。(当然,这也不是要排除每一主体的利益与其他主体的利益之间的经验关联)

自主行动(Self-activating):每一主体能否审视他的利益,发现和展示自身相应的行动理由,从而行动或改变其状态。(这并非要排除一些共同的、协调的、互惠的或那些相反的理由或行动)

交往的(communicative):每一主体能够有意识地影响其他主体对行动理由的知觉并且能够意识到自己的知觉也受他人影响。

自我意识(反思):每一主体意识到自己是一个伦理上独立,具有利益取向、能自主行动和交往的主体。(这并非要排除说个体的自我意识可以依赖于主体之间的互惠意识)

但是,不管这些(认为)人是个体化的且具有自制力与主观性(的观点)可能对科学构成什么挑战,它们一直都盛行于整个义务论自由主义政治思想传统之中——并且,正如我们将看到的,它们也必然导致以那些被准确嵌入深度民主的超越多数主义/商议规定的实践可行性作为其制度与实践之正确性的可能条件。这种视政治为强制、政府为外在强力的观点不断地滋扰我们的思想,亏得它有时会短暂地消失却又总会执拗地复生;而商议民主的理念有意要限制或平息这种观点。更何况这种观点使我们形成这样的观念,它肯定要对政府干预人民生活进行辩护,反对可能的抱怨。对那些自身无法发现这一点,进而否定个体乃首要的存在,否定会践踏每一个理性主体固有的价值或尊严,否定有关每一个人需得相同之关注与尊重的最原始诉求的人而言,政治上的证成就必定意味着,要得到每一个受其影响的人的同意(另一种义务论意义上),至少原则上如此(请特别注意这个定性)。换言之,一个证成必须表面,所有那些服从受质疑之政府行动的人,他们作为个体(无论他们是否意识到这一点),事实上各自都有好的理由去赞成那个构成了政府制度的根本法。

或许我们不需要对每一个政治行动都提出这种要求。对大多数此类行为而言,只要它足以表明自己完全遵循了那些在先的制定政府宪章(即根本法)的政治行动,即可要求每一个人的同意。将法律划分为根本法与普通法可使我们将普遍的合理可接受性要求集中于根本法,对普通层次的政治行为则允许溯源性地加以证成,即通过表明它们是如何从普遍可接受的根本法、宪法中产生出来的,从而承继它们的正当性。这种根本法/宪法与普通法的划分迎合了义务论——自由主义的努力,他们面对不幸的社会条件仍欲保存一种政治统治(political govrnment)的合理性意义。这种不幸的条件即现代性的事实:社会的庞大、复杂和匿名,同时还夹杂着不可化约的多元及审慎政治意见的冲突。这些事实显然排除了在全国范围内就政治价值——诸如实践的统一性、伦理的适当性和对每个人利益的回应性——达成协议的可能性,因而政府日常就必须做出的各种各种的妥协性法律政策选择。通过为普通政府行为安置一个由相对抽象、调节的规则和标准组成的"高级"(或深层)法律层次,我们有可能——甚至接近或达到通过(一种并非虚夸意义上的普通立法权)——在全国范围内就政治价值,包括得到公正论证的每一个人的利益,或者政治上的根本规则和标准达成一种合理的协议或原则性协议。①

---

① 例如,参见 Habermas, Between Facts and Norm, 30:"一般而言,法律制度整体的正当性要高于个别的法律规范。"比较 Habermas, "Three Models of Democracy", Constellations 1 (1994):1,5。有关约翰·罗尔斯关于这方面问题的讨论,参见 *Frank I. Michelman*, "The Subject of Liberalism", 1807,1827—1828。

2.为什么深度民主？或，权利基础主义怎么了？

就其自身而言,据我已描述的自由主义政治义务论远远不会——至少不是直接而自明地——要求深度民主。即使在一种轻微夸喻,远逊于任何"非虚构"的意义上,它也并不要求由每一个人来制定根本法。所有它直接要求的就是得到每一个受影响的人原则上同意——如前所述,每个人都应当有"对作为个体(无论他们此刻是否意识到了这一点)的他们而言,实际上是好的理由去同意"。自由主义政治义务论似乎完全能接受我追随 Bruce Ackermen 提出的要求①——一种有关政治正确性的"权利—基础主义"观点,它认为完全不需要对商议民主及其热忱追求的可能性担忧什么。

考虑到这样一种观点,根据它,公共事务的正确性由普遍正义构成,在那里(1)正义的要求被认为可以依据正确的理由来理解(accessible),(2)而正确理由的确定则被认为是与过程无关的,也就是脱离任何民主过程而有自由成立②,以及(3)不论在任何程度上,民粹政府本身都不会视为一种由与独立于过程的正确理由决定的正义之指令。在任何一种有关政治程序民主的重要方式中都不会注意这种观点,更不消说在深度民主或商议民主中了。

但是,现在假设,那种每一个人参与政府的权利被发现是由独立于过程的正确理由决定的正义的一部分。甚至进一步假定,那个支持民粹政府的正确理由之结论,作为正义的一个组成部分,乃是随着对政治商议之可能性的有利评价而转移的,多少带有一些具体化的理解。我们仍然不会处理这样一种政治正确性观点,它认为做正确之事的可能性取决于追求或实现商议民主的可能性。我们正在设想的就是一种与过程无关的正确推理路线,它的整个运作就是这样的:"除了其他事情,我还必须决定",正确推理者(right reasoner)开始道:

> 无论这个国家的正义的政治宪法有没有把民粹政府作为其组成部分,但理性告诉我它确是包括民粹政府的。当且仅当存在一个最低层次的正当理由,相信民粹政府,它在某种我知道如何具体说明的制度形式下运作,事实上将达到一种商议的极限层次。假如这种情形恰好出现,我就能(或不能)判断那种所必要的信任水平是否是有保证的。因而,我能(或不能)就政治正义是否包含民粹政府做出结论。

与过程无关的正确推理者必须决定它是否就一种预期的民粹政治过程之商议

---

① 参见 Ackerman,Foundations,10—13。

② 对比我所说的蓝派政治思想的深度民主承诺,见本书 151—152 页。

特性具有必要的信心。如果有,那么政治正确性就将包含民粹政府;如果没有,结论就会相反。不论哪种情形,政治正确性都是可能的。因此当一种对商议民主可能性的评估的确融于这种有关政治正确性和(个体)政治权利的与过程无关的正确推理时,这种可能性将不会被当作政治正确性自身可能性的前提。只要根据与过程无关的理由认为政治正确性在原则上是确定的,这种正确性就是可能性的,不管正确推理者可能在商议民主或任何其他社会过程之可能性的判断上多么悲观。因此,要完成我们蓝派的政治正确性观点——它使得商议民主作为一种实践上值得追求的目标在必要性和深度上都成问题——的建构,我们就需要精确地查明,是什么因素促使蓝派思想会抵制一种非深度民主的、权利基础主义的或独立于过程而立足于正确推理的政治正确性观念。在第三部分说明我所理解的这种抵制的来源之前,我要在下面两个小段落中简略地讨论一下一些读者可能想到的其他两个来源。

3. "完全的自主"

假如你确定了一个对个体自由而言最重要的道德要求,这种有些苛刻的理解,把自由看作是"积极的"(无疑也可以是消极的),因此我并非处在一种完全充分或"完全自主"的自由状态,除非调整我事务的宪法是一个已被我自己证明为正义的法律——出于这个原因,我们可以说,我已发现它们是合理的并且可由自由且平等的每一个人理性地证明的。[我乐意服从这样一个政权的管制,它的宪法尚未被证明将会是一种他治(heteronomy)的类型]。"完全自主"是罗尔斯的术语,他确实是想用它来描述完全自主的个人对于其政治体制与真正的正义原则之间的协调关系的自觉确认。当罗尔斯写道,完全的自主"是通过公民来实现,当他们按着正义的原则行事时,而这些表明了公平合作之条件的正义原则只有他们被公平地描绘为一个自由而平等的人时才会全心认同",[1]他显然是指他们按之行事的原则就是他们自己当时中意的而通过他们的表达产生出来的。[2]

按罗尔斯的观点,完全自主符合个体的各类利益。它是个体之"高级利益

---

① Rawls,Political Liberalism,77(着重处为作者加)。

② 由于这个原因,我有点不同意哈贝马斯在其文章中对罗尔斯的政治自由主义的抱怨,参见 Habermas,"Reconciliation Through the Public Use of Reason:Remarks on John Rawls's Political Liberalism,"Journal of Philsopny 92(1995):109,124。我的意见参见 Frank I. Michelman,"Book Review",Journal of Philsopny 93(1996):307—315,314。罗尔斯的意思正如我已指出的通过他以下的句子得到确认。完全自主的公民,他写道:

不仅会遵守这些正义原则,而且他们也会依这些公平的原则来行事。而且,他们会承认这些就是他们会在原初状态中采纳的原则。正是在他们的政治生活中公开地承认和恰当地应用这些原则,具备良好的正义意识,公民才取得了完全的自主。(Political Liberalism,77) (higher-order interest)"的实现,这种利益是在他们实践其公共正义能力以及构想和追求由他们自己负责决定的善理念的同时产生的。① 或许我们可以从那里得出一个结论,正是政治正确性的要求——为了每一个人的完全自主——一国之根本法才会如此要求由每一个自由、平等、通情达理的居民进行不断的确认。但是这种要求不允许我们将权利基础主义导向深度民主,因为它不会要求居民之间就他们国家的宪法之内容进行真实、公共、商谈性的论争。相反,从理论上讲,每个人通过独立的阅读、思考,并审慎地认同某个孤独哲人的著作——例如,《正义论》——它们致力于寻找一套每一个作为自由平等的个体都可能合理且理性地确认的根本法,这种要求倒是可以得到满足。②

4. 私人自主与公共自主的同源性:作为构成性权利的自治(enfranchisement)

根据蓝派的观点,理想地说来,根本法应当被理解为"在自由平等的个体之间理性且公平地进行集体商议"的结果。③ 但是就此而言,如果没有一种我们赖以将彼此视为公共生活的共同参与者的方式,那么,个体的自由平等又是什么呢? 可以设想,自由平等的个人之间进行深度民主的商谈性交锋(encounter)需要一套得到体制支持的规范——我们也可称之为权利——它对个人在参与公共生活方面如何彼此对待加以管理。④ 这难道不是像哈贝马斯这样的蓝派人士(the blue partisan)在谈到"私人自主与公共自主的同源性"时的部分想法吗?⑤ 如果真是这样,政治

① 罗尔斯仔细地说明完全自主是一种"政治的"而非"伦理的"价值,它特别指向个人生活的公共层面,且他身为公民的生活范围要比他的整个生活小很多。参见 Rawls,Political Liberalism,77—78。完全自主对个人之整体生活的好处——也就是这种政治价值对他整个生活的意义——大概要留待个人根据自身的全局观点来决定或协调。但是罗尔斯必须被理解为是主张以某种方式确认(政治上)完全自主对其整个生活的好处或意义实际上将会作为合理的有关政治自由的全局观点之间的共识的一部分。

② 部分地出于这个理由,哈贝马斯发现罗尔斯的政治建构主义不足以使深度民主满足他的(蓝派的)有效性或正当性要求。哈贝马斯反对罗尔斯最终将一种哲学家笔下的原初状态这一条件作为法律的基础,认为它已经超越了民主讨论的确证能力。参见 Habermas,"Reconciliation Through the Public Use of Reason"第128页。

③ 参见 Benhabib,"Deliberative Rationality",以及前注3引文,第149页。

④ 参见 Robert C. Post,Constitutional Domains:Democracy, Community, Management (Cambridge,MA:Harvard University Press,1995),299—300。

⑤ 例如,参见 Habermas,Between Facts and Norm,127。

正确性将总会要求已被法律规定为自由和平等的个体的存在。①

蓝派的构成性权利表现在两个方面：一方面，它们由自由且平等的个人构成；另一方面它们由一种自由主义而非民粹主义但又是深度民主的政治统治构成。因此，不必感到惊讶的是，会有一种猜测认为个体的构成性权利是主观性的，它是一种在所有决定政权根本法的过程中直接发表意见和进行表决的权利。许多人已指出，那种类型的政治自治正是每一个人凭借他或她作为自由且平等之身而享有尊重时所应得的。但是，我们是否也可以认为，就像义务论自由主义所主张的那样，由根本法来配置的政治权利真的是由每一个人从他们各自的利益出发加以理性地证成吗？在（1）一种设计来使得每一个人均的平等且充分地参与其中的程序和（2）一种使得每一个人能够在其中理性地证成根本法的程序之间存在明显的概念差距的情形下，我们如何能同时赞成（1）一种先验、普遍的政治自治权利和（2）一种使得根本法可由每一个人从他们各自的利益出发加以理性证成的正确性要求呢？如果这是可能的（这个问题我不准备在此解决），严格来讲，它只能将自治权理解为一种参与适当构成之程序的权利——也就是那种恰当的商议程序，它主要就如何制定一种满足普遍理性且合理的可证成性基准的法律进行公共商谈。到现在，我们至少可以看到，商议性要求乃是民主政治正确性的一个前提条件。进而，从一种共通的研究政治正确性问题的义务论自由主义路径来看，商议性要求乃是一种先验、普遍的个体自治权利配置的产物。

但是，我们仍没有超越权利基础主义而进入深度民主思想，因为自治权利的"配置"不会是毫无理由的。相反，它像是来自那种有关政治正义性的过程独立之正确推理之前的阶段。而呈现在我们面前的就是那种就政治正义性进行正确推理的类型，它得出的结论是，一国的根本法应当绝对且总是——从现在起，总是服从

① 比较 Habermas, Between Facts and Norm, 408—409, 417, 437：

一种受保障的私人自主有助于公共自主的"形成条件保障"，就好像反过来公共自主的恰当实施之有助于私人自主的"形成条件保障"……一种法律秩序之为正当的程度，确实取决于它在多大程度上确保其公民的私人自主和政治公民自主这两者的同源地位；但是，与此同时，它之所以具有正当性，也是归功于交往的形式，只有通过这种形式，这两种自主才得以表达和捍卫。（408—409）

根据对权利体系的商谈论理解，实证法……必须把法权人的自主性分成私人自主和公共自主之间的互补关系，由于这种关系，法规的承受者同时也可以被理解成法规的创制者……根据这个标准，公民在实现其公共自主的时候，必须以一种特定方式来划定私人自主的界限，从而使私人具有足够充分的条件来履行公民角色。因为公共领域中的交往关系所依赖的，是一种来自生活世界的自发输入，而这种生活世界的私人核心领域则完整无损。（407）

商谈的法律理论把宪政民主做这样的理解，即通过正当法进行的（因而同时也确保私人自主的）对于商谈性意见形成和意指形成过程的程序和交往预设的建制化，而这种过程又进一步使得（政治自主之运用和）正当的立法过程成为可能。（437）

这个我们现在正在谈论的要求——就个体作为一个自由且平等的角色参与制定根本法的实践商谈的普遍权利做出规定。但是,这个自治权利之绝对且最终的防护带自身必须作为一个独立于过程的正确推理的命令而存在——虽然推理就是对自由且平等的个体间的集体商议之假设进行反思。

现在,这些我试图在本文的建构的观点肯定还不是蓝派思想的全部,因为这种观点,正如我前面已建构的,它的"过程边界"不受限制的(unrestrictedly "process-bound")。可以说,其过程边界"始终是下行的 (all the way down)",像一般的研究政治正确性的义务论自由主义路径一样,它要求在决定大多数政权的根本法——或根本原则、根本规范——时使用一种民主程序。① 这种将不受限制的过程边界与一种普遍的平等尊重要求加以混合的做法,使得商议民主在蓝派思想中成为一种既是必要的同时又高度成问题的理念。但是,我们仍须说明,到底是什么在蓝派之不受限制的过程边界要求下制造麻烦。

三、强规范性的认知民主

带着这个问题,我现在要转向哈贝马斯的新近作品,看看他是如何认同这种要求的。在我看来,不光在政治正确性问题上,哈贝马斯在其他方面也是一个真正的蓝派义务论自由主义者。不过,他的思想——我认为是蓝派思想的典型代表——使得政治正确性从始至终都得依赖一种确证(validation),这种确证据认为只有通过一种具有持续、广泛的参与度且就任何有关根本法的问题进行讨论的真正民主政治过程才能实现。②

根据哈贝马斯的观点,制定法的"有效性"取决于两个因素的结合:法律实施的外在"事实性"(也就是说一旦有必要国家就准备使用强制确保已制定的法律得到"普遍遵守")和"正确性预期"。对哈贝马斯而言,一个法律的"正确性"意味着法律效力的"内容评价"或"规范"层面。但是,与我们自己早先的效力定义相同(in tune with),对哈贝马斯而言,作为有效性的一个层面的正确性并不意味着一种对法律之绝对道德正确性的直接评价;而是指一种更为间接的、偶尔夹杂着道德影响的判断(a more oblique, probabilistically mediated sort of morally inflected judgement)。③ 用哈贝马斯的话来说,正确性(作为有效性的一个方面)意味着出于对法律的"尊重"或者对法律能够完全"保障所有平等个人的自主"的"预期"而不用强制的遵守

---

① 参见 Habermas, Between Facts and Norm, 151—152。

② 此处及下文对哈贝马斯观点的概括,引自个的《对〈在事实与规范之间〉的评论》一文,Journal of Philosophy 93(1996):307—315。

③ 比较上文第147—148页。

之可能性。但是使这种预期成为"可能的"却是那些实在法律规范已确实满足一种"正确性渊源的制度性前提"。因而,正如我们自己规定的,根本法的有效性("正确性")取决于那些与法律起源相关的事物。①

更具体来说,哈贝马斯宣称"法律生产的民主程序明显构成了唯一的正确性之后形而上学渊源"。② 在他看来,根本法之赋予正确性的特性——依靠这种特性,法律在其强制潜能的范围内将所有努力都放在(实现)理性可接受性的诉求上——是且只能是在程序上建构的特性:只有这样的根本法才是正当的,哈贝马斯断言,它们可以要求在一种向所有人平等开放的讨论过程中得到所有公民的同意。③ 现在那个同意可能还是假设的或原则上的。④ 不过,根据他的观点,这种所有人都真的有理由同意的判断必定是在一种任何时候都可提交问题的真实民主——商谈论坛的背景下产生的。只有这种持续提请真实民主——商讨复查的可行性才能支持一种公正结果的"假定"。⑤

但是,我们仍想知道是什么促成蓝派这种过程边界不受限制的要求,而权利基础主义的立场看上去显然与义务论自由主义的政治正确性观点更为接近。对哈贝马斯而言至关紧要的命题是,没有一个政治哲学家或政治立法者,或者他们精选的集团,仅凭真正的与所有受影响的其他人进行较量的现场对话,就能够可靠地认为(presume)他(他们)能够像所有其他人一样有理有据地(reasonably and justifiably)了解和评价一部被提交审议的根本法。但是仅仅靠内在的换位思考(empathy)努力不足以回答根本法之普遍合理的可接受性问题,也不足以令人信服地通过那种以强制为后盾的政治统治正确性所仰赖的正确性检验。"个体的私人权利",哈贝马斯在一段典范性的章节中写道,

> 甚至是无法做恰当表述的,更不要说对他们做政治实施了。如果那些受影响的人不首先已在公共讨论中澄清了那些与对典型事例做相同处理或不同处理有关的特征,并且为考虑他们经过重新诠释的需要而将交往权力动员起来的话。⑥

---

① 参见 Habermas, Between Facts and Norm, 447—448。
② 同①。(着重处为本文作者加)
③ 同①,第 107 页。
④ 例如,参见 Michel Rosenfeld,"Law as Discourse: Bridging the Gap Between Democracy and Rights,"Harvard Law Review 108(1995):1163—1189,1169,1175。
⑤ 参见 Habermas, Between Facts and Norm, 33,296。
⑥ Habermas, Between Facts and Norm, 450。参见 Thomas McCarthy,"Kantian Constructivism and Reconstructivism: Rawls and Habermas in Dialogue,"Ethics 105(1994):44—63,45—46,49。

哈贝马斯显然是指，只有通过真实的民主商谈我们才能专注于那种由 Nancy Fraser 所描述的可能性：

> 甚至在那种我们已认为相对中立的商谈形式中也会出现偏见；（虽然）这些商谈形式凭自己能在政治商议中站稳脚跟；（但是）那些次要的集团就会反驳这些形式并提出其他的选择，以此获得一种对解释和交往的手段进行集体控制的措施。①

这些可能性将能说明为什么哈贝马斯认为，作为正确性的一个条件，"法律之下的同伴必须有可能检查一个有争议的规范……能够得到所有可能受影响者的同意"②——为什么只有一种真实可行的深度民主的审查过程始能"证成一种公正结果的假定"。

因之，在我们面前已出现一种可称之为"强规范性版本的认知民主理论"。所谓"认知民主理论"，我是指这样一种理论，它是一种预想的发展趋势——可引为支持民主程序的一个理由——认为在一种认知程序中达成的结果接近于那种独立于程序的政治正确性或正义性标准（例如根本法就应当满足罗尔斯的那两个作为公平的正义原则；或者他们对任何一个合理地追求根本法的人以及其他得到合理安排的参与者而言都应当是不可拒绝的；③或者他们对每一个顾及自己利益的人而言都应当是合理可接受的；或者他们应当是一种原则上公平构成的民主商谈的共识成果）。我之所以称蓝派的认知民主理论为一种"强规范性的"版本，乃是因为它的作用已超越了为声称的民主商谈程序之认知优点提供功能性论证的层次：它也断言一个政治制度如果忽略了那些能够产生有效法律的理由，就无法成为一个在道德上可辩护的制度。这种强规范性的认知考虑就是我能够找到的蓝派思想之企图的唯一动机，他们尝试将一种看似不可能的绝对义务论自由主义政治正确性观念与一种不受限制的正确政治推理（规则）结合起来，从而使民主过程"始终"（契合着）法律规范的层级结构。

四、回溯问题（the regress problem）

但是，这种结合隐藏着一个严重的问题。通过对蓝派深度民主的认知民主式

---

① Nancy Fraser："Toward a Discourse Ethic of Solidarity，"Praxis International 5（1986）：425—429，尤其是 425—426。

② Habermas，Between Facts and Norm，104。（着重处为本文作者加）

③ 参见 T. M. Scanlon，"Utilitarianism and Contractarianism"，载 Amarya and Bernard Williams（编），Utilitarianism and Beyond（Cambridge：Cambridge University Press，1982），103—128。

解读,有关政治权利的正确推理就不会局限于一个充分或适当的民主过程。但是什么是(出于这个目的)充分或适当的过程这个问题本身就是一个必须落在正确理由管辖之下的问题。我们应当到哪里去寻找一个正确理由的答案呢?难道那些哲学家,他作为一个推定的基本法立法者,最终就不必勉力向前而承担这种责任吗?假如这样,哈贝马斯自己不就提供了一个例证了吗?

毕竟,哈贝马斯已提出一个著名的论断,一种不同的程序公正理念,即便是抽象的,也能够从一种对讨论之前提的反思中得到集聚,借助这种反思另外那些根本不同且存在分歧的参与者真诚地希望就治理他们社会生活的规范体系之普遍、理性、自尊的可接受性特性达成协议。① 此外,在《在事实与规范之间》中,哈贝马斯也已确认了如下信念,一种相对抽象的程序公正理念,因之是派生的,能够为宪法权利法案或根本法的实体指明一条通向相对具体之规定(prescription)的道路。那种权利基础主义政治正确性观点的特色也正在那里。

如果哈贝马斯最终没有明确地提出这种观点,难道不正是因为他最后也怀疑那种理性可理解的公平民主程序理念自身就足以解决在特定时间及特定国家内将根本法具体化的难题吗?民主论争的相对具体之条件就是对所有人都是公平和开放的,在一种要求正在制定的法律的普遍的理性可接受性的意义上(如果这就是所为的正确性要求),他们自身就是合理可争辩的并且真的经过争辩,同时各种不推定为自由且平等的个人的可接受性判断将不会对如何解决争辩感到陌生。是否只有在取消(正如某人会主张的)或采取(正如其他人会相反主张的)控制经济不平等或积极的社会和经济保障——供养、健康保健、住房、教育时才需要贴切和适当的民主程序? 在取消(或相反采取)劳工保障、集体谈判或工业民主权利时呢? 在取消(或采取)优待措施、累计投票或比例代表时呢? 在取消(或采取)联邦制或政府内部的反多数决控制——两院立法权、行政否决权,绝对多数要求时呢? 在取消(或采取)限制"憎恨性言论",或者控制政治开支和媒体的接近权,或者生育自主的保障,或仅指在公共教育场所进行宗教表达时呢? 正是作为一个何谓适当的民主程序的事务,所有这些变量(或其他事务)在我们的政治文化中都是可以激励争辩的。直到现在对民主这架磨粉机而言这些待接近的问题仍是最好的投放物——任何问题都可以用民主解决。

假如蓝派思想,它是认知民主地建构的,在有关深度民主乃是有效的根本法因而也是政治正确性的必要前提这一点上是对的。那么,只有在适当的民主论争中,才会存在就前述一系列有争议的"程序"问题的有效接近途径,它能够恰当

---

① 有关哈贝马斯的"取向理解(或同意)的商谈"和政治制度的正当性条件两者之间的紧密联系问题,参见 Seyla Benhabib,Critique ,Norm and Utopia (New York:Columbia University Press,1986), 283。

地施加于整个国家。有效性和正确性要求的是,根本的法律决定明显已经承受了实际的、恰当的民主论争的检验,这种论争不仅是针对权利问题(这就是那个被假定为所有公民在一个理想的民主商谈中可以理性期待的法律吗?),而且其本身也是主张商谈的实例,或者,至少在某种非妥协的规范条件意义上是"向所有人开放的"。

只有在适当的民主论争之后,以蓝派思想的认知民主解读为基础,这类问题才能得到有效解决。但是这类问题的确是由一种有争议的严格意义上的适当民主论争观念引发的,这种民主论争以一种将认知德性纳入程序的方式向所有人"公正地"开放,而前种认知德性更被认为能够赋予(论争结果)有效性,因此是具有道德强制性的。正如哈贝马斯本身对这类问题的认识一样,那种能赋予法律有效性的民主审查程序肯定"自身就是合法构建的"。① 这样的话,如果我们以一种合法构建的民主程序制定有效的根本法的话,那么,形构这个立法事件的(有效的)法律本身必定也是一种在概念上优先的程序事件的产物;同样的,这个由(有效)法律形构的程序事件反过来也必定是如此这般地从更前面的(适当的)合法形构事件中产生的。以此类推,无穷无尽:"法治国的理念起动了一个法律的螺旋式自我适用过程"。②

概括一下:根据认知民主对蓝派思想的建构,从一种自我批判意识、取向普遍合理的协议的民主商谈理念中推导出来的理性根本法乃是政治正确性的必要条件。但是,它不是充分条件,阻止它成为充分条件的就是多元主义的环境:作为特殊的个体和群体,我们没有充分的理由将我们的政治命运托付给——正如任何一个专家都会说的——那些从民主商谈的理念中推导出来真实的宪法规范。在这些环境里,没有什么事情能够满足有效性的要求,因为它缺乏实际的可服从性,在任何时候,对批评性和矫正性的严格实际民主商谈的推导也是悬而未决的。"法律之下的同伴"必须在任何时候都可进入公民论坛,它在两个方面都是真实的:(1)论坛讨论的是正确问题,涉及政治调节规范的普遍、合理和理性的可接受性,同时(2)论坛自身在类似的导出的规章下运作。因此"公民自己……决定例如如何来获得赋予商谈原则以民主原则之法律形式的那些权利……(他们)对由此以施为地自我指涉的方式而形成的政治自主做了一种原初的运用。"③但是随后的问题肯定是:这种历史上的"原初的"构成时刻可被永久地固定于何处? 即使承认它是必要的,它又是如何可能的?

---

① Habermas,Between Facts and Norm,110. 也可参见 Habermas,"Reconciliation Through the Public Use of Reason,"130—131。

② Habermas,Between Facts and Norm, 39.

③ Habermas,Between Facts and Norm, 127,128.

五、民主与有效性

这是一个非常棘手的问题。我们需要回答它吗？毕竟,我们已生活在一套根本法下(这是我们的幸运之处),作为这种法律文化下的居民,我们很容易把它解释为一种有意图的,如果必定总是不完美的,近似于受义务论自由主义启发的深度商议民主理念。这种理念要求不断地循环重复那个严格批评的民主商谈程序(它自身会相应地发展),要求法律为了政治正确性必须制定那些民主且自主的商谈程序,[1]要求他们的选民是自由且平等的,等等。尽管如此,正如我们现在已看到的,从一开始就没有人得到蓝派的授权去起动这项工程,在我们幸运的环境里,真理是不会使我们,尽自己的责任去开展这项工程。我们无法完全自信地说我们的不断发展的政治事件正在产生正义的结果,因为作为蓝派我们会知道没有一个已适应这种公开的商议民主实践的居民会认为,由于某种"偏见"这种实践已在一个错误的方向上运行一段时间了,而 Nancy Fraser 令人瞩目地警告说,这种偏见是没有一个人能够真的避免的。但是我们尽力所赞成和推进的实践真的就是正确性所要求的(事情)吗？

这里就是我们最有效地了解蓝派政治思想之"有效性"理念的关键之处——现在作为一个命题而表现出来,即政治正确性存在于那个我们将最大赌注压之于上的具有趋向正义特征的根本法制定程序之中。自由主义义务论告诉蓝派原则上存在真的正义(或不正义)的法律。自由主义的谦逊告诉蓝派,我们没有任何人确切地知道何谓正义的法律,同时我们也无法就他们是什么达成协议(甚至在排除所有"不合理的"意见之后)。因为要描绘出一套具体可用的国家根本法需要足够的专业性。但是我们的确(蓝派的论据也证明)对某些正义制度的共通轮廓有了一个约莫"能重叠的"概念,而我们已在进行的工作看上去也就像我们能够计划的其他事情一样,有希望带着我们沿着一个正确的方向前进(当然,这句话可理解为我们已在进行的工作也包含了一些特意加入的自主批判能力)。

把有效性作为政治正确性的核心乃是一个现成的做法,有时,它甚至会被认可为具有道德约束力的——作为一种"政治性"但不是"整全性"的真理——根本法的决定。这种决定老实说我们现在认为在某种实质层面上是正义衍生的,因为这些决定是从一个民主程序中产生出来的,而这个程序是(1)有实效的(is in force)且(2)我们认为它是一种可合理辩护的正义追求。在此我们不打算深究现在行事的方式是否真的就是任何人在道德上应当做的。但是,我们能够说为了深度的蓝色

---

① 自主的是指一种与"行政权力"相对的"交往权力"。关于行政权力与交往权力之间的关系,参见 Habermas, Between Facts and Norm, 147—150。

民主政治思想,我们最好能这么做。蓝派深度的民主观必须相信它就是如此,并且对我们来说,最好相信它真是这样。蓝派必须相信这一点,因为如果在某种意识层面上,我们相信其方面——比如正义而非有效性才(我们有时必须尽力理解这一点)是正确性的核心——那么,我们实际上将只是权利基础主义的一部分了。

答与会者[*]

哈贝马斯 著

导言

每一位作者都欠他的读者一笔债。当他所做的乃是一项广泛而复杂的研究，并且还引起了他的杰出同行的密切关注时，情况尤其如此。我从我的同行那些充满思想的评论中获益良多，这一点也可以从这篇带有致谢性质的回应中得到印证。

由于篇幅的限制，我的回应只能是选择性的。这一点与这些评论文章本身的质量无关。君特（Klaus Gunther）对交往自由（它是交往权力产生的背景）的公用（public use）问题做了典范性的分析①，对此我无以复加。"交往自由"的概念出现在《在事实与规范之间》②的第四章第二部分，它是我与君特激烈讨论的结果。③ 阿拉托（Andrew Arato）提出的问题对我的理论做了精确的说明，并且他大致上同意我的观点。④ 对这些问题的讨论要求一个更为深入、扩展的分析，在此却无法完成。萨尤（Andras Sajo）已经提供了一个宪法裁判问题的比较研究。⑤ 我认为这个

---

* 本文原载《卡多佐法学评论》1996 年第 17 期。

① 见 Klaus Gunther，Communicative Freedom，Communicative Power，and Jurisgenesis，17 Cardozo L. Rev. 1035 (1996).

② Jurgen Habermas，Between Facts and Norms：Contributions to a Discourse Theory of Law and Democracy（William Rehg 译，1996）[以下简称哈贝马斯，Habermas，Between Facts and Norms]

③ 对交往自由概念的讨论，见 Gunther，同①。

④ 见 Andrew Arato，Reflexive Law，Civil Society，and Negative Rights，17 Cardozo L. Rev. 785 (1996).

⑤ 见 Andras Sajo，Constitutional Adjudication in Light of Discourse Theory，17 Cardozo. L. Rev. 1193 (1996).

研究富有教益,但是在此也仅是略加提及。谢林克(Bernhard Schlink)为联邦宪法法院的"价值法学"贴上了"神话"的标签①;这种解释并非由我发明,而是从许多主流法学家的著作甚至联邦法院自身的观点中借鉴而来,因此,我宁可将这种争论留给法学家去解决。此外,出于其他一些理由,我也避免在这里讨论古德里希(peter Goodrich)的文章。② 总之,本文作为一篇回应性文章的性质要求我只能集中精力讨论某些文章。这也绝不意味着这些(要集中讨论的)文章的论证和反驳就更有分量,而仅仅是对我个人而言它们可能更具有思想上的启发性。③

我把要在下文中依次讨论的问题集中在七个相关的主题上。在开头的第一部分,我对"正当"如何植根于"善"持一种元批判的立场。伯恩斯坦(Richard J. Bernstein)和米歇尔曼(Frank Michelman)各自以不同的方式强调了他们的温和语境主义(contextualism)——伯恩斯坦从一种实用主义的视点,④而米歇尔曼则从一种公民共和主义的视点。⑤ 在第二部分,问题更进一步,麦卡锡(Thomas McCarthy)通过追问商谈模式能否公正对待多元文化社会中的价值冲突问题——特别是它假定在每一种冲突情形中都有一个正确的答案——表明了其鲜明的不同意见。⑥ 在第三部分,通过讨论罗森费尔德(Michel Rosenfeld)的作品,⑦我将考察法学家们的观点。罗森费尔德一直在讨论相对于一种实质性背景理解的程序优先性问题,他得出了一种(与我)不同的见解,这种见解随后由雅克布森(Arthur J. Jacobson)发

---

① 见 Bernhard Schlink,The Dynamics of Constitutional Adjudication,17 Cardozo L. Rev. 1231 (1996)。

② Peter Goodrich,Habermas and The Postal Rule,17 Cardozo L. Rev. 1457 (1996).我之所以放弃阅读古德里希的论文,是因为我隐约感到,在谈及我的《现代性的哲学话语》一书时,他指责我在为一种反对"非理性主义、保守主义、后现代主义、异教徒、游牧民族和犹太人"的现代性辩护。同引注,第 1458 页;也可参见 Jurgen Habermas,The Philosophical Discourse of Modernity:Twelve Lectures (Frederick T. Lawrence trans. ,1987). 任何怀疑我是反犹太主义的人都不可能得到回应;更一般地说,任何人想通过谴责别人而获得回应都是徒劳的。

③ 当我撰写这篇回应时,下面两篇文章我还没有看到。William E. Forbath,Short-Circuit:A Critique of Habermas's Understanding of Law,Politics,and Economic Life,17 Cardozo L. Rev. 1441 (1996); Ingeborg Maus,Liberties and Popular Sovereignty:On Jurgen Habermas's Reconstruction of the System of Rights,17 Cardozo L. Rev. 825 (1996).

④ 见 Richard J. Bernstein,The Retrieval of the Democratic Ethos,17 Cardozo L. Rev. 1127 (1996)。

⑤ 见 Frank I. Michelman,Family Quarrel,17 Cardozo L. Rev. 1163 (1996)。

⑥ 见 Thomas McCarthy,Legitimacy and Diversity:Dialectical Reflections on Analytical Distinctions,17 Cardozo L. Rev. 1083 (1996)。

⑦ 见 Michel Rosenfeld,Can Rights,Democracy,and Justice be Reconciled Through Discourse Theory? Reflections on Habermas's Proceduralist Paradigm of Law,17 Cardozo L. Rev. 791 (1996)。

展为一种动态的法律观念。① 在第四部分,我将处理雷格(William Rehg)有关商谈与决定之间的关系问题,这一问题将他引向了一个更为根本的结构理论议题。② 此外,第四部分还将涉及鲍威尔(Michael Power)所讨论的关于理想化(idealizations)之作用问题,③列诺布勒(Jacques Lenoble)针对交往行动理论的整体途径(entire approach)所做的理性批判问题。④

像列诺布勒一样,拉斯穆森(David Rasmussen),⑤阿列克西(Robert Alexy)⑥和图依布纳(Gunther Teubner)⑦共同给了我一个机会在第五部分进一步发展适用性商谈的逻辑问题。在第六部分,我将同时考察普罗伊(Ulrich Preu)⑧和福兰肯博格(Gunter Frankenberg)⑨对私人自主和公共自主之间关系的不同方面所做的讨论,以及霍华德(Dick Howard)⑩和莫茨金(Gabriel Motzkin)⑪对我的法律理论中的政治内容所做的分析。最后,在第七部分,我回应了社会学家古尔德(Mark Gould)⑫从左派帕森斯主义视角以及卢曼(Niklas Luhmann)⑬从系统理论立场对我提出的不同意见。

---

① 见 Arthur J. Jacobson, Law and Order, 17 Cardozo L. Rev. 919 (1996)。

② 见 William Rehg, Against Subordination: Morality, Discourse, and Decision in the Legal Theory of Jurgen Habermas, 17 Cardozo L. Rev. 1147 (1996)。

③ 见 Michael K. Power, Habermas and the Counterfactual Imagination, 17 Cardozo L. Rev. 1005 (1996)。

④ 见 Jacques Lenoble, Law and Undecidability: A New Vision of the Proceduralization of Law, 17 Cardozo L. Rev. 935 (1996)。

⑤ 见 David M. Rasmussen, Jurisprudence and Validity, 17 Cardozo L. Rev. 1059 (1996)。

⑥ 见 Robert Alexy, Jurgen Habermas's Theory of Legal Discourse, 17 Cardozo L. Rev. 1027 (1996)。

⑦ 见 Gunther Teubner, De Collisione Discursuum: Communicative Rationalities in Law, Morality, and Politic, 17 Cardozo L. Rev. 901 (1996)。

⑧ 见 Ulrich K. Preu, Communicative Power and the Concept of Law, 17 Cardozo L. Rev. 1179 (1996)。

⑨ 见 Gunter Frankenberg, Why Care? -The Trouble with Social Rights, 17 Cardozo L. Rev. 1365 (1996)。

⑩ 见 Dick Howard, Law and Political Culture, 17 Cardozo L. Rev. 1391 (1996)。

⑪ 见 Gabriel Motzkin, Habermas's Ideal Paradigm of Law, 17 Cardozo L. Rev. 1431 (1996)。

⑫ 见 Mark Gould, Law and Philosophy: Some Consequences for the Law Deriving from the Sociological Reconstruction of Philosophical Theory, 17 Cardozo L. Rev. 1239 (1996)。

⑬ 见 Niklas Luhmann, Quod Omnes Tangit: Remarks on Jurgen Habermas's Legal Theory, 17 Cardozo L. Rev. 883 (1996)。

一、善与正确

就深刻理解我的作品而言，我的朋友理查德·伯恩斯坦无出其右。他以其出色的解释学敏感力，一直在追踪和解释我的作品，[1]并且令人信服地将它置于当代的讨论语境之中。[2] 二十多年来，伯恩斯坦和我一直就哲学问题交换意见，这些讨论在我的著作中留下了印记。从我们第一次谈话以来，伯恩斯坦一直向我论证康德遗产的"解先验化"问题。完全出于黑格尔的实用主义精神，伯恩斯坦一次又一次地努力化解僵硬的二元对立论（dichotomies）。区别本身并没有什么价值，它必须有助于我们解决问题才行。像 c. s. 皮尔斯一样，他问道：区别之意义究竟为何？[3] 伯恩斯坦这次又提出了同样的问题，尽管他现在显得越来越不耐烦了。伯恩斯坦反对两个事情：（1）程序主义的中立性主张事实上要求一种特定的民主精神；（2）在他看来，在道德和伦理问题上作抽象的区分是空洞的，并且错失了真正的问题。[4]

按照伯恩斯坦的观点，有关程序和交往的特定预设如果要想证明民主意见和意志形成过程之结果的合理性[在信息通畅和无偏私（impartial）的意义上]，参与其中的公民就必须具备一种"民主精神"。[5] 公民必须受公民美德的驱动，也就是那种预先没有决定任何个别规范的普遍化价值取向。[6]如果从较弱的意义上来解读，这种议题与我的立场之间并没有冲突。建立在法治国之上政治制度并非是自足的（self-contained），而是还要依赖"一种自由的政治文化"和一群习惯了自由的人民。事实上，它依赖那种"自发的意见生成联合体"以及相应的社会化模式——"协商政治与理性化了的生活世界情境具有一种内在的联系"[7]。如果有

---

[1] 见 Richard J. Bernstein, Introduction to Habermas and Modernity 1（Richard J. Bernstein 编，1985）；另见 Richard J. Bernstein, The Restructuring of Social and Political Theory 171—236（1976）。

[2] 见 Richard J. Bernstein, Beyond Objectivism and Relativism: Science, Hermeneutics, and Praxis（1983）；Richard J. Bernstein, The New Constellation: The Ethical-Political Horizons of Modernity/Postmodernity（1991）。

[3] 伯恩斯坦的诠释学慷慨有时会误导他，使他陷入模糊的分歧之中. 例如参见 Richard J. Bernstein, What Is the Difference that Makes a Difference? Gadamer, Habermas, and Rorty, in Philosophical Profiles: Essays in a Pragmatic Mode 58（1986）。

[4] 见 Richard J. Bernstein, The Retrieval of the Democratic Ethos, 17 Cardozo L. Rev. 1129（1996）。

[5][6] 同[4]，第 1130—1131 页。

[7] Habermas, Between Facts and Norms，第 302 页（emphasis added）。

人再回想一下我在《交往行动理论》①中有关生活世界之理性化的论述,他就很容易理解这种"后习俗道德"或"民主精神"意义上的生活世界情境。②

　　在我看来,有充分的理由认为,我们必须把民主过程植根于一种"宪法爱国主义"之中。这种要求基于以下事实:即使基本政治权利也可以采取主观权利的形式,因而可以被解释为一种个体自由。在现代法律秩序中,公民可以自由决定如何行使其交往和参与的权利。可以倡导一种普遍利益(共同善 common good)取向,但是不能把它变成一种法律义务。况且这种取向也仅仅在一定程度上是必要的,因为民主立法的正当性力量仅仅来自那种公民在其中可以就共同的生活规则达成共识的过程。因此,只有当政治文化使得公民不单单只抱有一种身为市场参与者的利己态度,而且也能运用他们的政治自由来达成相互理解,也就是热衷于康德所说的"理性之公共运用(理性之公用 public use of reason)",法律的正当性(legitimacy)来源于合法性(legality)的悖论才能得以消除。

　　这个"而且"把我所谓较弱意义上的解读和伯恩斯坦所青睐的较强意义上的解读——古典共和主义——区别开来。为了强化他的不同意见,伯恩斯坦最终把实证法的正当性负担完全压在联合起来的公民的政治美德之上。与之相对的是,商谈理论在对民主过程的解释中援用了结构主义的观点,从而使公民摆脱了那种卢梭式的美德期待——如果实践理性从集体或个别行为者的心灵与头脑转向形成政治意见和意志的程序和交往形式,那么只要具有最起码的普遍利益取向就可以了。换言之,实践理性从个人的伦理动机和洞见的层面转移到了搜集和处理信息的社会层面。这表明了一种理智化(intellectualization)过程。也就是说,审议和决策过程必须以这样的方式进行:商谈和磋商的作用犹如一种过滤装置,只有那些有助于形成决策的话题和意见才能够通过"筛选"。如果我们在规范解释的层面上用一种关于理性的考虑取代对于美德的预期,我们就能够更好地反驳那种虚假的实在论,它认为民主的自决(self-determination)意义在本质上就是"唯心主义的"。

　　因此,我之所以反对共和主义传统是因为我把对实践理性效力进行论证的负担从公民的心理状态转移到政治的审议形式当中。与伯恩斯坦的看法相反,这种程序主义并不意味着公民的自决实践已经在规范上中立化了。毫无疑问,正当立法的规范性期待主要与交往安排相联系,而不是与参与者的能力相联系(尽管程序和过程并非毫无凭依,而是必须植根于一种开放的政治文化)。但是,这种立法模式,它被认为能够保证所有人的平等自主,具有一种很强的规范内涵。民主程序能

---

　　①　Jurgen Habermas,The Theory of Communicative Action(Thomas McCarthy 译,1984)。

　　②　参见 Albrecht Wellmer,Bedingungen einer demokratischen Kultur:Zur Debatte zwischen Liberalen und Kommunitaristen,载 Gemeinschaft und Gerechtigkeit 173(Micha Brumlik & Hauke Brunkhorst 编,1993)。

够在它所承诺的中立性，也就是公正结果的意义上证明关于理性的假设：程序理性被认为能够确保正义，乃是因为它对实践问题提供了一种公正的调节。

伯恩斯坦还有一种更深的疑虑，与其说是针对程序主义概念本身，不如说是针对与之相连的对于政治正义性的理解。体现在程序和过程中的实践理性，本质上与一种正义（既是道德意义也是法律意义上）有关，这种正义超越了某个特定共同体的具体精神或者特定传统和生活形式中形成的世界观。为了澄清这一点，我对正义的道德问题和自我理解的伦理问题做了区分。当我们处理一个道德问题时，我们问的是什么样的规则符合所有人的平等利益（或者说什么"对所有人都同样为善"）。但在涉及伦理问题时，我们就要权衡不同的个体或集体的行为取向，他们致力于弄清楚他们是谁以及要成为什么样的人，从而确证自己的同一性以及应当过什么样的生活（或者说什么是"对我/我们从整体上和长远来说是善的"）。每一种问题都对应着一种不同的视角或立场。"好的生活"问题涉及用第一人称单数或复数表现的不同世界观和自我解释，而正义问题则只有在平等地考虑了所有参与者的世界观和自我解释（因此 H. G. 米德要求采取一种"理想视角"）之后才能做出公正的判断。伯恩斯坦并没有就这一分析性区分提出过多的疑义，反而是坚持认为我未能以一种有意义的方式将这种区分具体化，从而陷入了所谓的"架构之神话（myth of the framework）"。①

首先，我必须澄清一种误解。伦理的自我理解问题在语境依赖（context-dependent）上不同于道德问题。这是因为伦理问题产生于一种个人的生活史或者是一种主体间共享的生活方式的视角，而且只有参照这个先在（pre-existing）的语境才能够得到解答。当然，即使是在伦理话语中，我们也必须采取一种反思的立场，而不是迫于当下的利益和命令压力而行动；我们必须在一定程度上中止日常生活中天真举动并且与我们自己的当下生活情境保持一定的距离。但是，这种与我们自己形成的网络之间的距离是不能（而且也不需要）达到我们在从事道德反思时所采取的距离的。在道德反思中，我们对个别规范的有效性问题采取一种假设的态度。正是实用主义教导我们不能根据一种"纸上的怀疑（paper doubt）"来反对我们的同一性和整个生活世界。

唯一有争议的问题是，我们能否仅仅在我们自己从伦理上加以说明的，因而是特定的，世界观和自我解释的视域之内提出和解答道德问题，还是要从道德的观点扩展这种解释视角，甚至要——用伽达默尔的术语来说就是——将我们的视角和所有其他人的视角"融合"起来。在这个正当之于善的优先性问题上，伯恩斯坦的立场并不十分清楚："如果我像一个犹太人或美国人那样看待自己的生活史……我

① 见 Richard J. Bernstein, The Retrieval of the Democratic Ethos, 17 Cardozo L. Rev. 1143—1144 (1996)。

当然也不会让自己局限于那些只和我的犹太或美国同胞有关的问题,我也会想要
了解自己对于那些与我不属于同一个群体的成员的责任和义务。"①首先,这段引
文并不意味着,我们是作为有着特殊的自我解释和世界观的人而提出道德问题
的,同时我们也不是按照与这种视域相反的角度来理解这些问题的。然而,我们
能否在特定的视角之内对道德问题做出圆满的解答,这并不是一个无关紧要的
问题。如果我只想弄清楚我作为一个犹太人、一个新教徒、一个美国人或一个德
国人的认同问题,那么,超越这种特定的视域就既无必要也无可能。但是,如果
问题涉及我们对待波斯尼亚难民或者无家可归者的道德责任,或者是诸如如何
控制新型的强迫(比如婚内虐待)之类的法律问题,那么,这些问题所涉及的正当
性就不仅仅是来自于我们作为群体的内部成员互相之间的期待和要求,而且涉
及我们如何跨越巨大的地理、历史、文化和社会的距离来对待陌生人的问题。在
这种情况下,问题并不是什么对于我们这些属于某个集体(通过它们各自的精神
来加以区别)的人是"好"的。相反,问题在于什么对于所有人是"正当"的,不论
这些人属于具有言语能力和行为能力的主体,还是属于地域性甚至是全球性
的法律共同体的成员。在判断这些正义问题时,我们努力寻求一种公正的解决
办法,而这样的解决办法必须得到所有参与者(和受影响者)基于深思熟虑后的
同意。只有在相互承认的对称条件下,通过非强制性的对话,我们才能获得这样
的同意。

现在,在这个问题上存在着三种不同的立场:(1)只要任何一种正义观念都不
可分割地为某种特殊的善的观念所侵染,那么,即使是在判断正义问题时,我们也
不可能超越我们自己的自我解释和世界理解所确定的视域。在这种情况下,具有
不同背景的双方当事人只能以同化的方式达成一致(Einverstandnis),要么是他们
放弃自己的标准为我们所同化,②要么是我们放弃自己的标准而皈依他们的。③
(2)反之,如果我们考虑到"现代"世界观的多元性,由于其内在的普遍主义潜能,它
们是能够互相宽容的,那么,我们就可以在政治正义问题上达成一种重叠共识。④
宗教自由提供了一个最好的例证。因为我们在此预示某种(由反思性的宗教和世
界观所确定的)视域之扩展,因而就可以获得一种受理性动机驱使所达成的共识
(Ubereinstimmung)。但是,只有当各方分别出于不同的理由接受相同的解决方

---

① 见 Richard J. Bernstein, The Retrieval of the Democratic Ethos, 17 Cardozo L. Rev.
1143—1144 (1996)。

② 参见 Richard Rorty, Objectivity, Relativism, and Truth: Philosophical Papers (1991);
Richard Rorty, Contingency, Irony, and Solidarity (1989)。

③ 参见 Alasdair MacIntyre, Whose Justice? Which Rationality? (1988)。

④ 参见 John Rawls, Political Liberalism (1993) (以下简称 Political Liberalism); John
Rawls, A Theory of Justice (1971) (以下简称 A Theory of Justice)。

法,这种情形才能够出现。(3)最后,商谈理论引入了对道德问题和伦理问题的区分以及强调正义对于善的优先性,这意味着正义问题的逻辑成为(推动共识的)动力。这要求视域的不断扩展:相对于各自的自我解释和世界观,每一方都要参照一个共同接受的道德观点,在商谈的均衡条件(和互相学习)下,要求各种实践不断地消解自己的中心地位。米德也正是在这个意义上呼吁建立一个不断扩展的共同体。①

当代关于"文化多元主义"问题的讨论清楚地说明,在政治正义领域区别道德问题和伦理问题绝非无谓之举,而是一个重要的分水岭。② 这一点清楚地表现在为和平解决东南欧的种族冲突所做的努力之中,也清楚地表现在维也纳人权会议上。在这一会议上,亚洲和非洲代表与西方社会代表就他们所接受的基本人权的理解和适用问题发生了争辩。

在当代学者中,米歇尔曼是我引证最多的三四位学者之一,这一点并非偶然。在审议政治方面,我从米歇尔曼的著作中获益最多。通过阅读他的著作,使我有勇气将商谈原则运用于法律与立法,或者如他所说的"司法发生学(jurisgenesis)"领域③。由于这种依赖(绝不是对等关系),我们在许多问题上有着一致的立场。在家庭内部的争吵中,分歧往往是微不足道的,以至于只有将它们加以放大才能看清。在我的表述中可能就有这样的夸大,我这样做,主要是出于体系的考虑,而不是解释学方面的考虑。因为我不能确定的是,米歇尔曼的疑虑是否像伯恩斯坦那样可以最终归结于哲学立场上的差异,抑或仅仅是由于学科不同的原因。

我在米歇尔曼论文的第一部分发现了解释性的观点。④ 我的保留意见仅仅涉及审议政治的"对话"(dialogic)概念。这样的问答概念在其与"工具性"政治的理想状态形成对照时,排除了大量讨价还价的成分(即通过妥协达到利益平衡)。米歇尔曼文章的第二部分从公民权利运作的动机背景角度着眼,对后俗成道德的概念做了一个比较清晰的说明。⑤ 当然这样一种"包容性"政治文化总是从一个民族历史的语境中产生出来的。但是,"自由主义"政治文化的首要特点就是能够在所

---

① 见 George H. Mead, Fragments on Ethics, in Mind, Self, and Society: From the Standpoint of a Social Behaviorist 379 (Charles W. Morris 编,1962)。

② Jurgen Habermas, Struggles for Recognition in the Democratic Constitutional State, in Multiculturalism: Examining the Politics of Recognition 107 (Amy Gutmann 编、Shierry W. Nicholson 译,1994 再版)(Charles Taylor 编,1992)(以下简称 Habermas, Struggles for Recognition)。

③ 见,例如,Frank Michelman, Law's Republic, 97 Yale L. J. 1493,1513 (1988)。

④ 见 Frank I. Michelman, Family Quarrel, 17 Cardozo L. Rev. 1164—1170 (1996)。

⑤ 同④,第 1170—1174 页。

有不同的多元社会中创造和维持一种共享的公民意识,这个特点仍然关涉到承诺平等权利的普遍性宪法原则。

当然,许多宪政国家都彼此不同,甚至在具体的制度安排之前,在其奠基文献的措辞上就有体现:"宪法是决定制度安排的语言"。① 然而,使这些国家成为宪政民主国家的是对基本权利的保障,在此过程中每一个解释者都假定这些权利具有一个普遍意义,而不管对这种意义的解释视角之间存在着多么严重的冲突。"但是像这样说,立法论证的原初商谈必须总是从一种具有伦理性质的基础出发,但并不否认它们也必须在一种普遍主义的道德视域中展开。"②

当米歇尔曼在其文章的最后部分讨论了那个将宪法学家,尤其是法官与一种充满伦理特色的法律传统联系起来的纽带时,他没有自相矛盾。他通过说明美国和加拿大法院如何不同的处置"憎恨性言论(hate speech)"问题说明了这一点。米歇尔曼提出两种不同的方法来解释这种不同。我则想利用它们来建构第三种解释方法,在我看来它特别适合下面的情形:"尽管在宪法论证的原初性商谈上存在差异,但是在这两个具有不同文化和伦理传统的国家,所有人都是平等自由的这一(普遍性)原则都占据主导地位。我们所观察到的学理上的不同仅仅是应用上的差异,因而是次要的,它们反映了(可能也结合了)不同法律传统和当时不同的社会现实。"③

二、价值冲突的中立化和"容忍差异"

(遇见)托马斯·麦卡锡对我而言真是一件幸事——我经常有这样的感觉,他比我本人更好地理解了我的作品。每一次他批评我时,④他所坚持的那些观点最后都成了我们的共同立场。他对别人(特别是福柯、罗蒂和解构主义者)⑤的批判是如此尖锐,因而当他在他的论文中有力地批驳我的作品时⑥,我感到有些紧张。二十多年来,麦卡锡一直对那种主张对理性进行系统重构的强烈要求提出解释学

---

① ② 见 Frank I. Michelman,Family Quarrel,17 Cardozo L. Rev. 1175 (1996)。

③ 同①②,第 1177 页。

④ 在很早的时候,麦卡锡就提醒我注意我的理论的整体结构问题。见 Thomas McCarthy, The Critical Theory of Jurgen Habermas (1978);也可见 Thomas McCarthy,Complexity and Democracy:The Seducements of Systems Theory,载 Ideals and Illusions:On Reconstruction and Deconstruction in Contemporary Critical Theory 页 152 (1991) (以下简称 Ideals and Illusions)。

⑤ 见 David C. Hoy & Thomas McCarthy,Critical Theory (1994)。

⑥ 参见 McCarthy,麦卡锡批判的基本架构已经有了发展,见 Thomas McCarthy,Practical Discourse:On the Relation of Morality to Politics,载 Ideals and Illusions,第 181 页(以下简称 Practical Discourse)。

的质疑,特别当它和进化论假设相联系的时候。所以,我感到惊讶的不是他进行批评的一般方向,现在变得更具有实用主义色彩,而是他的反普遍主义观点。与伯恩斯坦一样,麦卡锡坚持认为正当和善之间可以做辩证的相互解释:"什么是'对所有人都是好的'这个'正义问题',是不能与'我们关于要生活在什么样的社会里的自我理解'相分离的,也不能凌驾于后者之上:它们是同一个问题相互依存的两个方面,即公民想要采用何种规范来调节他们的共同生活"。[①] 与伯恩斯坦和米歇尔曼一样,麦卡锡也主张那些在理论分析中可以区分的观点在"实践中是难以分离的"。

麦卡锡以一个重要的观察为开始,他注意到现代社会存在着一个巨大的鸿沟:一方面是公民在日常互动中必须面对的日益增长的差异性,另一方面是平等主义的法律制度却在规范上无视这些日益显著的差异而(继续)对这些公民强加期待(expectation)。这些必须由个人在简单互动中处理的差异性之光谱,不论在世俗的、社会的和实质性的要素上都在不断增长。在越来越短的时间里,通过越来越匆忙的接触,我们必须与越来越多的(在完全不同的社会文化背景成长起来的)陌生人就越来越多的而且日益专业化的问题(由此我们必须给那些陌生的专家以足够的信任,这一点又进一步加剧了专业化)[②]达成相互理解。这些抽象的要求之所以以一种特别激烈的方式表现为生活方式的个体化以及多元文化社会中种族结构的异质化,原因在于相互冲突的生活风尚和生活形式——作为构成认同与渗透至整个人格结构的总体——触及了"存在论"意义上的价值冲突。麦卡锡以这些相互渗透的价值取向之间的冲突为起点,乃是因为这些冲突不同于利益冲突,它们无法通过妥协以相互认可的补偿方式加以解决。

由于生活形式具有集体性的特征,因此我们不能直接用私法的手段来确保它们平等共存的权利。"主观"权利保障的是自由,其直接目的是为个人自主地追求自己的生活计划提供一把"保护伞"。自由主义范式仍然假设个体在一定程度上是独立或离群索居的。在实现各自的善观念时,每一个个体都同其他主体保持着足够的距离,他们互不相关也互不打搅。但是,随着多元文化和高度个体化的社会变得越来越复杂,可以被不同的个体和不同的亚文化成员占据和"私有化"的社会空间和历史时间的"部分"也越来越小了。今天,古典法理学那种抽象的法权人(legal person)概念必须为一种主体间性概念所取代:个体认同是和集体认同交织在一起的。由于法权人也只能通过社会化的途径达到个人化,如果不保护那些主体间共

---

① 见 Thomas McCarthy, Legitimacy and Diversity: Dialectical Reflections on Analytical Distinctions, 17 Cardozo L. Rev. 1105 (1996)。

② 见 Claus Offe, Moderne Barbarei: Der Naturzustand im Kleinformat, 34 J. fur Sozialforschung 229 (1994)。

享的生活和经验情境(他们就是在其中形成个人认同和维持这种认同的稳定性),他们的整体性也就无法保障。①

在考察了将价值冲突中立化的两种宪法机制(constitutional mechanisms)之后,我将具体讨论那些在我看来有助于澄清争论的各种细节。随后,我将讨论麦卡锡所提出的替代性方案。最后,我将尝试回答就那个确实成问题的观点——"唯一正解"的承诺。

宪政民主在调节价值冲突方面的手段是非常有限的,这样的价值冲突产生于各种共存的且互为"异己"的生活方式之间不可避免的互动关系。② 在此背景下,我们主要关注两种规范性的差异中立化方法:(1)保障平等共存的权利;(2)确保通过程序的正当性。

对于第一种方法,重要的是区分正义问题和好的生活问题。这一点可以用安乐死或人工流产问题来说明。为了论辩的方便,让我们假定,充分的商谈性公共讨论业已表明,这些有争议的问题是无法摆脱世界观和意识形态的影响而得到中立表述,因为这些相互冲突的描述旨在对事务进行干预,它们从概念上与各种由宗教和意识形态所塑造的不同的解释共同体和亚文化的自我理解交织在一起。因此,我们面临的价值冲突既不能用商谈也不能用妥协的办法来解决。就此而言,在一个通过宪法组织起来的多元社会里,这些在伦理上有争议的问题恐怕不能由一种充满自我理解的伦理性描述来调节,因为在其他公民看来,它不过是众多集体性自我解释中的一种而已(即使它是主流的文化解释)。相反,它必须找到一种中立的调节方式,在不同伦理共同体均能享有平等共存的权利这一更为抽象的层次上,能够对冲突的所有各方都给予理性的承认。为了实现这一抽象层次上的转换,首先需要一个视角的转换。每一方都必须放下那种从"我们的"角度来说何种调节方式是"最好的"的伦理问题;作为替代,他们必须持有一种道德视角,按照平等共存的权利这一先验要求来考察何种调节"对所有人都同样是善的"。

诚然,麦卡锡认为这种抽象存在一定困难,需要做一定的限制。视角的转换使得一种道德上可接受的解决方案成为可能——一种每一方出于同样的理由而接受的调节方式——但是价值冲突问题依然悬而未决。这种调节方式并不意味着所有与之相关的负担均是对等地分派。当我们说这种调节方式"对所有人都是好的"时,并不是就每一情形下的所有结果而言,而是从实现平等共存的权利这一目标着眼的。我们无法排除——事实上很有可能——一种"正义"的解决之道,可能给那

① 见 Habermas,Struggles for Recognition,第 122 页。
② 与麦卡锡一样,我也把自己的讨论限制在"多元文化的"冲突类型上。

些伦理上自我理解不同的组织造成不平等的"困难"分配。一般而言,这样的抽象比较有利于"自由主义"的调节方式(比如在安乐死问题上,我个人认为自由主义观点是相当难以接受的)。另一方面,与此相连的规范性预期——在必要时我们应当容忍其他群体的成员,虽然按照我们自己的观点,他们的行为原本是应受伦理谴责的——却并不构成对我们整体性(integrity)的任何伤害:"我们"(例如,作为面对"自由主义"堕胎法律的天主教徒)仍然可以一如既往地在伦理的层面上憎恶其他人的那些在法律上允许的实践。换言之,法律要求我们宽容那些在"我们"看来背离伦理规范的实践。

宽容是我们共同生活在一个平等的(egalitarian)法律共同体所付出的代价,在这样的群体里,具有不同文化和伦理背景的人必须和睦相处。如果要把构成法律人相互尊重的基石保存完好,宽容就是必不可少的。不过,只要不同生活形式平等共存的权利得以保障,法律要求这些伦理上不同的人为共同生活付出代价也是合理的。这种伦理上"抽象的"法律权利为各种调节提供了标准,就共同生存这一目标而言,它可以为所有的人出于同样的理由而接受,它可以使公民无须在不可调和的价值冲突中做出更为痛苦的,有可能危及自身同一性(integrity-endangering)的妥协。

上述论调的预设是:价值冲突实际上包含着伦理问题,因而无法直接通过道德共识予以解决。正如前文所指出的,这样的道德共识只有通过充分的商谈性公共谈论才能建立。如果转向更高的抽象层次所取向的解决方案要求某些人表现出比其他人更多的宽容,那么这种前提性的争论就很可能陷入僵局。由此引发有关第二种将差异中立化的方法——通过程序的正当化。正如我们在前文所指出的,即使人们能就较为抽象的标准达成一致——不同之共同体能够确保其同一性(identities)不被侵犯而平等共存的权利——我们也没有建立起一个可以彻底地解决价值冲突的基础。事实上,即使是在道德讨论的层面上,共识(Einverstandnis)也很难达成。诚如经验所告知我们的,正义问题,不论界定得多么严格,也总是存在争议,尤其是在异质性的多元社会。即使是所有的参与者一致地认定(或者至少可以大致推定),道德问题,如果表述得足够精确的话,就存在着一个唯一正确的答案,也仍然无法改变那些持续存在的争论现象。因此,麦卡锡不断追问道,那个在参与者看来仍然可信的假设即存在着一个唯一正确的答案,也许不仅仅只是一个幻想。从观察者的视角,我们意识到,人们就那些规范上有争议的政治问题达成一致的情况即使不是没有也十分少见。鉴于人们总是各持己见这一无可否认的事实,民主过程的参与者为什么还应当把仅仅在原则上可能的共识当作自己的目标呢?

我们必须分两个步骤来回答这一关键问题。具体而言,我们必须解释两个事情:(1)为什么存在唯一正确答案的假设总是必要的;(2)必要时,如何才能缓解这一假设与那些关于异议是持久存在的压倒性证据(之间的冲突)呢?

第一个问题最好从相反的角度加以回答。如果我们认为宪政国家是一种正当秩序,这种秩序又使正当立法和其他广义的正当立法过程(在此"正当性"须从非经验论的意义来理解①)成为可能,那么,我们实际上也就默认有可能无须诉诸暴力而就政治问题达成理解。这是因为只有参与者(直接或间接)自觉地接受政治讨论的结果(或者在适当的条件下接受这些结果),我们才可以认为"达成一种理解"(在这种广义上)能够取代强者利益的强加于人(依靠习惯、强制、影响力上的优势、欺骗或引诱)。"理解"指涉共识与合理决定,它们的基础或者是受理性驱动的对事实、规范的承认,或者是价值以及与之相对应的有效性主张,或者是商谈性的意见和意志形成过程(包括经过论证的决策)。但是广义的"理解"也包括通过谈判而达成的协议(Vereinbarungen),它们是通过各缔约方和磋商者的自由(或者说是自愿)意志表达,或者是按照事先自觉接受的(即被认为是正义或公平的)妥协规则而产生。互相理解之所以能够取代暴力,主要在于参与者最终还是要依靠通过交往确认之洞见所产生的联合力量以及由制度保障的意志表达自由(或者说由程序调节的理性与意志的结合)。如果他们一方面否认那种通过宪法建立起来的正当的交往过程网络,另一方面也不承认与这些过程和建制有关的理性前提是可以被所有公民以同等好的理由所接受,那么,他们不可能依靠这种一般性基础。

这里仍然存在对"唯一正确答案"之假定进行共和主义解读的余地:公民不得不信任宪法的正当性以及民主过程的正当化力量的理由可能恰好与本地之习俗性政治精神(political ethos)相吻合。在此情况下,这些理由的可信度就不会超出该政治共同体的边界之外。可是,这种解释对麦卡锡而言却是没有用的,因为他排除了在多元社会达至本土性价值共识的可能。相反,他认为,即使公民注意到在对作为整体之民族的政治—伦理自我理解存在着持续的争论,地方性的价值冲突在原则上也是无法解决的。与麦卡锡不同,我的论证首先意味着,根据麦卡锡的假定,他就无法解释民主的正当性如何是可能的。如果正义问题不能超越相互竞争之生活形式的伦理自我理解,如果价值冲突和对立之存在必然渗透到所有有争议的政治问题,那么,我们对政治的分析最终就会与卡尔·施密特所理解的一致。② 如果政治冲突本质上就是伦理冲突,并且正因为如此而不允许人们在一个更为抽象的正义层次期待能够理性地达至一个解决方案,那么,公民就只能认为,对于整个政治领域而言,除了(或多或少有理由地)各持己见之外,任何其他的努力都徒劳无益。如果在这种情况之外还存在着其他的可能性,那就意味着公民们可以采取另

① 见 Habermas,Between Facts and Norms,第 289—295 页。
② 见 Carl Schmitt,The Concept of the Political (George Schwab 译,1976); Carl Schmitt, The Crisis of Parliamentary Democracy (Ellen Kennedy 译,1988)。

外一种视角(比如正义的视角),这种视角使之超越了直接介入价值冲突的社会成员之视角。如果不承认这种可能性,我们就无法理解下述事实,即充满了无法合理解决的价值冲突,并且由相互对立的认同所控制的政治争论毕竟应当获得解决,除了生存斗争和来自上面的力量,或者使由强加的妥协程序(久而久之会变成惯例)。在那种情形下,我们就只能指望那种对正当化过程的经验主义描述——一种令麦卡锡不甚满意的方法。①

如果政治商谈的参与者不想在彼此之间相互信任、相互学习,那么,协商政治就会失去其意义,宪政民主也将随之丧失其正当性基础。如果参与者没有假定——当然也必须意识到我们总是会犯错——那些有争议的政治和法律问题存在一个正确的解决答案,那么,政治论争就会失去其协商的特质而退化为一种单纯指向权力的策略斗争。如果他们没有取向理性地解决问题之目标,参与者就不会知道他究竟要追求什么。同时,即使作为参与者,我们也不至于无知到忽视那些经验性证据。麦卡锡正确地指出,我们必须将针对普遍存在的歧义所持的观察者视角,与假定我们作为在政治协商和讨论中追求达成理解的参与者视角结合起来——前者不应当与后者相矛盾。在实践事务中,即使存在持续的分歧也必须做出决定,但是做出这些决策的方式仍然应当让人认为它们是正当的。

正确理解"通过程序的正当化"可以满足上面这个看似自我矛盾的要求。到目前为止,我们的注意力集中在这一事实,即生效的法律必须通过一种商谈的意见和意志形成过程寻求其正当性。但是,这个过程的另一方面同样值得关注:正当化过程自身也有一个从法律上制度化的要求。通过制度化,政治商谈(和磋商)被赋予了法律的形式特征。而法律的一个主要特征就是它能够正当地实施强制。正是由于这种特征,一种对于决策时间的限制,这在观察者看来是十分必要的,通过法律以一种在参与者看来不会危害其正当化力量的方式被引入民主协商过程。我已在其他地方表明,协商和决策是可以在法律上加以制度化的(并且融入非正式的交往当中),由此证明了符合程序之结果是合理的假设。"民主过程"的"程序"应当在比较复杂的意义上来理解。在这个过程中,在政治公共领域中由法律所确保的非正式的意见形成过程被纳入在法律上制度化了的协商(和磋商)过程之中,其结果因而与具有法律约束力的决策程序结合在一起。

其中一种决策程序即多数原则(当其必要时是合格的),由于其"程序上的合理性",再加上决策前的商谈性质,它被赋予一种正当性力量。民主的多数决策仅仅是一个完整论证过程的环节,由于决定的压力而(暂时地)中断;即使是在投票中失利的少数也可以把这个过程的结果作为对所有人具有实践约束力的基

---

① 见 Thomas McCarthy, Legitimacy and Diversity: Dialectical Reflections on Analytical Distinctions,17 Cardozo L. Rev. 1094 (1996)。

础。因为接受结果并不意味着少数人承认这个结果是合理的,从而必须改变他们自己的信念。少数人可以暂时接受多数的意见来约束自己的行动,因为民主过程使他们能够继续或重新开始被中断的讨论,通过(公认为)更好的论据来改变多数。多数原则的正当性力量来自于罗尔斯所说的"不完美"但"纯粹"的程序合理性。① 它是不完美的,因为建立民主过程是为了证明关于合理结果的假设,但它却不能确保其结果是正确的。另一方面,民主过程是一种纯粹的程序正义,因为在民主过程中并不存在脱离程序的正确性标准;决策的正确性完全取决于程序已经在事实上得到遵循。②

如果没有弄错的话,我与麦卡锡的争议部分是由误解造成的。这主要涉及三个具体的问题:(1)伦理整合之民族层面与亚民族层面的区分;(2)应该被理解为一个过程的集体认同概念;(3)对一国法律秩序之伦理渗透问题。

在民族国家的框架内,我们必须至少区分两个与法律相关的伦理整合层次。迄今为止,我们所考虑的价值冲突产生自下述事实:不同的信仰或解释共同体,族群亚文化以及在一个公民普遍享有政治权利的国家内部共存的生活形式(假设他们在领土上没有分离)。之所以这些亚民族冲突经常爆发是因为历史上的法律关系总是被一种主流文化所占据,因而阻碍了对其他群体(成员)的平等对待,它们只能在亚政治的层面以一种相互不调和的方式进行伦理整合。然而,他们,作为同一个民族国家内部之不同亚文化群体的成员,在发生冲突时,仍然有义务通过抽象调节(即诉诸平等共存的先验规范)的方式加以解决。正如前面所解释的,这种调节——它保护每一个人在形成他或她独特的文化成员资格认同时所形成的珍贵整体性——往往要付出一定的社会心理代价。这种亚文化层次的整合必须与国家共同体层次的政治—伦理整合区别开来。

在国家层面上,我们可以找到在美国被称之为"公民宗教"的东西——一种能够将所有文化背景或民族传统不同的公民都聚合起来的"宪法爱国主义"。这是一种元法律量级(metalegal quantity);也就是说,这种爱国主义源自那种在特定民族的历史和传统情境中对公认之普遍主义宪法原则的解释。这种没有法律强制力的宪法忠诚之所以能够在公民的动机和信念中固定下来,是因为他们将宪政国家作为一项自己的历史成就。宪法爱国主义只有把伦理整合的两个层面——民族和亚民族——区别开来,才能摆脱常见的意识形态羁绊。一般而言,这种区

---

① 见 A Theory of Justice,第 85 页。

② 这里并非涉及更进一步的关于程序自身的"直接"或实质正当性与正确地应用程序达成的个别决策的"间接"正当性之间的区别。

分必须能够抵挡住主流文化的冲击。只有这样,才能形成一种合适的动机基础,作为一种法律上要求的宽容期待之支撑,维持同一个国家内部不同伦理共同体之间的差别。①

麦卡锡提醒我们注意在主体间共享之共同体自我理解与个人认同之间的结构性差异。我也一贯反对把自我认同作为一个公民共同之集体认同的模型。② 相反,它们之间是互补的。因此,可以确定从一个政治共同的伦理整合中无法产生一个大写的主体("一个统一的我们")。但是属于一个国家的人也不仅仅是一个组织的成员。相反,他们共享着一种通过相应的自我理解而形成的政治生活形式。一个集体的成员凭直觉就知道在哪个方面以及在何种情形下他们应当——而且也会相互期待——说"我们"。当然,在一个后传统的、多元化、尤其在多元文化的社会里,那个产生自特定情形的问题——"我们"希望如何把自己理解为一个特定共和国的公民——注定将是充满争议的。而且,随着语境之不断转换,自我理解的商谈也将不断变动。

我们所认同的并不仅仅是那些我们已经接受的东西;它同时也是我们自己的规划。当然,我们不能选择我们所处之传统:一个国家人民的背后是制宪之父和长达二百年的宪政传统;另一个国家的则是法国大革命;德国人的传统则是反对拿破仑的所谓"解放战争"、缩手缩脚的1848年革命、威廉帝国、不成功的魏玛共和国、纳粹及其反人类罪行、1989年的历史性事件,等等。然而,恰恰是我们必须决定,哪些传统是我们应当发扬光大的,哪些是我们应当抛弃的。③ 这和集体认同过程概念相呼应。一个由普遍享有政治权利之公民构成的国家的认同问题并非是一种一成不变的事情。如今,它表现为一种限定当下某些公共辩论之范围的重要因素,这些辩论涉及宪法的最佳解释以及构成了政治共同体真正传统的自我理解。只要宪法原则建立于这些自我理解的共同焦点(它将一个民族的生活形式整合一体)之上,各种竞争性解释之间的重叠部分就足以保障一种共识——只要时间允许(for the time being)——它虽然有些散乱但能够维持公民之间的政治—伦理整合。无

① 与其他诸如性别、社会阶层、年龄等差异相比,要求平等地对待所有人的要求的政治自我理解的中立性同样需要进行必要的修改。其中最重要的,基于性别和社会经济阶层的不同生活环境与文化和种族差异累积相关。

② 早在1974年,在我接受黑格尔奖的演讲时就提出了这个观点,见 Jurgen Habermas, Konnen komplexe Gesellschaften eine vernunftige Identitat ausbilden?, Zur Rekonstruktion des Historischen Materialismus 页92(1976)。经我删减后的英译文,Jurgen Habermas, On Social Identity, Telos, Spring 1974,第91页。

③ Jurgen Habermas, Grenzen des Neohistorismus, 载 Die nachholende Revolution 149 (1990)[以下简称 Habermas, Die nachholende Revolution]。

论如何,就民族的共同历史生活形式这一特定议题展开的讨论总是发生在这个变动的背景之中。作为这种政治—伦理问题的诸多例子之一,我们可以考虑当需要权衡技术上的安全标准和它的经济成本时,公众的意愿是接受那个较高的风险还是较小的。

　　麦卡锡针对我将商谈之实用的、伦理的和道德的方面与特定类型的立法事务相联系这一点做了合理的(rightly)质疑。政治问题一般而言是如此的复杂以至于必须结合这三个方面同时进行讨论——它们的区别也仅仅是分析意义上的。① 但是麦卡锡从下述事实中得出了错误的结论,即每一个民族在特定时空范围内的法律秩序都"渗透"着一种政治生活方式的伦理自我理解。因为伦理渗透到法律中绝不意味着取消了法律的普遍主义内涵。

　　每一国家的宪法以一种各自不同的历史方式建构起相同的——理论上可建构的——基本权利,而每一实证的法律秩序则按照各自不同的生活形式来实施相同的基本权利。但是,这些基本权利意义上的同一性——以及内容上的普遍性——绝不能在这些不同的解释谱系中丧失掉。既定的法律总是在一个特定法律秩序的界限内得以适用,即使在全球范围内实施的国际法相对于整个宇宙而言仍然是地方性的(provincial)。然而,只有当这些法律秩序与普遍主义的道德原则相吻合,它们才能主张自身的正当性。在今天这样一个相互依赖日益加深的世界,基本权利体系主张自己代表了普遍的人权,如果再根据某种特定的文化对基本权利进行有选择的解读就会引起争议。这种解释冲突只有在下述条件下才是有意义的,即必须找到一个唯一正确的解读,在目前的语境中它能够声称穷尽了这些权利的普遍主义内涵。即使在一个民族国家的法律秩序框架内,正义和自我理解的不同方面也不会以一种辩证的方式相互渗透,从而使得我们在各自不同的语境下获得的正义观念发生不可调和的冲突。基本权利的普遍主义内涵并不会因为伦理对法律秩序的渗透而受到限制;相反,它完全地融合到特定民族的情境中去了。正是由于这个原因,价值冲突在法律上的中立化要求正义方面占据一个优先的地位,否则这种冲突就会使政治共同体陷入分裂。

　　正义问题在规范上享有优先性还有另外一个原因:有些善的观念允许在群体内部存在权威主义关系。例如在德国,如果必要的话,必须用强制的手段保护年轻土耳其妇女的权利,以反抗她父亲的意志,后者往往诉诸其原初文化中的特权。更为重要的,个人权利的实施必须抵制来自基础主义(fundamentalistic)或极端民族主义自我理解的集体性诉求。例如,我不相信现代的政府仍然可以实行普遍的征兵制度(即要求特定年龄层的人——男的——冒着牺牲的危险为国家效命)。我赞

---

　　① 见 Habermas,Between Facts and Norms,第 565 页注 3。

成麦卡锡的下述意见:"正当法同时是普遍人权的实现和特定自我理解和生活形式的表达。作为具体的现实,法律必须同时实现这两者"。① 但是,我只能在以下这一点上同意他的结论:"因此它的可接受性或正当性能够同时在两个方面加以主题化:权利与善"。② 上述结论正确的条件是,这种发生冲突的情形,正义论证就是德沃金所说的"王牌",它必须优先于仅仅来自一种特定生活形式的内在视角之要求。

在能否证明正义相对于善的优先性这一核心问题上,麦卡锡的立场不是十分清楚。从个人生活规划的伦理——生存论视角来看,"正义"当然也仅仅是诸种价值之一种,因此它必须和其他价值相比较,有时后者的分量要超过正义。甚至在个人所偏好的实践应当符合正义的标准时,情况也是如此。但是,在一个共享宪政生活的多元文化社会框架内,正义问题必须要求具有优先性。麦卡锡一方面承认这一点,但是另一方面又坚持认为即使这样正义问题"最终"也无法与伦理—政治问题分开来。他重复了自己早先的一个观点:"如果没有就什么是善达成某种一致,我们根本无法就什么是正义达成一致"。③ 尽管这一点并没有错,但是如果"预先达成的一致"仅仅涉及各种亚文化生活形式相互重叠所产生的功能性要求,那是远远不够的。每一个政治共同体都必须依赖一种共享的政治文化所具有的整合力量,否则它就会分崩离析。这是一个社会学命题。作为一个命题,这个句子可以有两种解释。它或者描述了查尔斯·泰勒和阿拉斯代尔·麦金太尔④的社群主义立场,认为所有的正义理念在概念上都依赖于那种根据特定的善概念所确定的情境。⑤ 因此,只有根据一个共享的伦理基础才能就正义概念达成一致。或者,这个命题主张所有关于普遍主义正义概念的意向性解释都必然是从人们自身之善的观念所确定的视域为出发点的。但是在这里,各种建构"正义"概念的不同路径之间的相互批判仍然必须立足于一个潜在的假定:商谈性的争论能够以一致原则上互相独立之方式揭示出原本仅仅是直觉性概念的普遍主义内容。

总而言之,麦卡锡认为商谈理论无法令人满意地解释宪政实践问题,因而他提出了一种替代的理论。这种理论应当能够允许人们在承认"合理分歧"的基础上非暴力地共同生活:"社会成员可以说是在实质性问题尚存分歧的情况下首先在一种间接的意义上'理性地'接受其结果:他们遵守他们认为公平的规则,哪怕事情的进

---

① 见 Thomas McCarthy, Legitimacy and Diversity: Dialectical Reflections on Analytical Distinctions,17 Cardozo L. Rev. 1111—1112 (1996)。

② 同①,第 1112 页。

③ 同①,第 1119 页;Practical Discourse,第 192 页。

④ 见 Jurgen Habermas, Justification and Application: Remarks on Discourse Ethics 69—76,96—105 (Ciaran Cronin 译,1993)(以下简称 Habermas,Justification and Application)。

⑤ 这一点超出本文的讨论范围,但是可参见 Lutz Wingert,Gemeinsinn und Moral (1993)。

展变得非其所乐见。"①但是,这种理论似乎与我在上文所提到的程序正当性的观点并无明显区别。就是说,他也认为必须确保那种在多元社会中极为常见的冲突(即发生在不同共同体的价值标准之间的冲突)能够被中立化:一方的生活方式不得以牺牲另一方面为代价。只有在麦卡锡的下面那句话中,才可以看到他与商谈理论的不同理解:"在这里,理性接受的认知意义并不是一定要服从从更好的论据力量(这一角度来理解)"。②在麦卡锡那里,宽容、相互尊重、关切等内容取代了我的那种认为相互理解在原则上是可能的期待。但是他对自己的那种观点没有做进一步说明。我猜想,这可能跟他在合理的宽容必须具备怎样的认知条件这一点上还存在一些模糊性有关。

只有当我们能够为"求同存异"这一共同信念找到一个基础,我们才能同意在代表相互之间之生存挑战的生活形式和世界观上保持宽容。现在,按照麦卡锡的假设,在正义问题上共同的伦理信念甚至共同的基础也是阙如的。但是,如果我们认为在这个较为抽象的层面上没有达成合理协议的可能性,那么,剩下的就只能是依靠习惯,诉诸暴力的利益维护以及不情愿的服从(遵守)。这只能暂时性地维持一种并不稳定的平衡,但对于宽容要求的规范性论证来说却是不够的。事实上,复杂社会日益依赖那种麦卡锡所力主之在法律上不具有强制性的宽容,因而取决于人们是否愿意包容他人在生存上的显著差异以及与那些在生活形式上应受责难之共同体成员进行合作。与此同时,这种要求在主观性层面也日益被认为是一种不合理的要求。从社会学观察者的视角来看,宽容是一种日渐消失的自愿。因此,对于宽容的期待本身也要求一种越来越高水准的规范性论证。这种论证必须满足下述要求,即法律对于和平共存以及生活形式的互相整合之保护必须是公平的,也就是说对所有各方都是理性地可接受的。③

民主过程提供承诺提供一种"不完美"但"纯粹"的程序合理性,其前提是参与者认为就正义问题求得一个正确答案原则上是可能的。这样一来,就和关于事实

①② 见 Thomas McCarthy,Legitimacy and Diversity:Dialectical Reflections on Analytical Distinctions,17 Cardozo L. Rev. 1123 (1996)。

③ 约翰·罗尔斯的"重叠共识"概念是不能令人满意的,因为它最终无法确证那些持有不同的、相互竞争的世界观和伦理观的人能否会在考虑到他那些正义原则的核心要求之后达成共识或同意,那些正义原则被认为是能够从一种独立、中立的道德观点加以证明。更进一步的,当罗尔斯被以这种方式理解时,他的正义理论本身及其有效性主张就变得难以理解。它难道仅要求其正义原则被解释为有助于维持一种稳定的秩序? 见 A Theory of Justice,同前注 39;Jurgen Habermas,Reconciliation Through the Public Use of Reason:Remarks on John Rawls's Political Liberalism,92 J. Phil. 109 (1995);同时参见 John Rawls,Reply to Habermas,92 J. Phil. 132 (1995)。

问题的争论之间有了相似之处。如果我们不假设我们原则上能够确定就一个命题的正确或错误，我们就不会通过论证的方式处理事实争论。当然，我们对"能够认知真理"持一种施为性的态度并不意味着我们必然对共识抱有一种强烈的期待，也不意味着我们在任何时候都不会犯错。在科学中，矛盾和分歧最终为了协作追寻真理而加以制度化。与此同时，我们也不应当把这种类比推得太远。如果我们能够撇开断言的和规范的有效性主张之间的区别，那么，我们就成为道德实在论（moral realism），对实践理性所能完成的事情持有一种理智主义（intellectualist）的错误解释。麦卡锡十分正确地追问道："把对客观世界的真理追求与对'社会世界'的正义追求拿来进行比较妥当吗？"①在"存在一个唯一正确答案"的假设观点来看，这的确是一个令人困扰的问题。

与弗里德里希·卡姆巴特（Friedrich Kambartel）就数学中的直觉主义所进行的讨论使我对以往所持的激进论题有所减弱。二价原则（The principle of bivalence）对有关客观世界之事物的经验命题很有意义。但是，关于我们制造的符号世界，我现在怀疑我们必须处理的命题可能既不是对的也不是错的。只有当我们成功地建构起一个论证程序（类似于数学中的证明方法），这些命题才变得可以确定。至于社会世界的本体论构造——正如维柯以及后来的马克思所坚持的，它们是我们自己制造的，尽管不是以一种完全审慎的方式——可以认为在（作为客观世界知识之前提的）建构与发现之间的关系上偏向了建构因素的那边，即外展性想象。当我们面对困难问题时，我们就必须"想出"正确的建构方法。

当然，我的意识并不是说法律和道德可以与数学对象和关系相等同。这两个领域中的命题类型是很不相同的，我们可以从它们对有效性的不同定义中发现这一点。类似"分析性真理"（我们像奎因那样假设存在这样的东西）并不能阐明"道德的正确性"或"正当性"。况且法律和道德涉及人际关系的调节，而人作为行动者存在的基础扎根于客观世界。另一方面，现代实定法秩序是人为制定或建构的，类似于直觉主义假设几何与算术的对象是建构的。因此，在这个领域里承认下述事实并不完全是一种误导，即如果参与者没有"成功地"做出一个正确的"建构"，那么某些问题就不能提供一个唯一正确的答案。我们也许不能先验地假设二价原则也适用于社会互动的规范性调节。的确，就特殊情况而言，所缺乏的可能不是论证的技巧而是论证的创造性。然而，在这个世俗的领域，必须在时间压力下以这样或那样的方式做出决定，我们不能无限期地等待建构性观念的产生。如果我们的预设是正确的，那么在这个规范上没有希望的情形中，我们所谓的"唯一正确答案"的假设（一般是有效的）仅仅是作为一张以后才能兑现的本票或账单。

---

① 见 Thomas McCarthy, Legitimacy and Diversity: Dialectical Reflections on Analytical Distinctions, 17 Cardozo L. Rev. 1103 (1996)。

但即使在这样的情况下,我们也不能放弃这一假设,除非民主过程失去其程序合理性以及正当化力量。但是,在后形而上学的条件下,我看不到还有什么东西可以替代这种假设。

三、形式与内容:程序主义的"学理"内核

(一)

罗森费尔德(Michel Rosenfeld)试图表明我所力主的程序主义法律范式只是一种"派生的"而非"真正"意义上的"程序主义"。[①] 罗森费尔德解释道:"派生的程序主义不是真正意义上的程序主义,而是披着程序主义外衣的实质性理论。"[②] 罗森费尔德提出一种"整全性的(comprehensive)"(也就是实质性的)多元主义,以此来反对那些不肯承认自己的实质性预设的理论。[③] 与形形色色的自由主义的多元论不同,整全性多元主义并不诉诸中立方法来解决价值冲突。但是,我要把这个指责还给罗森费尔德:整全性的多元主义不是实质性理论,而是披着实质性外衣的程序主义。为了澄清问题的要点而不陷入文字之争,我将首先阐明"程序"的概念,然后探讨实质性法律平等的问题。

罗森费尔德把托马斯·霍布斯的社会契约理论作为真正的程序主义,因为它证明了那种由社会中的所有参与者通过一种协商程序达成的共同生活准则(与之相对,约翰·洛克的理论则是"派生程序主义"的典型,因为财产上的自然权利提供了一个社会契约的实质性标准)。[④] 在批判霍布斯时,罗森费尔德非常自信地认为无法仅仅依靠程序正义对一个法律秩序进行正当化:"只要在实质性规范发生冲突的情境中,程序主义才是可以接受的。"[⑤]就其理解的狭义的程序概念而言,这种观点也是正确的。事实上,霍布斯式的社会契约论的结论(以司法契约为模型)完全只立足于参与者准确地表明了自己的意图。这种法律动机被认为保障了既"完全"又"纯粹"的程序正义。

但是,罗森费尔德试图把他的论题也运用于其他法律程序,比如庭审程序(或

---

① 见 Michel Rosenfeld, Can Rights, Democracy, and Justice be Reconciled Through Discourse Theory? Reflections on Habermas's Proceduralist Paradigm of Law, 17 Cardozo L. Rev. 791 (1996).

② 同①,第 800 页。

③ 同①,第 821 页。

④ 同①,第 800 页。

⑤ 同①,第 799 页。

听证程序),它们确保了一种纯粹(即独立于实质性标准)但是不完美的程序正义。① 罗森费尔德举了一个例子,其中福利部门或行政机关根据委托人的询问结果来决定是否取消某些社会福利权利。② 在这种情形中,执行正确的程序可以确保委托人的人格尊严。但是,程序本身转而又要诉诸一种其正义与否与程序无关的实质性福利规范。然而,如果我们回头再来进一步考察这个例子,就会发现政治立法的民主程序必须才能这一规范。然后才能触及问题的关键所在:法律规范不论从何而来——不论它们是调节行为的、创设权力的或者规范立法、司法、行政的程序及其相互关系——最终都必须诉诸它们的正当性:从实质理性或程序理性?如何理解这个正当化过程决定了程序主义法律范式区分形式/内容所能发挥的作用。

我对一个正当法律秩序进行意义重构的出发点是:任何一个独断的人类群体如果要把自身构建成为一个由自由和平等的成员组成的法律共同体就必须做出一个原初决断(Entschlu)。如果要根据实在法正当地调节他们的生活,他们必须进入一种共同实践、为自己制定一部宪法。这部宪法的施为性意义在于通过立宪中的共同探求从而接受了那些被立宪参与者相互认同为公正或有效的权利(在前文提到的前提下)。因此,这种立宪实践要依靠两个先决条件:以实在法作为有约束力之调节的媒介,以商谈原则作为合理的协商和决策的指导。这两种形式要素的结合与相互渗透必须足以建立起制定和适用正当法的程序。在后形而上学思想的条件下,我们不能指望就实质性问题达成更进一步的共识。这种先决条件上之形式限制顺应了现代社会在世界观、文化生活形式、利益立场以及其他领域中的多元主义特点。当然,这并不意味着这种类型的立宪实践会完全与规范性内容无关。相反,这种实践的施为性意义——只有在宪法原则和权利体系中才能提出与阐明——其核心部分已经包含了(卢梭—康德主义的)自愿联合之公民(他们都是自由平等的)自我立法理念。这种理念就其是"价值自由"的意义而言就不是"形式的"。然而,在制宪过程中,这种理念的充分发展却不是依赖先前做出的实质性价值选择,而是民主程序。因此,我们有理由推论:只要有关自我和世界的不同解释不是原教旨主义的,而是与后形而上学的思想(罗尔斯"不是不合理的"整全性世界观意义上③)相吻合,那么自我立法或自律的义务论观念就可以在各种世界观面前保持中立。

① 见 Michel Rosenfeld, Can Rights, Democracy, and Justice be Reconciled Through Discourse Theory? Reflections on Habermas's Proceduralist Paradigm of Law, 17 Cardozo L. Rev. 794 (1996).

② 同①,第 795 页。

③ 见 A Theory of Justice,第 58—61 页。

　　形式与内容的区分首先涉及推定法律原则相对于世界观内容的中立性。它的形式特征表现为立法和执法,特别在(作为立法过程的焦点的)政治意见和意志的形成以及裁判中的程序正当性。立法和裁判都是一种受广义的"程序"调节的过程。正如前面所提到的,这个复杂的程序概念并不是完全没有规范性内容的。它在一种需要解释的意义上是"形式的"或中立的。①

　　在这些情形中,我们都要涉及社会决策程序或制度②,他们通过将商谈与决策程序(一般是投票机制)结合起来,从而将决策与协商的结果相结合。不论是作为一个整体还是其结构和实践顺序,意见和意志形成过程都已经在法律上制度化了。在这个结构中有三种程序相互渗透。最核心的程序由商谈构成,在其中,各种论据相互交流,用以回答各种经验和规范(或评价)问题(即解决这些问题)。这些论证过程遵循的是纯粹的认知程序。信念通过论证获得然后成为决策的基础,而决策本身又受到决策程序(通常是多数决策规则)的调节。协商和决策这两种过程类型随后又都通过不同的法律程序加以制度化。这些程序决定着立法机构的构成(作为一种选举或授权规则),参与者的角色分配(如在法庭程序中),议题的确定(可以接受的主题和文件),分析步骤(比如事实问题和法律问题的区别对待),信息来源(比如专家,调查方法,等等),以及适当的时间表和日程安排(如议案的宣读和表决的截止日期等)。总之,法律程序应当建立起具有约束力的协商和公正决策的商谈过程。

　　就某种程度而言,正是这个紧密交织的过程承担起了正当性的压力,它的核心是各种形形色色的商谈,它们的内在逻辑取决于所要解答的问题类型;在议会辩论中,这些商谈与公平的(即商谈上论证过的)妥协程序相联系。前面已经提到,论证过程仅仅满足了一种不完美的程序合理性条件——在此情形中,满足这些条件要求遵循那些旨在促成"共同追寻真理"的交往形式和规则。商谈(和磋商)(网络)的制度化必须主要取向一种尽可能实现一般意义上论证之普遍语用学前提的目标:普遍而平等的参与权利,做出贡献中的机会平等,参与者达成理解的取向,不受结构性限制的自由。因此,在针对不同类型决策的实质的、社会的和时间的限制之内,商谈的建立应当确保论题、建议、意见、信息和论据的自由流动,从而最大限度地使更好论据的理性推动力量(或者在相关议题上更令人信服的意见)得到认可。

　　罗森费尔德告诫我们的形式掩盖实质的问题的根源似乎就在这里。这就是说,我们可以像彼得斯(Bernhard Peters)一样怀疑,论证实践是否可以被描述成一个不完美但"纯粹"的程序、能够证明理性结果的假设。③ 归根结底,对正确结果具

---

　　① 在接下来的讨论中,我将探讨立法、司法和行政程序之间的重要区别。

　　② 见 Bernhard Peters,Rationalitat,Recht und Gesellschaft 227—271 (1991)。

　　③ 同②,第 253,258 页。

有决定性意义的难道不是实质性理由，而是一种调节论据交互的"程序"吗？不通过程序本身，不是也可以通过理性判断根据程序得出的结果——以至于我们根本就不需要说起程序正当化吗？答案取决于我们如何考虑与"真理"有关的实践问题。

根据非认知主义的立场，法律与道德中的论证仅能给人一种洞见产生的错误印象，因为事实上在这些领域只可能存在偏好与态度，情感与决断。然而，坚持一种道德实在论同样也令人不满意的，这种理论认为道德事实或自然权利是存在的——一种独立于我们的建构物而存在的规范性秩序。如果真理符合理论即使在描述性命题上也已经不再那么有效，我们就更不能在规范性命题的正当性上认为它包含着与某种给定东西之间的对应关系。即便如此，我们仍然不能否认这些命题的可认知性要求。因此，唯一的解决办法就是将"正当性"理解为在某种理想化条件下的理性的可接受性。即当我们认为一种规范性命题是有效时，我们实际上是在主张它可以通过论证而得到证明。由于"证明"既依赖于证明的实践，又依赖于进行证明的理由，所以这个表述存在一定的模糊性。如果严格按照证明实践所得之结果仍然可以根据特定的实质理由予以批判，那么"程序主义"救济能有什么意义呢？这是彼得斯提出的问题。[①]

由于人类知识从根本上具有可错性，所以这两种因素中的任何一个（形式或内容）都不足以保证知识的可靠性。一方面，这种证明性实践不论其结构多么完美，它所能做到的充其量也不过是在论据交换中充分吸收所有可能获得的相关信息与理由，并运用目前最有效的词语。另一方面也不存在什么先于论证过程而给定的证据渊源和评价标准，也就是说，其本身不会成为问题，而且无须通过一种在商谈条件下理性促成的一致来确保其有效性。由于在实践问题上不存在"最终"的证据渊源或"决定性"的论证类型，我们就只有通过把论证过程作为我们的"程序"才能够解释那种由我们提出并维护的"超越"了当下语境的有效性诉求是如何可能的。

程序和理性，形式和内容，以如此之方式相互渗透，从而可以确信我们能够维护我们认为有充分理由的有效性——来回答所有的反对意见，无论何时、由何人提出。像这样预先就反驳了"每一种"可能的反对意见，包含着一种理想化，使我们能够把命题的（断言的或规范的）真理性与它们的"合理的可接受性"区别开来，同时又不必剥夺某种对我们"有效的"（Geltens）认识关系的有效性。这就解释了彼得斯的问题赖以立足的那种特殊的含混性。[②]一方面，实质性理由使得我们确信一个结果是正确的；另一方面，这些理由正确与否又只能通过真正的论证过程才能加以证实，即通过反驳实际提出的每一种反对意见来确证。

一般而言，这一点对于理性商谈是适用的。协商过程在民主中得以制度化，并

---

① ② 见 Bernhard Peters, Rationalitat, Recht und Gesellschaft 227—271 (1991)。

且截止时间和投票程序相互关联,但是这一点并不能保障产生结果的有效性,而仅仅对结果是合理的这一假设的证成。因而它们能够保证的仅仅是那种符合程序做出的决策对于公民而言是"合理可接受的"。当然,它们不能确保"真理"。面对这样一种程序,人们总是可以坚持有效的结果和在一个制度框架内合理的可接受的结果之间的差异。例如,少数群体成员在服从一个程序上无可挑剔的决策而又不改变自己的意见时,往往会坚持这个差异。民间示威者在进行象征性抗议活动时,以及在正式渠道无能为力而诉诸非法行动,呼吁大多数人重新考虑某个涉及基本原则的问题时,也会坚持这个差异。

即使接受这个意义上的程序主义,罗森费尔德也没有必要收回他的反对意见。关于正义问题,他反对的是超越情境的有效性要求。"超越法律的正义不可能做到完全无偏私(impartiality)……它至少在某种程度上必须依赖一种扎根于共同体内部的善的视觉,由此,相对于其他法律主体,它更偏向于共同体内的成员。"①按照这种观点,现代法律秩序要想实现其保障每一个人平等的私人自主与公共自主的承诺连理论上的可能性都没有。确切地说,法律平等与事实平等的辩证法必然会不断造成有失偏颇的解决办法,在不同的情况下,或者以压制相关的"差异"为代价、造成平等的过度,或者为了利用这些"差异"而导致平等的不足。同时,平等对待的原则也不再那么正确——无论就其反对抹平差异还是反对非法的不平等。在罗森费尔德看来,如果要实现所有人的平等权利的观念就只能摇摆于抹平差异与放弃平等对待这两者之间。在我看来,无论是概念上论证还是历史上案例都不足以让人信服。

罗森费尔德的确认为,在"人人生而平等"的口号下,自由主义权利曾经成功地反对过现代早期的不平等,后来也可以作为一个主张社会权利的标准。但是,在新的情境下,例如非殖民化或少数民族反抗主流文化的斗争,曾经推动过解放事业的平等对待原则在现在却似乎被用来对带有压迫的同化进行论证,认为压制差异是正当的:

主人待奴隶低人一等,是因为他觉得他们生而不同;而殖民者给予被殖民者平等对待却是以后者放弃自己的语言、文化和宗教为条件……所以,在主人—奴隶关系中,平等作为认同是一种自由的武器,而在殖民者—被殖民者的关系中,它是一种压迫的武器。②

---

① 见 Michel Rosenfeld, Can Rights, Democracy, and Justice be Reconciled Through Discourse Theory? Reflections on Habermas's Proceduralist Paradigm of Law, 17 Cardozo L. Rev. 792 (1996).

② 同①,第 808 页（脚注略）。

罗森费尔德试图用这个例子说明,同样的正义原则在不同的善的观念框架内具有不同的意义。就此而言,这些原则并不是自足的。然而,这个例子事实上正表明了批判封建社会或等级社会缺乏法律平等以及批判自由放任(laissez-faire)资本主义缺乏社会平等所依据的规范性标准与批判帝国主义的同化压迫没有考虑文化差异是一样的。很难说在这些情形中都要求同等情况同等对待、不同情况不同对待。在第一种情形即封建社会中,平等权利指的是法律权力与能力。在第二种情形中即阶级社会中,它们所指的又是一种能够为人们提供平等机会去施展上述权力和能力的社会资格。而在第三种情形即殖民地社会中,它们兼指法律权力和社会资格,但是主要并不是着眼于借助公认的社会补偿机制(比如货币、休闲时间、教育等等)进行权力和利益平衡。相反,平等权利的要求主张指向国家独立或文化自主;而在文化多元主义的情形下,主要指向不同文化、伦理或宗教群体的成员平等。但问题的关键始终是保护法人(legal persons)的整体性,这些法人的自由平等在实质性法律平等意义上(不能有选择地理解)得以保障的。公民的这些自由不仅在形式上而且在实质上得到保障——他们在产生他们的私人自主和公共自主的社会和文化条件下享受着平等。

原则上,这与女权主义关于平等的主张没有什么差别。出于论证的目的,罗森费尔德勾勒出两种相互竞争的、性别不同的生活形式,它们的价值模式有着不可调和的冲突:一方面强调亲密、联系、关切与牺牲,而另一方面则强调距离、竞争和成就等等。① 现在,这两种好的生活"视觉"之间的对立,一旦介入特定利益和价值冲突,就会在各种女性和男性群体中分化成许多相互冲突的观点。此外,在每一个不同的生活领域都必须考虑到存在着一种不同的功能迫令。当然,从程序主义法律观的角度来看,这些冲突都是可以解决的,只要不再把界定具有性别特征的经验和处境的权力拱手让给代表或专家。参与者自己必须在公共论坛上为那些被压制或边缘化的需求解释做斗争,这样新的情势和事实就会被纳入法律调整的范围,新的标准也可以通过相似情况相似处理和不同情况不同处理的原则进行协商确立。但是,如果没有平等对待这一潜在的原则,那么针对就标准的所有批判和要求都会被认为是站不住脚的。

最后,罗森费尔德甚至以更尖锐的方式提出了"女权主义的挑战":他认为要求用人际关系网络取代权利的等级结构就是对法律媒介和结构的质疑。② 从某种程度而言,这种要求以对长期以来在权利理论中占据主导地位的占有性个人主义

---

① 见 Michel Rosenfeld, Can Rights, Democracy, and Justice be Reconciled Through Discourse Theory? Reflections on Habermas's Proceduralist Paradigm of Law, 17 Cardozo L. Rev. 816 (1996).

② 同①,第 818—820 页。

(possessive-individualist)解读的批判为基础,为我们接受主体间性的法律概念提供了很好的理由。权利内在地使关系性地,因为它们旨在建立或强化对等的承认关系。这一点对私人权利也是适用的:人们可以在冲突情形中借此对抗他人;它们也是源自一个要求每一个人相互承认对方为一个自由平等的法律人并由此保障对每一个人的平等对待的法律秩序。这种法律秩序之正当性的唯一来源就是全体公民共同的自我决定实践。

然而,如果这种批判的目标指向权利概念本身,那么讨论就得转移到另一个层面。这样反对者必须提出一个取代法律的东西,像马克思在他那个年代所做的那样,或者提出一个不同的法律概念。我不反对这样的质疑,因为我不打算对法律本身进行规范性论证。我们没有义务通过实在法来调整我们的共同生活。只有在用非常精确的语言表述这些替代品之后,我们才能进行有意义的讨论。我认为考虑到下一点足够做出一种功能性解释就足够了:为什么偏好实在法秩序就是明智或审慎的(或者用古典契约理论的语言,为什么我们应当脱离自然状态而进入社会)。我看不出除了稳定行为预期(即通过平等地分配权利)之外还有什么其他等价的功能。青年马克思关于法律将会"消亡"的浪漫主义愿望在我们今天的复杂社会里是不可能变为现实的。

罗森费尔德在其文章结尾处所提出的替代方案中主张一种"重叠的普遍主义"观念,从而仍然是在权利理论的概念框架内活动。含含糊糊的还是一种"动态的权利概念"[1]仅仅表明一种对替代性法律观念的渴望。

(二)

这种替代性的概念在雅克布森(Arthur J. Jacobson)的文章里就更清楚了。[2]他从比较权利理论与义务理论开始。如果我对他的理解没错,后者立足于一种政治神学,将法律作为一种有约束力的神圣权威衰落的表现——这也是由列奥·施特劳斯和卡尔·施密特提出的观点,尽管得出非常不同的结果。事实上,霍布斯是第一个坚持一种实证主义法律概念的人,也是第一个坚持法不禁止即自由这一现代原则的人。霍布斯由此就破坏了道德领域中权利与义务之间的对称关系,给予那些确定了个人自由或自由选择的私人领域的权利以某种优先性。在现代法律秩序中,法律义务第一次以一般法下之自由相互限制的结果出现。雅克布森把这个

---

① 见 Michel Rosenfeld, Can Rights, Democracy, and Justice be Reconciled Through Discourse Theory? Reflections on Habermas's Proceduralist Paradigm of Law, 17 Cardozo L. Rev. 820 (1996)。

② 见 Arthur J. Jacobson, Law and Order, 17 Cardozo L. Rev. 919 (1996)。他对我的法律观的批判充满了太多的误解以至于在此无法加以详细讨论,简单说:如果我是一个"法律实证主义者"的话,雅克布森就是"自然法学家"。

理论与亚里士多德主义(或托马斯主义)只知道义务的神圣法概念相比较,后者要求人们模仿一个完美的贵族人格或"理想的法律命令者"。① 最后,他认为普通法构成了上述两种法律类型之间的辩证媒介:

> 根据只有在个案中应用的法律才是(真正)的法律这一原则,普通法在每个方面都破坏了权利与义务之间的关联,为的是产生一种关联的继承性(succession of correlations)。在此,它的活力来自法人的不断活动,去聚合,然后分散然后又聚合那种关联。②

鉴于现代法和神圣法在实际应用中都没有完成它们的目标——前者被认为是为了满足一种自恋主义的承认需求,而后者则是为了满足人们的对于完美的追求——普通法可以说是在一个更高的层次上也失败了。批判法律研究试图的主要动机就在这里。由于洞察到神圣正义在人间的根本性失败,批判法学研究希望人们在一个激进的意义上接受法律的不确定性。当然,即使在这里,法官和委托人也仍然习惯把法律与作为先例的个案判决联系起来。按照雅克布森的观点,我们可以根据普通法的精神考虑每个新案例的独特性,只要我们接受这样一个事实即法律的同一性仅仅是一个早已消解在许多无法预见的判决中的错误假设。雅克布森说道,"只有在个案中应用法律才是(真正的)法律"③。因此就出现了一幅难以理解的法律图景:徒劳无功地做出各种判决,而其中的每一个都是原创的:"普通法中的法律裁判总是在不断地变动……(它)缺乏一个稳固的基础,因为在每一次应用中都要展开了又马上收回它的归序原则。"④如果我没有误解,这种隐秘的神学建构是企图用解构主义的工具复活德国历史学派的下述思想:"活"法是一种民族精神(Volksgeist)的表现。

我必须承认,这种替代性的法律概念,即使它可以表达得更加精确,也仍然是不足为信的,这不仅仅是因为规范性的原因,同时也有历史和功能上的原因。在规范上不足采信是因为它的实践效果是用中世纪那种作为立法者的竞争者出现而具有更高权威的"司法权"(jurisdictio)取代民主的立法者,从而取消了法律的正当性。此外,在一种(虽然不再悲叹但)已被神圣化的"不确定性"气氛下,人们一定会怀疑,法律是否已原则上丧失司法决定的可预测性和与此关联的稳定行为期待的

---

① 见 Arthur J. Jacobson,Law and Order,17 Cardozo L. Rev. 926 (1996)。

② 同①。

③ 见 Arthur J. Jacobson,Law and Order,17 Cardozo L. Rev. 925 (1996)。(着重为作者加 emphasis added)。

④ 同③,第 928 页。

功能。最后,恰恰是在私法领域我们可以观察到在所有西方社会法律发展的那种令人吃惊的趋同现象。因而,从比较法的角度来看,普通法根本不能在与大陆法典化的比较中主张一种特殊立场。

四、理论重构问题

我要对威廉·雷格(William Rehg)表示感谢,他是对商谈伦理学用功最勤、成果最多的学者之一。正如雷格《洞察与团结》(*Insight and Solidarity*)①一书的书名所显示的,他对这种理路中的某种理智主义成分并不满意。雷格确信,只有依靠事先建立的团结关系,参与者才能在共同的论证实践中获得一种洞见。一方面,要想参与者拥有足够的动力,能够不厌其烦地进入旨在达成一种理解的商谈过程,就必须让他们能认识到,"理性的合作"作为"善"的一种,比其他的互动形式更为可取。因此,在理性一致与暴力争论(虽然有所升华)之间做出选择要以一种偏好为基础,即认为共同的价值取向至少要比私人利益来得更为可靠。另一方面,雷格也认为,只有当它最后并不完满地实现了理想论证的语用学预设,商谈—伦理学才能真正摆脱主体哲学的最后一点残余。这种语用学的预设已经超越了时空的界限,在调整一种扩展了的超主体性交往过程(这种交往发生在参与者头上,已经超越了现实讨论的范围)中赢得参与者的"信任"。雷格说道:"如果理性共识在要求一种适度的'共同洞见'的意义上是合作性的,那么我们可以看到像信任这样的东西必然要占据理性确信的中心。"②有趣的是,雷格假定我们在程序中具有一种明显的信任(a prima facie trust),我们用它将苛刻的论证预设给予那些非失败主义者(nondefeatist),他们符合了那种对某种情形下的局部商谈进行经验主义限制的要求,必须在一定的决定压力下做出行为。在雷格看来,这种对程序的忠诚,在论证过程中会被限制或压缩,必须立足于一种对更大共同体之整体性与合作精神的皮尔斯式信任。

在本次会议上提交的论文中,雷格又一次抓住这个议题不放:要获得洞见的关键是要有一种先在的信任和伦理承诺作为补充。但是,他现在更感兴趣的是商谈与决定在民主的意见和意志形成中的关系。③审议在法律上的制度化加剧了根据这种制度化对施加于商谈之上的限制进行论证的难度。就这些限制的消极作用而

---

① William Rehg,Insight and Solidarity:A Study in the Discourse Ethics of Jurgen Habermas (1994).

② 见 Arthur J. Jacobson,Law and Order,17 Cardozo L. Rev. 237 (1996)。

③ 见 William Rehg,Against Subordination:Morality,Discourse,and Decision in the Legal Theory of Jurgen Habermas,17 Cardozo L. Rev. 1147 (1996).

言,法律程序仅仅表明了(现实的商谈)必然要背离它最初假定的理想状态。然而,雷格还是认为:法律,作为有限商谈(discourse-limiting)的决策程序得以实现之媒介,可以独立于商谈而为整个(民主的意见和意志形成)过程的正当化做出自己特殊的贡献。

事实上,在实现其稳定行为期待的"专门功能"以及由此确保"法律的确定性"过程中,法律具有一种内在于法律规范的可以任其支配(at its disposal)的正当化力量。再说,这种伦理上最小的合法性(ethical minimum of legality)与具有可诉性之私人权利结构有关,它们在道德上已经中立化,用一种道德上可接受的方式保障私人选择的空间。然而,雷格提醒我们这些过程正在消失。他最感兴趣的是:民主过程的正当化力量是否只能被追溯到审议的商谈特征这一点上,或者难到它就不能来自于那些将商谈与决策过程结合起来的法律形式。① 当我们说起法律的程序性证明,我们仅仅想要其原生的客观性(genetivus objectivus)呢,还是也想要它的原生之主观性(genetivus subjectivus)?法律作为媒介之所以有助于加强民主过程的正当化力量,主要在于这一事实:法律经由程序(狭义上的法律程序)将"对真理的共同追求"与决策过程联系起来,由此使得这种追求成为商谈性决策的准备。雷格将他的议题自足于如下观点:首先,程序在商谈和决策之间建立起一种内在联系,然后,它们从一种先于所有商谈的决定内涵中,而不是从一种(用以证明程序的)深入商谈的认知内涵中获得它们的正当化力量。②

我并不完全相信这个。程序中的广泛参与的确能够实现两种不同的功能。一方面,它能够保证在尽可能广的范围内产生成果。另一方面,决策过程中的公平参与也能够确保审议的结果尽可能令人放心地转化为决议。投票——德语为Stimmen,其字面意思是"声音"(voices)——因此在民主过程中意味着两种事情:判断和决定。但是,这并不意味着决策过程中的广泛的参与服从一种公平标准,这种标准事实上并不是来自不偏不倚的判决,而是来自那种程序本身所具有的特征。雷格真正所要坚持的观点是:"决策中参与讨论的机会平等应当不仅会影响决策之结果,而且还会涉及平等尊重每一位公民的团结包容理念……哈贝马斯面临着忽视内在于法律之程序公平以及对它对团结和服从的潜在贡献的风险"。③

即使它们有一种纯粹听天由命的特点、与任何实质性证明无关,它们还是经常被认为是公平的。可是,难道真的不必证明一种适用于特定情形的程序是否是公

---

① 见 William Rehg, Against Subordination: Morality, Discourse, and Decision in the Legal Theory of Jurgen Habermas, 17 Cardozo L. Rev. 1155 (1996).
② 同①,第 1155—1157 页。
③ 同①,第 1161 页。

正的？一种博采程序只有在特定的情境中（比如在每个参与者都有赢钱机会的彩票中，在霍布斯所说的那个叫人无法忍受的无政府状态情形中，没有一种决定是好的，或者在正当的职位分配中，要让每个人自己去追求但不能提供给他们足够的职位）才能被认为是公平的。我们有足够的理由说明为什么政治决定只能民主地做出而不是通过抽奖。

他的眼睛盯着一个重要的现象。与道德相比，法律具有一种人造的（artificial）特征，因而我们是建构一个法律秩序而非发现它。尽管法律与道德被认为是一致的，但是法律也涉及那些必须从实用的和伦理的观点进行调节的事务，因而是在一些给定的目的和已被接受的生活形式视域之内。再者，这些事务的调节也是以妥协为基础的，因而也涉及各种现有利益立场之间的平衡。因此，那些与道德格格不入的目标和价值取向、需求和偏好找到了进入法律的途径。因为它反映了一个社会的实存意愿，法律就必须是"实在的"：它必须被"断定"或制定因为相互理解的要素与那些经过谈判而选定或同意的要素在相互渗透。

与道德不同，法律的产生曾经用一种契约论的语言予以解释，尽管这种观点现在被认为是不准确的，甚至是整个错误的。现存的生活形式和利益的力量已足以确保自主决策过程，与裁判和意见形成的认知过程相比，这一过程在立法过程中具有重要的作用。这一过程仅仅通过实践上必要之制度化审议过程以一种有约束力的方式保障。由于这些原因，正当立法不仅要求商谈结构（它证明了那个审判是对的预设），还有决定都要得到公平的调节。但是，这种调节如果要覆盖从宪法到议会程序或议事规则的整个范围，它就必须经过论证。因为这发生在论证性商谈中，而我无法在决定规则的"公平性"中发现任何与商谈无关却又归属于法律程序的本质特征。

在某种意义上，决策过程中"原则上"平等的参与可以通过这一事实预见到，即宪政民主是一种通过其自身的立宪实践来予以正当化的建构。与道德不同，它对于所有具有言说和行动能力的主体都是有效的，每一项宪政工程都立足于那种历史上某一民族社群（从规范上讲，他们的组成具有一定偶然性）所做出的那些原初性应对。我们不能选择道德；我们至多能决定或多或少的按道德生活。但是，由于法律的人造特征，我们必须下定主意制定一部宪法。这一原初选择已经暗示着自由平等人们之间的相互承认，因而也包括了那种包容责任（obligation of inclusion）的概念（雷格想要把它与团结概念一起作为一种与商谈无关的正当性资源引入）。立宪实践的施为性意义也包括处于特定时空（spatio-temporally-situated）的社群要把自身建构为一个公民的自愿联合体。由于这一选择的目的是通过实证法（要求被证明）正当地调节社群的共同生活，因而雷格所区分的过程，即商谈和决定，从一开始就是统一在一起的。

迈克尔·鲍威尔(Michael Power)是另一位比作者还了解作者的评论者。① 这是因为鲍威尔在《知识与旨趣》②和《在事实与规范之间》③之间建立了系统的联系,这一点是我所没有注意的。但是,在具体论述这些联系的过程中,他可能低估了我在用语言学问题取代认识论问题过程中所发生的视角转换,前者所关注的是那些使相互理解,而不是认知成为可能的必要条件。作为这种视角转换的结果,那种试图重建主体言说和行动能力之实践知识(know-how)的努力无疑将进入自我反思形成过程分析的核心、从某种意义上是最困难的部分。但是我怀疑这种分析已经减弱了批判的力度,导致"批判理论的终结"。④

鲍威尔雄辩地分析了理想化的作用和弱超验论证的解释学深度。⑤ 然而,我将稍有不同地勾勒出康德主义知识体系的语言学转向。尤其是,我将对康德那种作为构建世界观念能力的理性概念的语用学转换做出不同解释。但是,当鲍威尔在分析"反事实预设(counterfactual presuppositions)"的概念,或更为一般地分析"'好像'一类的词"时,他准确地指出了我整个理论基础的脉络。⑥ 但是在这个方面还有许多工作要做。

在鲍威尔所强调的"理想的言说情境"这一点上,我有一个更为强烈的保留意见。⑦ 我在这里看到一个问题,并不仅仅是因为我们已经在日常交往中做了一些反事实的预设——假设参与者使用的语言表达具有相同的意义,假设他们能够提出超越语境的有效性主张,假设他们相互认为自己应是负责的,等等。更令人心烦的是"理想言说情境"这一说法,由我在十几年前作为一种论证的普遍预设标准而引入,在调节理想意义上意味着一个必须为之奋斗的最终陈述。这种有关确定性共识的熵陈述(entropic state),可能会使得所有进一步的交往成为多余,却不能被描述为一种有意义的目标,因为它会造成悖论(一种最终的语言,一种最后的解释、一种不可修改的知识,等等)。正如我从维尔默(Albrecht Wellmer)的批评中所学到的,⑧我们

---

① 见 Michael K. Power, Habermas and the Counterfactual Imagination, 17 Cardozo L. Rev. 1005 (1996)。

② Jurgen Habermas, Knowledge and Human Interests (Jeremy J. Shapiro 译, 1971)。

③ Habermas, Between Facts and Norms。

④ Otfried Hoffe 说的一种"转换"。比如,参见 Otfried Hoffe, Abenddammerung oder Morgendammerung? Zu Jurgen Habermas' Diskurstheorien des demokratischen Rechtsstaats, 12 Rechtshistorisches J. 57 (1994)。

⑤ 见 Michael K. Power, Habermas and the Counterfactual Imagination, 17 Cardozo L. Rev. 1005 (1996)。

⑥ 同①,第 1014 页。

⑦ 同①,第 1012 页。

⑧ 最近的论争,见 Albrecht Wellmer, Wahrheit, Kontingenz, Moderne, 载 Endspiele: Die unversohnliche Moderne: Essays und Vortage 157 (1993)。

必须用回应反对意见的元批判过程观点去替换那种认为可以通过商谈来兑现有效性主张的观点(即主张一种陈述之有效性条件能够实现)。在此,我仍试图用商谈理论去解释帕特纳姆(Hilary Putnam)在科学哲学语境下所谓的"理想条件下理性可接受性"①或者赖特(Crispin Wright)追随多迈特(Michael Dummett)所说的"超确定性(superassertability)"。② 这些分析产生自那些至今仍未停息的围绕真理问题的争论。

我们将可断言性条件理想化反映了将一般意义上"真理"或"效力"与理性的可接受性区别开来的必要性。一旦真理语义学概念不再有用,这种在认识论意义上"对我们有效的东西"三分结构就会产生那种区分需要。但是,我不是简单地规定一种充满规范负担的商谈概念。相反,我是要通过一种预设分析的方式说明,任何想要参与论证过程都不可避免地要接受一种包含一定反事实内容的交往预设。在此,我受这样一种直觉的引导,在所有的论证中参与者都假定他们的交往应当满足以下的条件:(1)争论的终止如果不是出自理性的动机,就应当被排除;(2)每一方都有平等的权利不受限制地加入审议,同时在审议过程中,每一方也都有对等的参与权利以确保在选择议题和获取相关信息和意见方面的自由;以及(3)除了"更好的论据"力量之外,任何有可能影响商谈理解过程的迫令(coercion),不论其来自过程之外还是来自过程内部,都必须被排除,由此使得除了合作追寻真理之外的其他动机都得以中立化。如果参与者没有预设这些条件,就无法认定他们相互之间就某些事情具有确信。因此,不能因为任何人——他们在论证过程中否认他们自己在论证预设上的具体内容——都无法避免施行上的自相矛盾就"否定"上述论证预设。③ 这些理想化并不意味着任何有关理想的最终陈述的预期。它们仅仅为了说明以下两者之间的差异:一方面是在某个特定语境内提出的有效性(Geltung)主张的理性可接受性,另一方面则是必须在所有可能的语境内得以阐明的那种论述之有效性(Gultigkeit)。

鲍威尔十分清楚地看到,这些理想化,源自日常实践本身的社会真实性,并非意在保全一种抽象的普遍主义,而是要从现存的生活世界背景资源中论证一种"内在超越性"。鲍威尔说道:"只有为深深扎根于拟制规范的实践设定一种实施性角色,我们才能使之有意义。这些拟制的基础来自生活世界,不需要任何形而上学的支持。"④尽管这对论证实践而言肯定是对的,但却不是专门为它而设。现在,康德

① 参见 Hilary Putnam, Reason, Truth and History (1981)。

② 见 Crispin Wright, Truth and Objectivity, 33—70 页 (1992)。

③ 见 Karl-Otto Apel, Fallibilismus, Konsenstheorie der Wahrheit und Letztbegrundung, 载 Philosophie und Begrundung 116 (Forum fur Philosophie eds. , 1987)。

④ 见 Michael K. Power, Habermas and the Counterfactual Imagination, 17 Cardozo L. Rev. 1005 (1996)。

式的理性已经被决然地解先验化,超验和经验之间的紧张已经消弭于社会事实之中。

列诺布勒(Jacques Lenoble)的诸多贡献主要也在商谈理论的基础方面。① 列诺布勒的文章过于复杂以致无法就其意见的细节进行讨论。整体而言,在我的印象中,列诺布勒意欲在形式语用学观点和结构主义观点之间求取公分母,由此消解两者的冲突。一方面,列诺布勒想要坚持形式—实用意义理论的基本原则,借此,只要我们懂得一个语言表达是如何被使用的,就有助于我们与他人就世界中的某些事情达成一致理解。另一方面,即使在意义和有效之间存在这种内在关系,列诺布勒仍然坚持认为基本上无法判定能否实现交往的以言行事目的——交往参与者被认为无法确定某人是否会将他人的言语行为要求视为有效。② 作为对他的回应,我首先将反驳这个不可判定性论题(undecidability thesis),这一点比其他事情都重要;随后我才可以阐明达成理解取向和获得成功取向之间的区别以及与此相对的以言行事目标和以言成事目标之间的区别。最后,我将对列诺布勒可能的本体论观点做一些评价。

区分以下情形是很有意义的:(1)A 做出一个断言"P",以此主张能够证明命题"P",P 要么是真的要么是假的;(2)A 说出一个推测"P",因此为"P"提供一个理由,虽然没有直接主张能够在每一个人面前为"P"做辩护;(3)A 以一种假设的态度说出"P",因此暂时性地保留对"P"之真假的判断;以及(4)A 说出"P"将之作为一个(数学的)命题,严格意义上它是不可判定的,它的不可判定性可以在(很少的情形中)得以证明。第一种情形显然为其他情形提供了可以依靠的基础,因为既是不可判定的情形也必须根据真与假的选择来定义。而且,断言一个命题真或假,对或错乃是日常交往的惯例。

说话者做出的言语行动和听话者回答的"是"或"不是"可以被设想为分析的基本单位。这种分析乃可采取一种第二人称的视角。那就是说,说话者的双重目的——清楚地表达自己以及与某人就某事达成一致——是从听话者的立场来定义的,听话者被认为理解说话者所说的东西并将之作为有效的而接受,尽管他随时可以拒绝。理解一个言说的标准就在于那些就所说达成可能的一致之条件。在听话者接受说话者所提出之命题的有效性主张时这些条件就会实现。因此,有效性主张的主体间承认构成了达成一致的基础,听话者可以批评这种有效性主张而说话

① 见 Jacques Lenoble,Law and Undecidability:A New Vision of the Proceduralization of Law,17 Cardozo L. Rev. 935 (1996)。
② 同①,第 951,954—56 页。

者如认为必要则必须保证——或多或少带有表现上的可信度——商谈地为之辩护。自然,结果可能是这种保证无法承担如此重担。但是,根据一种有关生活世界确定性的宽泛共识,即使是一种脆弱的担保也足以构成一种接受的基础,它创设了进一步行动的责任。那些似乎可以被听话者理性接受的东西并非必然有效。日常交往行为能够被人赞同是因为那些在特定语境中的受众(the addressees)看来足够理性的有效性主张被人接受,而不是言语行动的有效性在近距离观察上更具理性的可接受性。

列诺布勒反对上述分析中所采用的方法(对此我仅做了简单概括),当他断言说话者根本不能决定自己的言语—行动要求是否已被认真地接受:以言行事在原则上是无法判定的。① 例如,按照列诺布勒的观点,一个说话者无法知道那个同意了断言的听话者是否是真的相信命题还是对之心存怀疑,或者当听话者执行一个命令时是否真心服从命令还是出于完全不同的理由。②在此,列诺布勒显然是从一种主体哲学的观点来看待语言交往,据此交往之发生不是以那些可以轻易理解的符号表达为媒介,而是在两个相互不了解的心智之间。(列诺布勒好像没有意识到意向主义附带条件在语言学转向完成之后已经没有意义了。由于没有考虑到听话者在语言交往中所想到的东西,他对断言或命令的肯定性回应也需要进行公共确证。在进一步的互动过程中,受众是否将违背用他自己所承诺的责任(也就是考虑那些曾经被当作真的而接受的事实;或者执行被命令的行为,不论以何种动机)这一点也将变得十分清楚。另外一个例子是,言说者所信守的承诺不同于他当初在做出承诺时所宣称的。在此,承诺行为也产生了一个新的社会事实,即那些针对其他人的责任;在深入互动中这种承诺的真实意图是否会得以显露,还是仅仅根据真诚试图去兑现承诺。说话者的认真意图是取向相互理解的语言应用的预设,但正像所有其他的预设一样它也有可能最后被证明是错误的。这种与断言性和调节性言语行为有关的预设第一次在例如声明(在其中一个说话者显示了一种它独有的经验)之类的表现性言语行为中成为显著的论题。在这种言语行为中的真诚性的精确主张同样只能间接地加以检验,"在深入互动过程中",它无法在商谈中直接加以检验而只能通过以主张相一致地进一步行为。

在与塞尔(John Searle)的论争中,德理达(Jacques Derrida)引入许多一眼看去更为似是而非的例子以说明交往成功的不可判定性。德理达不仅从虚构性言语(fictional speech)而且也从语言的隐喻和反讽中引入这些例子。例如,一个剧院确实失火了,其中一个在舞台上的演员想要通过高喊"火!"来告诉观众,但是在那种

---

① 见 Jacques Lenoble, Law and Undecidability: A New Vision of the Proceduralization of Law, 17 Cardozo L. Rev. 957—958 (1996)。

② 同①,第 958 页。

暧昧的演出环境中,即使他补充说"我是说真的",他的话也不会被观众当真的。①这个特殊的例子阐明了这种一个一般事实,即说话者的交往成功所要求的绝不仅仅只是听话者对他所说的字面意思之理解。语言知识和经验知识的解释也意味着只有在一个恰当的情境里说出一个句子(它的字面意思是可以理解的),听话者才能正确地理解一种言说。只有理解了(语言)在典型情形中使用的背景特征,在此基础上,听话者才能在不典型的情形中推断出说话者的意图,进而理解那些超越了言说之字面意思的"转化"或反讽意思。

当然,上述分析并不意味着我否认日常交往中的偶然、易逝和松散的方面,在其中理解只能暂时地通过一种不清楚、零碎的和暧昧的言说(它是充满误解和需要解释的)来达成。然而,这种分析的出发点是通过这种黑暗媒介(murky medium)将那些不可计数的否定行动者的偶然计划编入一个或多或少是流畅互动的浓密网络。每一种超验分析的目的都是为了澄清那些在分析中被视为理所当然特定事实之可能性条件。康德的出发点是新牛顿物理学并追问自己客观经验是如何可能的,形式语用学用一种语言学问题取代认识论问题——通过交往而达成一致相互理解是如何可能的。通过这么做,形式语用学以一个令人惊讶生活世界事实为出发点,其中社会整合不受暴力的影响,通过(主要是潜在的)相互理解过程来实现。因而,这种过程的成功是被预设来说明上述相互理解是如何可能的。为了回答列诺布勒的质疑,我相信我可以更加坚持这种预设,因为,对参与者而言,努力达成一致相互理解的成功显然是通过受众的公开"同意"或"反对"来衡量的。

从交往成功的不可判定性,列诺布勒的结论认为我们既不能区分语言使用中的主体间相互理解取向和自我成功取向,也不能区分以言行事(illocutionary)目标和以言成事目标(perlocutionary)。② 第二人称的作用在这些区分中是决定性的。这种作用绝不可忽视,如果我们不想使语言表达的理解与观察者的臆测形构相类似(按照奎因和戴维森的方式),或者不想将使用自然语言的交往还原为观察者之间只要"让对方知道"他的/她的意图[按照格里斯(Grice)或卢曼的方式]就能施加的间接影响。这种对待第二人称的态度凭直觉就容易与那种我在第一人称中所持有的对待(观察的)第三人称的态度:根据第二人称,我想用一种共同的语言就某事达成一种理解;根据第三人称,可以如此精确地理解我自己的意见或意图以至于凡

---

① Albrecht Wellmer 从与 Donald Davidson 有关的例子中处理这个例子,这个例子对我们来说很有意思。参见 Albrecht Wellmer, Autonomie der Bedeutung und das Principle of Charity aus sprachpragmatischer Sicht(1994)(未刊稿)。我也要感谢这份手稿,从中了解到"知道一个句子的字面意思"和"知道在特定情况下使用这个句子是否合适"之间的区别。

② 见 Jacques Lenoble, Law and Undecidability: A New Vision of the Proceduralization of Law, 17 Cardozo L. Rev. 960—962(1996)。

是经我精确计算的行为允许他/她得出正确的结论。

举例而言,考虑到那种包含无意间改变态度的情形,比如精神病医生通过与病人谈话来进行临床治疗,在此过程中,如果他意识到,我已经发现了他,不像同事一样说话,而是像病人,这时,他会突然直视着我,找出一种方法来解释我在说话中所未明言的那些事情。随后发生在这种情形中的"疏远"(estrangement)可以根据受众立场的无意间变化来解释:在观察者的客观性眼光注视下,我感觉自己正在偏离第二人称角色而立足于那种被人观察的立场。我不再是对方说话的对象而是其他人谈论的中心。福柯(Michel Foucault)已经令人深刻地研究了这种临床观察如何已经明确成为医疗实践制度的核心。① 而高夫曼(Irving Goffman)已经从那种对日常生活无害的场景中发展了这种观察的现象学。② 这些经验在日常语言方面显得有些天真,在日常语言上记录代词系统,因此不仅包括第一和第三人称代词而且还有第二人称代词。

因为以言行事的成功是根据对有效性主张的同意来衡量的,这种主张受众可以反驳,说话者只能以取向第二人称的态度来实现他的目的。根据一种对所说的共同理解,对言说命题的同意或反对只有从一种涉及人称(或者至少是一个实际的参与者)的视角着眼才有可能。这一点从共识和异议的地位中(同意和反对消失于其中)显示出来:无论在主体间特征方面的不同上,还是从不同意见之间的协调或缺乏协调(从观察者的视角可以确定)上。每一个人,根据他/她自己,都会有一个与他人协调的意见。但是共识却只能共同地产生,由此不同事业的公共性立足于这样的事实即说话者分享同一个可以相互贯通的制度和可以相互交流的我—你视角。

相反,我们所说的"言语表达效果"是指通过言语行为对受众的效果,这种效果要么与所说的意义相关联,要么取决于背景上的一致(正如当某人被一些新闻震惊或恐吓),或者他们产生于欺骗(正如在操纵的案例中)。言语表达效果是由(有意或无意的)影响引起,这种影响没有得到受众的协作——对他而言是突然的。追求言语表达效果目标的说话者将使己取向他的言说产生的结果——如果采取一种观察者的视角,通过正确地计算他自己干涉世界所产生的效果,这种结果他是能够有效预测的。以言行事的成功,受到第二人称理性动机的推动,却无法通过这种方式计算。存在一种言语行为的特殊类型,其目的就是产生不良的效果,比如恐吓、侮辱、谩骂等等。我把这些言语行为归入"言语表达效果"——它们的表达之标准意义不再由它们构成的以言行事行动决定而是由有意的言语行为效果决定。一般而

---

① 见 Michel Foucault,The Birth of the Clinic:An Archaeology of Medical Perception (A. M. Sheridan Smith 译,1973)。

② 见 Irving Goffman,The Presentation of Self in Everyday Life (1959)。

言,要想获得这些效果并不要求一种实质意义上的语言:非语言行为经常与那些不是取向相互理解而是取向行动结果的语言使用具有功能上的等价性。

类似的,策略互动也不同于那种本质上依赖于语言的实践,在其中行为协调受具有施为—取向的参与者的相互理解的影响。策略互动遵循一种互惠影响的模式。因此,策略行动者仅仅取向他们以自己的偏好所做出的决定之后果。由于采取一种观察者的客观化态度,策略行动者不能主张那种受理性动机推动的以言行事行动。这种取向理解的行动和取向成功的行动之间的区分并不是一种理论上的拟制,一种通过道德情感凭直觉就能轻易验证的观点。我们可能会在另一个人违反规范时感到不快与愤怒,或者反过来我们自己有一颗犯罪的良心,但是只有我们假定存在一种规范背景共识以及当我们对取向达成一致相互理解的行动者采取一种施为性态度,我们才能相互之间“正确地”对待。换言之,我们假定如果必要,根据这种共识,我们的行为也能够被证明。我们十分清楚对规范我们能采取两种态度:当我们遵守一个规范时那是因为我们承认它是有效的或是必需的或者当我们仅仅与规范相一致的行动那是因为我们希望避免违法行为的后果。在第一种情形,我们行动是出于行为—中立的理由(agent-neutral reasons),遵循从主体间承认的规范(或者那些我们相信能够达成一致共识的规范)。在第二种情形,我们行动是出于行动—相关的理由即仅与我们自己的目标和偏好有关的理由。法律和法律有效性的概念(以及不仅仅是这些概念的康德式版本)都是立足于这些区分。因此,我看不到列诺布勒如何能分析法律行为和正当性秩序却不使用这种区分或与之类似的处理。

列诺布勒试图解构这个基本的区分,我已经指出这种区分在直观上是可信的,因为他假定这种观念仍然属于古典决定论世界观。像雅克布森一样,他似乎也深受宇宙论(cosmological speculations)的影响,从某种程度而言,这种理论是受混沌理论启发而产生的。无论如何,列诺布勒将原则上不可判定的交往成功和随机发生的言语事件纳入一种或然说的本体论框架中。在他看来,只有那些在统计学意义上可以理解的世界事件更适合模仿拉普拉斯式的掷骰者而不是康德式的评论家(他们把理性作为相互批判的东西而不是计算随机产生的数字)。这种怀疑是清楚的:交往理性在符号回旋中要求更多的秩序。

正如我们可以将现代哲学中的主体(或心理主义)转向理解为对新的偶然性经验(即大自然普遍地具有偶然性这一经验)的一种回答,我们也可以把语言学转向理解为对一种新的历史偶然性侵入(它最早随着18世纪晚期一种新的历史意识的兴起而与哲学有关)的吸收。那种理解主体的解超验化意识如今不得不采取一种历史的生活形式并且在语言和实践中具体化。在此过程中,超验主体建构世界的自发性变成语言的世界揭示功能。今日理性论争的重要问题就是交往主体是否自始至终都被囚禁于那种有关世界、商谈和语言游戏的全新解释中。或者,重申,他们的整个命运是否取决于那种使得内在世界的学习过程成为可能的本体论前理解,或者,与此相反,这些学习过程的结果是否能够反作用和修正那种解释世界的语言学知识自身。如果我们想公正地对待学习的超验事实,则我们必须计算后一种选择——以及依靠不再预先判定特定世界观内容的交往理性。这种程序理性完全地与那种超越背景的有效性要求和有关世界的语用学预设一起运作。但是,这种对所有参与者都相同的客观世界的预设仅仅具有一种本体论上相关的中立系统的形式意义。它仅仅意味着我们能够指涉相同的——可以重新确认的——实体,正如我们对他们变化的描述一样。①

五、法律商谈的逻辑

列诺布勒之所以批评交往理性概念和交往理论的基本假定,乃是因为他把法律和司法决定的"不确定性"仅仅视为语言实践本身内在的"不可判定性"的反映。② 对我而言尚不清楚的是,如果委托人和其他专家不能够确信一国之法律事先已充分确定应当以何种程序和规范标准来解释和决定未来的案件,那么法律又是如何来实现其稳定行为期待的功能。法律的确定性要求它具备一定的可预测性。尽管这种确定性不应当被绝对化,但是它的确以一种内在于法律形式的方式促进了法律秩序的正当性。列诺布勒在这个语境里提出的议题也恰好是其他几位学者所关心的。拉斯谬森(David Rasmussen)为法律解释学做了辩护,③阿列克西对他自己的商谈理论做了论辩,④图依布纳则重提了法律规范冲突这一老问题。⑤

拉斯谬森乃是作为一个熟悉德国(解释学)讨论——这场讨论由胡塞尔(Edmund Husserl)和海德格尔(Martin Heidegger)开其端,伽达默尔(Hans-Georg Gadamer)继其后,如今则主要由阿佩尔主导——的哲学家来看待我对司法裁判的分析以及对法律解释学的接受。拉斯谬森的元批判围绕以下论题:"哈贝马斯的观

① 见 Christina Lafont, Sprache und Welterschlieung: Zur linguistischen Wende der Hermeneutik Heideggers (1994).

② 见 Jacques Lenoble, Law and Undecidability: A New Vision of the Proceduralization of Law, 17 Cardozo L. Rev. 978 (1996)。

③ 见 David M. Rasmussen, Jurisprudence and Validity, 17 Cardozo L. Rev. 1059 (1996)。

④ 见 Robert Alexy, Jurgen Habermas's Theory of Legal Discourse, 17 Cardozo L. Rev. 1027 (1996)。

⑤ 见 Gunther Teubner, De Collisione Discursuum: Communicative Rationalities in Law, Morality, and Politic, 17 Cardozo L. Rev. 901 (1996)。

点对理性理论要求过高。同时，尽管引入了一种语言哲学的形式，但是对语言的要求又过低。"①以解释学和先验现象学的争论为背景，拉斯谬森相信，尽管在语言学转向的名目下，针对交往之普遍预设的形式语用学研究还是忘记了它的出发点：纯粹意识已经解先验化。因而，在他看来，错误在于这样一个假设，即在语言学转向之后，我们仍然能够保留先验的论证方式——相反，我们必须与解释学一起，与理想化断绝所有关系并且彻底放弃有关事实性与有效性之间的张力的先验遗产。

令我感到惊讶的是，拉斯谬森毫不犹豫地对"解释需要理想化吗？"这一修辞学问题做了否定的回答。② 伽达默尔和戴维森分别以各自的方式表明，语言表达和前结构的象征性构成一般要求一种宽容的原则（principle of charity）。我们必须假定行动者是负责任的、他们的话语是理性的：这些都是交往理论所要求的。③ 尽管理想化在此只起到方法论的作用，但他们确实具有一种基本原则的意义，特别是构成达成一致相互理解的实践之基础的理性预设。

我本人一再强调不能把理性商谈实践直接与民主意见和意志的形成过程联系起来。况且，甚至对裁判的商谈论理解也未必要求法庭实行"民主化"。相反，即使我们要求法院应当扎根于一个由非专业解释者（他们可以批评裁判）构成的开放性共同体之中，这也仅仅是在目前已元气大伤的分权制度之内提出的政治要求。法院越是悄然地承认竞争性立法机构在法律发展中的作用，它就越是必须证明自身的正当性，不仅要在（司法）内部的专家群体面前，而且还要在（司法）外部的公民论坛面前。

正是阿列克西（Robert Alexy）的大作鼓舞我将原本只是就道德问题提出的商谈理论扩展到法律和宪政国家领域。④ 此外，他的《基本权利理论》⑤帮助我理解了法律平等与事实平等之间的辩证法。当然，阿列克西在后一部著作中也提出了一种对法律规范的解释，对此，君特（Klaus Gunther）和我都已提出批评。⑥ 根据阿列

① 见 David M. Rasmussen, Jurisprudence and Validity, 17 Cardozo L. Rev. 1074 (1996)。

② 同①，第 1078 页。

③ Jurgen Habermas, The Theory of Communicative Action (Thomas McCarthy 译,1984)。

④ 见 Robert Alexy, Theorie der juristischen Argumentation: Die Theorie des rationalen Diskurses als Theorie der juristischen Begrundung (第 3 版,1990). 英译本第一版,见 Robert Alexy, A Theory of Legal Argumentation: The Theory of Rational Discourse as Theory of Legal Justification (Ruth Adler 和 Neil MacCormick 译,1989)。

⑤ 见 Robert Alexy, Theorie der Grundrechte (1985) (以下简称 Theorie der Grundrechte) 也可见 Robert Alexy, Begriff und Geltung des Rechts (1992)。

⑥ Klaus Gunther, The Sense of Appropriateness: Application Discourse in Morality and Law 268—276 (John Farrell 译,1993); Habermas, Between Facts and Norms, 第 253 页。

克西的观点,对规范的义务论理解可以被转换为一种等价的对相应价值内容的理解。阿列克西非常清楚这两种看待规范的方式之间的区别:

那些按照价值模式乍一看来是最好的(东西)在原则模式中就是一种表观(prima facie)义务,而那些按照价值模式肯定是最好的(东西)在原则模式中就是一种明确的义务。因此,原则与价值之不同仅仅在于:前者具有义务论(deontological)的特征,而后者是价值论的(axiological)。①

然而,争议就是在这个"仅仅"上。阿列克西指出:"法律与义务有关。这意味着我们应当按照原则来(制定法律)。另一方面,按照价值而不是原则进行法律论证……也没有问题。"②阿列克西已经用包括成本收益分析在内的最优化或(利益)衡量模式来发展这个论题。

阿列克西在本书所收的文章中用一个有趣的论据来替自己的立场辩护,反对在义务论标准和价值论标准之间做出严格的区分。③ 阿列克西相信,这种区分并不适合法律规范因为他们调整相对具体的事务,因此不光要从一种道德的立场,而且也要从政治目标和伦理价值的观点进行论证。④ 阿列克西预见到我会回应说,(即使这样)这样的论证仍然意味着原则论证对于政策论证的相对优先性;否则,法律规范(以及法律规范的义务论特征)就会受到损害,因为法律一开始就和道德一样,旨在解决人际间的冲突,它不同于政治,主要不是去实现集体目标。⑤ 阿列克西对这种回应并不满意。正如他所理解的,规范有效性的义务论或无条件特征(这一点是我想为法律规范保留的)意味着这种有效性普遍地适用于所有具有言语和行动能力的主体身上。剩下的事情就容易了:与(他所理解的)义务论相比,法律规范只是对一个历史的,具有时空界限的共同体具有约束力。因此,这种规范不可能是"义务论的"。

作为回应,我应当指出的是,"义务论的"一词仅仅是指二元代码化了的行为期待的义务特性,与价值相比,它必须在每一案例中及物地予以落实。如果我们将有效性的范围限制在一个特定的法律共同体内,那些区分对与错(与真理与谬误类似)之标准的代码以及相应的与此标准有联系的规范有效性主张的无条件性就不会受到影响。在此范围之内,法律仍使其受众面对一个有效性主张,即不允许这样"衡量"权利,就好像它们是"法律价值",具有不同程度的优先性。在特定时间里,我们如何评价我们的价值以及决定什么"对我们是好的"、什么"是更好的",(答案)

---

① ② Theorie der Grundrechte, supra note 131, at 133.

③ 见 Robert Alexy, Jurgen Habermas's Theory of Legal Discourse, 17 Cardozo L. Rev. 1027 (1996)。

④ 同③,第 1033—1034 页。

⑤ 见 Habermas, Between Facts and Norms,第 427 页;也可见 Ronald Dworkin, Taking Rights Seriously (1977)。

每天都在变。一旦我们将法律平等的原则还原为仅仅是诸善中的一种,个人权利就随时可能为集体目标而被牺牲掉。因此,我们看不到,当两种权利发生冲突时,可以让一种权利"屈从于"另一种权利而不丧失(规范的)有效性。

这绝不仅仅是语义之争,只要我们理解了那些在权利冲突案件中指导司法裁判的比例原则就能明白这一点。根据阿列克西,权利在法律商谈中具有理性的作用并且相互之间也可以"(比较)衡量",这一事实进一步确认了他那个认为原则可以像价值一样对待的观点。事实上,一个陈述(a statement)或多或少会有好理由(good reasons)的支持,但是命题本身却要么是真的要么是假的。我们假设真陈述的"真理性"是一种"不会丢失"的特性,即使我们对该陈述的判断仅仅根据这样一些理由,即根据需要,应当可以使我们正当地认定它们是真的。原则模式和价值模式的区别是明显的,只有前者以"合法/不合法"的二元代码作为它的参照点——在个案裁判中,法庭会提出一些一般法律规范,从中产生作为证立单个判决的理由。但是,如果正当规范被视为在特定时机纳入特定及物秩序的价值,那么判决就会是一个价值权衡的结果。这样法庭的判决本身就是一种价值判断,它或多或少反映了在一个具体的价值秩序框架内构成的生活形式。但是这种判定不再与对或错的决定选择发生关联。因此,通过把当为陈述(ought-statements)比作评价陈述,我们打开了将各种裁量权力正当化的通道。规范性陈述有着与评价性陈述不同的句法特征。通过默不作声地将陈述的第一种类型和第二种类型等同起来,他们剥夺了法律的明确性、可以通过商谈补救(redeemable)的规范有效性主张。结果是,对决定进行论证的严格要求也消失了。实在法应当符合这样的要求,因为它被授权可以对私人的自主直接施加处罚。

对于将适用性商谈和论证性商谈等同起来也可以提出相同的批评。① 阿列克西非常清楚,每一情形中的问题包含不同的逻辑。论证性商谈旨在根据在典型案例中可以预见的结果来证明一般法律规范。适用性商谈则试图根据已经被有效认可的规范来证明个案裁判。但是,阿列克西无法解释某些现象,比如调节立法和司法的不同交往安排。这些不同的安排源自支配两种商谈类型(也就是论证情形中的普遍化和应用情形中的适当性(appropriateness))的不同原则和相应的论证逻辑。例如,决定司法商谈结构的中立第三人角色在论证性商谈就显得不合适了,因为在论证性商谈中根本就不存在任何未参与者。此外,否认这两种商谈类型的区别也会破坏那种功能性分权的基础,它是由采用不同理由的不同可能性来证明的。那些政治立法者用来,或者可以合乎理性的用来证明(他们)通

---

① 我不能在此说明阿列克西与贡特尔之间的相关讨论,但是可参见 Klaus Gunther, Critical Remarks on Robert Alexy's "Special Case Thesis," 6 Ratio Juris 143 (1993); Robert Alexy, Justification and Application of Norms, 6 Ratio Juris 157 (1993)。

过的规范是正当的理由,并不仅仅涉及行政和司法机关在适用和实施法律时所做的安排。这一点具有重要的意义,特别当司法和行政机关必须就进一步发展法律做出决定,或者必须时时对自己执行的立法任务巧加掩饰,由此向他们自己提出了传统分权理论所不曾给予的正当化要求的时候。(从一种法律—政治的立场来看,这种情况产生了一种建立针对司法意见、行政参与和监察专员等的批评性论坛的需要。)

  图依布纳的批判涉及一个更为根本的问题。[①] 首先,他同意商谈和磋商是不同的审议形式,商谈则是根据不同的论证形式(即实用的、伦理的、道德的和法律的)而有所不同。然而,如果面对这种商谈的多样性我们就没有假定——例如,像利奥塔那样[②]——商谈在语义上是封闭的而且是相互之间漠不关心,那么,其他会搅乱图依布纳兴致的问题就会出现。也就是说,当不同的商谈出现冲突时肯定存在一种将它们统一起来的方式:"在转向商谈的多样性后,哈贝马斯理论的成功现在就取决于找到一种可以信赖的解决商谈冲突的办法。"[③]我们要求这样的程序——正如图依布纳所说的,"适用于商谈之间的理性元程序"[④]——它使我们能够决定那些事务应当享有优先性,或者在处理相同事务时,那些不同的方面被认为具有优先性。图依布纳要求我在两者之间择其一:要么是诸种商谈各自为政,每一种具有平等的地位,要么是让一种超级商谈来统领整个商谈体系。他认为我期待商谈理论能够承担这样一种超级商谈的角色。但实际情况并非如此。

  的确,对提问之实用的、伦理的和道德模式的澄清以及对相应论证规则和商谈类型的分析是哲学上的任务。然而,哲学只是引导其中一种商谈,解释为什么不可能有那种超级商谈。因此,用社会学的话来讲,在公共事务中,哲学家并不比其他学者更有一种优越地位。他们至多能够将自己作为听取相关事务的专家或者作为不请自来的知识分子。但是,他们肯定不能自以为是制度中的仲裁者。

  通过对商谈理论的反思我得出了提问模式是自我选择的结论。相应的商谈逻辑决定商谈之间相互转换的方法。在此一个简要的说明即已足够。政策的阐明与权衡必须选择一种目的理性手段或策略(以经验信息为基础),就此而言,必然存在一种关于各种泾渭分明之偏好的共识。如果偏好自身由于不同利益之间的冲突

---

  ① 见 Gunther Teubner, De Collisione Discursuum: Communicative Rationalities in Law, Morality, and Politic, 17 Cardozo L. Rev. 901 (1996)。

  ② 见 Jean-Francois Lyotard, The Differend: Phrases in Dispute (Georges Van Den Abbeele 译, 1988)。

  ③④ 同①,第 904 页。

而产生争论,那么程序上公平的妥协就必须被建立起来(而程序自身的公平性在道德商谈中予以决定)。然而,如果偏好尚不明朗,不致产生如此严重的争论,那么,参与者为了确保他们自己共同的价值取向就必须在伦理商谈中就他们的生活形式和集体认同达成一种理解。如果存在的是那种不可协调的价值冲突而非可以妥协的利益冲突,那么,(冲突)各方就必须共同转向那种更为抽象的道德推理层次,就平等考虑了所有人利益的共存规则达成一致。那仅仅是有关商谈之间关系的诸多例子中的一个。此处的关键是这些关系并不是从一种超级商谈的视角予以阐述。毋宁是,它们源自那种在特定商谈之内的提问逻辑,结果使得善优越于权宜而正义又优越于善。在冲突的情形中,道德理由"胜过"伦理理由而伦理理由又"胜过"实用理由,因为一旦提问的相关模式在它自己的预设中变得成问题,它就会指出在哪里跨越它的边界是合理的。妥协必须与得到特定群体承认的基本伦理价值相一致,反过来这些基本伦理价值也必须与有效的道德原则相一致,这一事实是由各种提问模式的逻辑以及那些借此在商谈之间形成的联系产生的。

然而,只有就存在的问题和如何解决争议事务没有争议,这种提问模式的"自我选择性"才能发挥功能。因此,当参与者无法就(争论的)问题中是否包含,比如说,一种可以妥协的利益冲突或无法协调的价值冲突,或者一个伦理或道德问题;或者就所有相关的问题是否涉及政治和要求通过法律来调整达成一致,"商谈冲突"就在所难免。由于不存在针对这些次阶问题(second-order problems)的元商谈,法律上制度化了的程序就必须对此发挥功效。因为这些程序意味着一种预先的选择,每一件受理的案件都必须使用法律的语言来解释、按照法律的标准来决定(只要这是那些权利主体所渴望的)。法律程序能够调节商谈冲突的情形因为法律的代码太不明确了以至于没法发现现有问题的"逻辑"。没有那种根据提问模式来选出问题的法律程序。这在程序上是很有用的,因为它使得每种情形下的决定都是在时间压力下做出的,在冲突情形中也是如此。不过,从一种实质性的观点来看,这一点无疑是不能令人满意的,因为它排除了出现下述情况的可能性:价值冲突有时可以得到妥协;伦理问题有时可以从道德的观点予以决定;私人事务有时被过度政治化;行动的领域有时被高度司法化,等等。只有法律程序能够同时推进论证并保持其完整,这些"不同的错误(sorting errors)"才能当数;也就是说,它们必须在不干涉商谈之逻辑的同时解除对商谈的限制。就提问模式的自我选择性和相应的商谈类型开始活动而言,这一点是成功的。①

当然,这种解决方法也不意味着图依布纳意义上的法律商谈就可以扩展为一种超级商谈。在改进这种建议的过程中,图依布纳依赖两个成问题的假设:(1)在

---

① 见 Habermas, Justification and Application,第 117 页。

法律商谈中集合起来的各种商谈相互之间并非是不可通约的;以及(2)法律商谈的具体作用可以被还原为其他商谈的公分母,由此使他们得以相互融合。①

　　图依布纳为了说明他所指的"不可公约性"的意思,在一种法律上并不明确的意义上,转向国际私法——它必须经常处理诸如如何调整发生在不同国家的法律秩序之间的个案冲突问题。②为了处理这样的问题,国家私法已经发展出了据以决定是应当适用国内私法还是外国私法的冲突规则。但是这些元规则仍然是从本国法的视角来构成的。因此,这种规则的应用只是在一个较高的反思层次从自己的观点重述国内法与外国法的差异而已。图依布纳说:"商谈冲突只是在徒劳地寻求一种核心的元商谈。而存在的只是一种去中心化了的元商谈(它们以自己的独特语言重复着冲突的形式)的多样性。"③根据这种描述(以 Rudolf Wietholte 的方式),国际法律标准,它所实现的仅仅是"那种"反复出现在很多本国法律秩序中的单个国际私法,现在被图依布纳作为说明不同世界之间的商谈交往是普遍成问题的例子。不存在相互之间无法理解意义上的语义封闭性。但是它们受到不同的、互相矛盾的理性和基本概念的支配,所以在某个领域中是对的或具有优先性的东西在另一个领域里就有可能是错的或从属的。这种有效性标准的不可通约性与在单个国家中发现的有关存在的价值冲突是一个类型,在那里每一个存在冲突的共同体都是根据他们自己的善的观念来实现整合。比如,他们根据自己的视角来形容"堕胎"因此,由于没有共同的评价视角,这种对需要管制的事务的认同就消失了。然而,对图依布纳而言,前述的论证具有一种令人不快的结果即他的不可公约性观念悄然提供了一种优先于所有其他商谈类型的"伦理商谈"。这一点不仅与不同的商谈具有平等的位阶的假设相矛盾,而且也正好与原先所认为的不同商谈之间的交往不可避免地带有不对称性之假设相矛盾。回头我将在这部分的结尾来讨论这个问题。

　　事实上,这种图依布纳想要以国际私法为例说明的不对称性是一种仍然依附于以主体为中心的传统即意识哲学或唯心主义的理论路径所产生的有悖直觉的结果。如果以系统或商谈为出发点,比如像先验主体一样,根据他们自己的前提来建构他们的"世界",那么,交往只能以相互观察为基础来设想,因而一个观察者可以"诱导"其他人自己特定的运作。这种理论上的策略是有悖直觉的,因为它忽视了下述事实(和基本的解释学洞见):除非我们已经掌握人称代词系统及其转换方法,

　　① 见 Gunther Teubner,De Collisione Discursuum:Communicative Rationalities in Law,Morality,and Politic,17 Cardozo L. Rev. 907 (1996).

　　② 同①,第 908—909 页。

　　③ 同①,第 910 页。

并且知道如何在一个只有从第三人称视角才能观察到的互动过程中在可逆的第一人称和第二人称之间维持一种对称关系,否则,我们无法就世界中的某事与某人达成一致。

需要补充的是,只有当我们说到主权国家的法律秩序时,才能以国际私法为例去说明一个法律制度如何最终必须使用它自己的前提去解决与其他法律制度的冲突问题。但是就其不用受到国际性的人权公约或自己宪法中的基本人权的制约而言,也只有在 1648 年至 1914 年之间的时期才能说是"主权"国家。一旦这些规定开始落实,基本权利的普遍内容就通过针对所有具体规章的私法立法来展现自己的威名。一个有效的权利体系,如今受到了国内和国外的要求适用的压力,当然还无法消除那些在解释这些权利过程中产生的文化间争论。但是反过来这些争论对那些必须由国际法庭决定的法律斗争(legal battles)而言却是颇有助益。我们至少可以将之视为一个没有自相矛盾之处的世界性法律秩序,它表明冲突规则的那个例子并没有提供任何证据证明判断上之不对称的必然性,也就是悖论。

按照图依布纳的观念,超级商谈的角色将由法律来担当,因为法律与所有其他的商谈都有关、知道它们各自如何建构其不可通约的世界。[①] 因此,由于它们的不对称关系,它们之间必然会产生不公平(unrecht)——那种有关不可通约之语言游戏理论的隐喻意义上的"不公平"。法律媒介可以通过自己的方式妥当地纠正这种"不公平",而且使得所有在它的环境中遇到的商谈类型变得相互协调。从而,法律专门致力于使那些语法上互不兼容的(商谈)融合起来。当然,它也只能在自己设定的前提下完成任务,因为法律商谈也被认为具有不可通约的性质。图依布纳说:"正义能够实现的程度就在于一个历史中的具体法律商谈能够在对外合并其他商谈理性的同时对内严守法律自身的融贯性要求。"[②]法律商谈(及其"内部逻辑")之特性,不仅由规范一致性来决定,它要求必须将每一个新案件与先前的一系列决定联系起来,而且还取决于特定的提问模式——相同案件相同对待、不同案件不同对待。这意味着不同商谈世界之妥当理性被法律自身的平等对待标准所吸收。法律是平等与不平等的"主宰者(master)"。这一标准构成了商谈"比较"或者面向商谈执行"补偿正义"的基础,这里的商谈也是不可通约的,仅仅与(它们)相互之间的"不公平"有关(在德理达和利奥塔美学意义上的不公平)。此外,图依布纳也说明了那种以"价值衡量"为座右铭的"不知羞耻"的裁判折中主义——"就是在原则之

---

① 见 Gunther Teubner, De Collisione Discursuum: Communicative Rationalities in Law, Morality, and Politic, 17 Cardozo L. Rev. 909—910 (1996)。

② 同①,第 910 页。

间、价值之间甚至利益之间进行平衡"。①

即使我们会接受图依布纳对于不可公约性和"不公平"(在高度结构主义意义上)的描述,他的作为补偿性的"超级商谈"的法律观念至少有两个理由是不可确信的。第一,平等对待的原则不能作为法律的专有特性,因为这一原则对道德也同样有效。法律和道德在论证和应用中遵守相同的商谈原则和商谈逻辑。法律与道德不是根据那些应当如何按照所有人利益平等的(原则)来调节人际冲突之类的抽象问题,也不是根据以普遍化和适当性为内容的论证规则来进行区分。那些将法律从道德中分离出来的特征不在商谈之中,而在下述事实中,即商谈地论证和应用地规范具有一种法律形式,也就是说它们是通过政治立法制定的、按照一种有约束力的方式进行解释以及以国家惩罚为威胁予以实施。法律形式与论证性商谈和适用性商谈之间的区别也有密切关联,也就是那种要制定出表述精确、体系严密、适用连贯的规则的压力。法典的这些性质要求一种不同论证——实用的、伦理的和道德的——之间的"转换"和妥协,也就是通过政治立法中的审议和决定进入法律以及为司法中的法律商谈提供一种参照点。

前面的考虑并不意味着司法决定的实践可以简单地漠视法律规范的义务论意义。这是说明图依布纳论证失败的第二个理由。如果,诚如图依布纳所言,法院可以在价值框架中随心所欲地作为,或者必须将原则、政策、规范和价值还原为一个公分母、在相互之间进行"平衡"或"衡量",那么,法律商谈将成为一种具有家长作风的、对公民在政治伦理上的自我理解进行压制的表见商谈。

六、程序范式的政治实质

我要感谢普罗伊(Ulrich Preu),他对德国法律思想传统的概述提供了将法律和交往权力联系起来的(思想)背景。② 自由主义传统一般将保障个人自由的法律和实现集体目标的政府权力对立起来解释法治。这种"国家的权威(Staatsgewalt)"由此可追溯至一个与法律无关的本土的(autochthonous)、"野蛮的"源头:在生理上压制所有人的能力。③ 然而,在政治上已经文明化的西方社会,这种对立没有被激化为(sharpened into)一种不同原则之间的斗争。相反,它经常被认为是一种必须在宪政国家中(对法律和政府权力)进行平衡的立场。可是,在德国,它却被视为一

① 见 Gunther Teubner,De Collisione Discursuum:Communicative Rationalities in Law,Morality,and Politic,17 Cardozo L. Rev. 914,915 (1996)。

② 见 Ulrich K. Preu,Communicative Power and the Concept of Law,17 Cardozo L. Rev. 1179 (1996)。

③ 例如参见 Charles Larmore,Die Wurzeln radikaler Demokratie,41 Deutsche Zeitschrift fur Philosophie 321 (1993)。

种难以解决的发生在两种互相排斥的政治整合形式(一种通过法律另一种通过国家的行政权力)之间的竞争。自由主义和保守派(conservative)宪法学家们所讨论的棘手问题涉及君主(the monarchy)应当在何种程度上服从法律的控制(legal curbs)。自由主义所担忧的而保守派却要赞美的就是,这种体现为军队、警察和官僚的国家的"实质"有一种本质上非理性的压制性暴力(Gewalt)的征兆。因此,甚至连左派也可能仅仅把民主作为一种颠倒过来的王室主权(royal sovereignty),把他的脚踩在君主的头上。民主即使对它的拥护者而言仍然是一个国家集权论的概念。

在这种背景下,马克思的"国家消亡论"就可以理解了,它是一种比恩格斯汲取圣西门(Claude Henri Saint-Simon)思想发展而来的理论更为激进的形式。这种想法认为那种一些人对于其他人的"政治"统治应当转换为对于物的"理性"管理。这种想法一开始对我很有吸引力。通过施密特(Carl Schmitt)及其门徒,这种颂扬国家的"政治要素"的传统一直得以延续,甚至在将这种颂扬推至顶峰的国家社会主义统治结束之后(还是如此)。①

像普罗伊一样,我也要对那些以其反传统而"备受争议"的马克思主义法学家表示感谢,特别是海勒(Hermann Heller)、诺曼(Franz Neumann)、基勒海默(Otto Kirchheimer)和阿本德洛斯(Wolfgang Abendroth)。② 当然,普罗伊想要强调的核心观点就是根据这些宪法学界采纳不同的方向:他们主要是从一种改变那种不平等的社会经济组织的反资本主义立场来研究民主对独裁主义国家的"胜利"。相反,我对行政权力的"理性"运作理念持一种内在理解。这使我能够重构特定法律和宪政民主的规范内容。正是这一点——而不是简单地追随一个老师,这样很容易忘记自己从他们那里学来的东西——或许可以解释为什么我没有明确地研究这些资源。③不过,现在我意识到,对那种将民主过程作为一种多数人用来排除少数人(意见)的工具的趋势不做严密考察是错误的。结构已经改变。阶级结构已经被那些数量众多、分化不明的边缘集团和零零散散的城市(和区域)基层组织所取代。这一点或许也应当在规范层面产生影响。除了通过游说机构,他们也可以采取选举权或少数者权利的形式为那些日益无力改变自己现状的人说话。那种不断降低的政党忠诚,以及特别是与选民的日益脱离这种趋势,要求一种冷酷的分析,它会引入那种

---

① 见 Jurgen Habermas,Kultur und Kritik 355—364 (1973)。

② 见 Streitbare Juristen:Eine andere Tradition (Kritische Justiz 编,1988)。

③ However,points of connection can be found in the reflections of Jurgen Seifert on the constitution as a forum,which not by accident was dedicated to the memory of A. R. L. Garland. See Jurgen Seifert,Haus oder Forum:Wertsystem oder offene Verfassung,in Stichworte zur Geistigen Situation der Zeit 321 (Jurgen Habermas ed.,1979). This article also provides references to further literature. More recently,see Jorg P. Muller,Demokratische Gerechtigkeit:eine Study zur Legitimat politischer und rechtlicher Ordnung (1993).

具有平等机会去实现政治参与权利的规范观点。

我同意普罗伊关于自由主义或社会福利法律范式都没有足够用力去阐明法律与政治权力的内在关系的观点。[①] 这一任务只有通过一种消解了法律与国家权力之间那种虚假二分法的权力概念才能完成:公民至通过交往自由的公共使用而产生的权力与正当立法具有密切的联系。

在别处,我已就普罗伊在其文章结论中提出的问题做了含蓄地回答。[②] 在很多情形中,法律调整的事务必须同时从实用的、伦理的和道德的视点予以讨论。然而,正义方面的要求优先于其他方面。为了确保正当性,一个特定法律共同体政治立法必须与道德原则保持一致。我将法律规范复杂的有效性要求解释为,一方面,要求以一种与普遍利益相协调的方式去满足那些策略上宣称的特殊利益;另一方面,在一种具体价值结构形成的生活形式视域内坚持正义原则。交往权力和正当法的生产有必要为公民争取他们的民主权利,这种权利不仅仅以个人自由权的方式(也就是以一种利己的方式),而且也是一种参与交往自由的公用的资格(也就是,以一种普遍利益的取向)。我们有充分的理由说明为什么他们可以不用在法律上被强迫去做这个。当然,就功能上的要求而言,公民有必要习惯那些自由主义政治文化内的自由制度。然而,由于政治灌输(political indoctrination)必须被消除,一种良好的政治社会化所必须具备的条件之经验问题不应当直接转化为以价值和政治美德为内容的规范性要求。普罗伊自己也在其他地方提到过仅能"以很小的增幅"要求公德。

也许这也是促成他要求将伦理上无法解决的价值冲突转换为可以妥协的利益冲突的原因。但是这种转换是无法从一种规范的立场加以论证的,因为将价值重新定义为利益最终将损害(公民之间的)认同。一种存在论上的生活安排或文化生活模式乃是根据"强评价"理念来予以阐明。在许多情形中,安全问题或健康问题排在分配正义或教育问题前面。而在其他情形中,情况刚刚相反。但是,只有通过自我理解的商谈而不是妥协才能改变这些价值关系,因为磋商只要在不同要求或利益涉及相同的或可比较的利益时才有意义。唯一的方法就是在双方开始磋商之前定义那些与商议相关的事情[比如像罗尔斯的基本善品(primary goods),也就是社会公认的可以分配的集体利益,比如收入、休闲实践、社会保障以及任何具有金钱价值的社会利益]。

就妥协的形成扩展了利益自身的框架而言,它必须至少明确,或经过演绎推论出,何种事务是不可商议的即那些构成了参与者的认同和自我理解的"基本价值"。

---

① 见 Ulrich K. Preu,Communicative Power and the Concept of Law,17 Cardozo L. Rev. 1185 (1996)。

② 同①,第 1191 页。

我们不能为了工作而在政治的层面为了金钱而交互爱情或尊严,也不能拿母语或宗教关系换取工作。无论以这种方式对认同的定义做何种侵犯,都不属于妥协。此外,这种侵犯意味着一种对人格尊严的侮辱,以及如果没有其他事情,在法律上是不允许的。

福利政策处于福利国家和法律的社会福利解释的核心。基本社会权利的担保最先采取的是以收入为基础的强制保险项目的形式,其目的在于防止职业病和职业风险,例如疾病、意外、伤残、失业和年龄等(虽然还没有涉及家务和子女抚养等延续种性的事情)。随着这种转换的完成,那种归属于一个社群(它是由抽象的法律关系和团结整合起来的)的意识开始产生。团结关系的恶化不能在孤立的委托人之间(他们从福利机构中要求权利)得以重生。

福兰肯博格(Gunter Frankenberg)对这种过程的规范立场更感兴趣。[①] 福兰肯博格认为一种对社会权利的正确的规范理解必须先于正确的实施形式。因此问题是:"为什么要照顾?"

福兰肯博格认为对社会权利的相对论证是不充分的。按照一种相对的论证(对此,我也建议过),基本社会权利和其他担保措施要为机会平等地行使私人自由和政治公民权利提供必需的生活条件保障,这一点按绝对的方式论证也一样。这种论证策略,它给予直接保证私人自主和公共自主的权利以优先性,被用来反对福利家长主义的影响。公民必须能够为了一种自主的生活行为而切实地行使他们的权利。因此,他们的物质生活条件必须能够使他们有可能或鼓励他们去行使他们形式上担保的权力。福兰肯博格反对这种具有双重基础的观念,一种比另一种更强。

首先"帮助人就是帮助自己"原则只对这样的人有效,他们要么富有才干,有朝一日会出落成熟(就像在小孩的情形一样),要么能够恢复他们(往日的)才干与能力(就像那些暂时生病或身处窘境的人一样)。[②] 这与为饱受折磨的人、残疾人、病人提供救助或照料身患绝症的人是不同的。这种救助显然有它内在的价值,无法还原为它们的自主功能。我不赞赏针对实在义务的道德激励(moral impulse),但我怀疑它能直接地被转换到政治的层面,在那里仅仅出于组织上理由"道德劳动分工"也是必要的。[③] 扎根于政治文化的团结感最好能够公开表现在对相应政策和救助项目的支持。

当福兰肯博格说产生私人自主和公共自主的参考条件导致了一个片面的社会

---

① 见 Gabriel Motzkin, Habermas's Ideal Paradigm of Law, 17 Cardozo L. Rev. 1431 (1996).

② 同①,第 1382—1384 页。

③ 见 Henry Shue, Mediating Duties, 98 Ethics 687 (1988).

权利观念时,他把论证引向了一个不同的方向。① 福兰肯博格怀疑这些权利正有退化为替人们恢复工作能力或确保积极公民资格的工具的危险。只有对社会权利进行绝对的论证,即作为一种成员权的要素,他们对"成员"团结关系的意义才能保留。福兰肯博格说道:"把社会权利的不平等性理解为'潜在的'和'相对的'……看上去比将社会权利理解为一种为了在社会中实现而限制自己的自主性的自发义务要更为可取和可信得多。"②福兰肯博格试图用每一个人只能在共同体中实现的社会权利反对私人自主和公共自主的两分法。这种努力依赖那种认为可以用个人权利的团结性理解来取代占有个人主义理解的直觉。这一点来符合交往性的结论,即只有一种共同体的伦理实质的复兴才能抵制(仅仅)法律系统的分裂趋势。福兰肯博格通过诉求更多的"公民美德"、更多的"社群精神"以及更强的"团结意义"来回答这个"为什么要照顾?"的问题。③

在我看来,这种概念不仅是不切实际,而且是有问题的,因为它对法律之整合力量寄予的信心太少而对那些非正式共同体之前政治拘束的普遍化潜能又过度信任。法律仅仅是一种媒介,通过它复杂社会中"陌生人之间的团结"就能确保。像福兰肯博格这样的评价还是反映了早期社会主义的遗产:既要期盼一个自由的未来,又要追溯一个理想化的过去。这种社会主义有意要重拾社会上那些本已败落之行会组织的整合力量、扩展家庭与紧密团结的共同体,使之能够适应已经变化了的工业社会的条件。无论如何,福兰肯博格也不相信社会权利可以主要从平等的私人自主和公共自主能力的道德观点,也就是按照每个人的尊严平等来予以说明。按照福兰肯博格的观点,动员一种团结意识的关键所在,就是要在一个从伦理上整合起来的共同体内部,让人接受那种为了其他成员的利益而对个人自主施加限制的(做法)。

然而,这种私人自由的观念作为一种零和游戏要依赖一种私人自主和公共自主之间的非辩证对立。相反,按照主体间的路径,权利来自在那种法律之下自由和平等地联合起来的组织之成员间关系,因而仅仅通过每个人之间的平等自由之互惠承认来获得它们的合法性。在这种路径下,在简单的面对面互动中与承认关系密切相关的团结能够构造法律自身。在一个更为抽象的形式,如果要想获得正当法,这种团结肯定可以成为一种不断滋养公民之民主自决的资源。只有当它们相同情况平等对待不同情况不平等对待,因而有效地确保了平等的自由,法律管制才是正当的。只有公民在一起以一种所有的声音都有机会被听取的方式使用他们的交往自由,正当的管制才是可以期待的。因此,有效地行使私人自主和公共自主(相互之间互惠地预设)不仅是在一个不断变迁的背景中恰当地解释和保护公民权

---

① 见 Frankenberg,第 1384—1385 页。

② 同①,第 1385 页(脚注略)。

③ 同①,第 1388 页。

利的条件,也是进一步发展这些权利之普遍化内容的条件。因为法律的再生产,从规范上来说,总是意味着自由和平等之公民联合的实现(以一种所有成员受相互尊重限制的方式),而相互促进和维护的私人自主和公共自主之间的循环过程没有为社会自主留下空间,它要求用一种不同于公民资格的方式去产生成员之间的团结。

尽管在概念上比较抽象,法哲学仍然包括一个政治和诊断学的内容,它们反映了它们得以产生的语境。众所周知,黑格尔的权利哲学在政治上具有很大的冲击力,引发了数代人的热情回应。尽管霍华德(Dick Howard)献媚地(flattering)暗示,①《在事实与规范之间》②与黑格尔当年影响旗鼓相当。此外,我非常高兴霍华德③和莫茨基(Gabriel Motzkin)④对这项工程所做的政治诊断。我时常受到不同的回应。即使读者并不总是在这项工作中看到"批判理论的终结",但是他们多次认为它已经丧失了对资本主义的批判而投入政治自由主义。

像苏联帝国的崩溃这样的社会事件当然要求我们去反思我们的政治立场,但是十多年来我一直为一种激进改革主义路线做辩护。⑤ 尽管我所有的理论立场都发生改变,⑥我也仍然从一种激进民主的意义来理解法律的商谈理论。霍华德在他的理论中分析了生活世界和公民社会的重要性,并且他追求一种革命的继承人——他在一种释放的交往自由的政治文化中发现的——正合我意。同样的,莫茨基描述的政治结构(我正在回应的)看上去是对的。他对合并后的德意志联邦共和国之内在情形的把握是十分精确的,即使在德国,我们也不应当像"极端主义中的中间派",从一种历史的和社会学的视角,说话。⑦ 莫茨基说,左派的失败意味着现在作为拥护左派的核心,意味着从右派角度滋生的对自由主义民主的威胁以及作为重新产生那些作为自由主义和社会主义相互协调之可能基础的问题。批判事业……不是要分解权力结构以及从其他方面取代它,而是要支持现存的权力结构以抵制来自右派的威胁——不论是政治上、经济上的右派还是宗教上的右派。⑧

---

① 见 Dick Howard,Law and Political Culture,17 Cardozo L. Rev. 1391 (1996)。

② 见 Habermas,Between Facts and Norms。

③ 同①。

④ 见 Gabriel Motzkin,Habermas's Ideal Paradigm of Law,17 Cardozo L. Rev. 1431 (1996)。

⑤ 见 Habermas, Nachholende Revolution und linker Revisionsbedarf, 载 Habermas, Die nachholende Revolution,第 179—204 页。

⑥ 欲了解我最近对此问题上的转变,见 Jurgen Habermas,Further Reflections on the Public Sphere,载 Habermas and the Public Sphere 421 (Craig Calhoun 编、Thomas Burger 译,1992)。

⑦ 见 Extremismus der Mitte: Vom rechten Verstandis deutscher Nation (Hans-Martin Lohmann 编,1994)。

⑧ 同④,第 1431—1432 页。

七、社会学的解说：误解与教益

当我在一个社会科学研究所做了二十年的研究之后回到大学的哲学系时，令我感到吃惊的是，我们的哲学家还在认为，甚至在没有关注复杂的专业著作的情况下，他们可以在自己的领域内就经验事实做出判断。这种官僚氛围使我做出了一个尖锐的评价①，马克·歌德（Mark Gould）正是据此来批驳我。② 然而，不仅仅是哲学家在用前科学的方式处理经验领域的问题，社会学家也是如此，他们没有放弃自身学科的方法论视角却摆出了一整套哲学观点——可以说，他们是披着社会学羊皮的哲学家。只有在极少数的情况下，这种研究方式才会体现出原创性（originality），诚如尼克拉斯·卢曼所做的那样，③但是在其他情况下，却只能说明它有一点（理论上的）天真。

马克·歌德只是略微褪去了其帕森斯主义外衣，同时又是如此相信他的判断能力，但是他的专业意见（很久之前我已经高度评价过了）有时却与一种令人惊讶的解释学无知联系在一起。无论如何，他对我的多元主义道路的领会都是十分贫乏的，由此也几乎混淆了我在实践上的每一个主张。④

如果我们不愿意把自己限制在——这样做是正当的——对正义理论进行规范性反思、对相关的基本概念进行分析或者对司法决定的方法论进行法学沉思，法哲学就无法再像黑格尔的时代那样，在一个理论系统中获得地位。

由于这个原因，在《在事实与规范之间》中，我首先转向交往行动理论的优势之处，去发展事实性与有效性之间的一般关系以及阐明法律的社会整合功能。接着，将法律的社会学目的与契约论传统的规范视角进行对照。这种对照使我的哲学分析在重构性社会理论的框架内具有了一种不同的方法论特质，它在实现描述要求时使用一种"双重视角（dual perspective）"。当然，这并不意味着那种从法律体系的内在视角着眼的（在第3—6章）法律重构就此消除（leveled out）。⑤ 相反，这种

---

① 见 Jurgen Habermas，Morality and Ethical Life：Does Hegel's Critique of Kant Apply to Discourse Ethics？，in Moral Consciousness and Communicative Action 195，211（Christian Lenhardt & Shierry W. Nicholsen trans. ，1990）.

② 见 Mark Gould，Law and Philosophy：Some Consequences for the Law Deriving from the Sociological Reconstruction of Philosophical Theory，17 Cardozo L. Rev. 1253（1996）。

③ 参见 Niklas Luhmann，Risk：A Sociological Theory（Rhodes Barrett 译，1993）；Niklas Luhmann，A Sociological Theory of Law（Elizabeth King & Martin Albrow 译，1985）；Luhmann。

④ 同②。

⑤ 见 Habermas，Between Facts and Norms，第 82—286 页。

对权利体系、法治原则,司法决定以及它与立法的关系进行的理性重构具有一种法律规范理论的特质。当对法律适用性商谈的考察需要一种法律方法论的反思时,法律与道德的比较也要求一种更为狭义上的哲学考量。随后,我将视角从法律理论转向社会科学(在第7章和第8章)。①即使这些分析集中于正当化过程,它也不是一种有关法律和民主的社会学。② 而是要提出一种政治权力循环的模式,使得人们相信那种经我重构了的现代法律秩序规范性自我理解不仅仅是空中楼阁(hang in mid-air)。这种建议的模式应当能解释这种自我理解如何与高度复杂的社会现实发生联系。这些分析的结果③——以及我在社会学附录中认为重要的内容——澄清了那些能够用来对法律范式的社会学内容进行评估的背景知识。④ 与自由主义和社会福利范式一样,这种范式也是从法律体系的视角对社会做了一种整体性的理解。

但是,在清楚地说明了这种范式之后,仍有必要再回到那种关于法律体系及其组成部分的内在视角。作为一种整体上与实践相关的理论,它旨在改变那种易错的前理解,这种前理解不仅为法律专家,也为公民及政治家提供了一种视域,使他们能够在宪法解释和权利体系的实现中做出自己的贡献。歌德误解了这种存在于理论与实践之间的民主观念,因为他持有一种工具主义观点,认为社会学应当倡导把法院作为一个社会改革的机构。⑤歌德要求一种"立足于社会科学的法学",⑥社会学在其中是一种指导行动的权威:"任何主张法院是在实施公平标准的观点都必须依赖一种社会发展的预备理论,它试图从我们的自由法律结构来发现一种无所不在的进步。"⑦歌德没有意识到,我所主张的法律哲学实际上在为一种新的法律理解范式做辩护。它不是一种鼓动司法能动主义和推动社会变革的社会理论。

就歌德对上述视角转换的无知,我们还可以发现更多的问题。结果,他混淆了分析的层次,犯下了一个同他用来指责我的相同的错误。否则,歌德就不会从"理想言说情景"具体化的角度来理解我社会学的行动概念——这一概念仅在真理理论中存在。顺着这种古怪的理解,歌德总结出我把规范与价值、价值与利益立场、价值取向与偏好合并起来了。更为糟糕的是,我被认为使用了一种原子论和经验

---

① 见 Habermas,Between Facts and Norms,第287—386页。

② 同①,第82—286页。

③ 同①,第384—387页。

④ 同①,第388—446页。

⑤ 见 Mark Gould,Law and Philosophy:Some Consequences for the Law Deriving from the Sociological Reconstruction of Philosophical Theory,17 Cardozo L. Rev. 1239 (1996)。

⑥ 同⑤,第1341页。

⑦ 同⑤,第1340页(脚注略)。

论的社会行动概念,我没有把对行动的事实限制和规范限制区别开来以及我在功
利主义的意义上来理解道德责任。所有这些都是人为的充满偏见的理解。在基本
概念的层次上,我与帕森斯的唯一观点差别就在于我没有接受他对道德和价值承
诺(value-commitments)的非认知主义理解。^① 因此,我不会把"道德价值"从"合乎
理性"的东西范围内排除出去。在这方面,歌德满足于这样一种自我确信,即道德
原则中具有一种不可化约的、非理性的成分。歌德也"相信""制度化了的个人主
义"价值也应当被纳入法律体系中。^② 这不是一个信念问题,而是一个哲学论证问
题。但是,歌德却对这种论证不感兴趣。

对比例原则(proportionality principle)和过度干预的禁止之冗长评论意味着
私法学欣然地接受了我用韦伯式的术语所描绘的"法律的实质化(materialization
of law)"发展。但是,这种评论用来批评程序主义却没有用,无论它:(1)通过关注
契约自由的程序性规范来说明(这种发展)将无休止地进行下去;或者(2)将这种考
虑施行在法律上制度化了的论证程序。(3)我也不能在"equity"和"equality"之间
发现新的区别标准。

根据自由主义对法律的理解,契约自由有意给处理私人事务提供一种能够确
保"纯粹"程序正义的程序。结果的正确或"正当"被认为是独立于契约内容的,只
要参与者严格遵循给定的形式。但是,伴随着社会经济权力方面的日益不平等,
"自由意思表示"的拟制特征(与缔约自由相联系)变得日益清晰。这解释了形式契
约权利的"实质化"现象。歌德所高举的裁判解释最大化——显失公平——也是由
于与这种变化联系在一起才获得其现有地位的。歌德试图说明社会正义的实质
"价值"是如何渗透到了形式法中去并产生一种程序性的法律概念问题,但是当他
提到"显失公平"时,他错误地解释了前面提到的那种发展。

相反,合同法的实质化表面,随着明显的社会背景方面的改变,有关程序之非
歧视性应用的具体事实条件已经成为公共意识和政治调整的对象。即使在自由主
义法律范式看来,与契约自由有关的正义预期至少以暗暗地依赖于这些条件的满
足。因此,社会福利法律范式可以被理解为正在落实相同的原则,这一原则同样也
强化了自由主义法律范式的基础——强调个人自由的平等分配。况且,如果在变
化了的社会背景中,程序规范的改变必须确保自身的非歧视性应用,那么,形式与
内容相分离的原则就不会改变。

---

① 进一步地讨论,见 Habermas,Between Facts and Norms,第 256—282 页(emphasis added)。

② 见 Mark Gould,Law and Philosophy:Some Consequences for the Law Deriving from the
Sociological Reconstruction of Philosophical Theory,17 Cardozo L. Rev. 1321—1322 (1996)。

即使歌德的解释是正确的，那也不能说明任何对我的"程序主义"法律理解的批评是必需的。几乎在所有的方面，法律上制度化了的审议和决策程序之类型（程序主义范式正是以此为基础）都不同于那种以契约自由为基础的模式。调节契约的程序规范仅仅涉及选择的自由和保证纯粹的程序正义。相反，程序主义范式的程序却包含了那些相互深透的过程：与磋商相联系的理性商谈，与仅仅确保"不完美"的程序正义的商谈"程序"相联系的法律程序。而且，与交往有关的条件被认为仅仅保证信息是"可以获得的"、意见是可以"自由交流的"，以此来推动问题的解决和学习过程；这些条件自身不能产生交往过程所要求的实质性输入和输出。歌德正确地指出，相同情况相同对待、不同情况不同对待的原则如果没有一个恰当的比较标准就会是空洞的。然而，它支持这样一种观点：只有当受到影响的个人，通过交往自由的公用，像公民一样地行动，以此来澄清和接受那种对需求的恰当解释和用来比较典型生活情状的相关标准时，个人平等的自由才能得到保障。如果我们想要避免家长主义，就不能把这个（任务）单单通过法官的判决去完成（哪怕它受社会科学指导）。因而，这种私人自主与公共自主之间的内在（和互惠）关系并非微不足道；相反，它是我所主张的程序主义范式的规范核心。

歌德试图在抽象法律平等意义上的"平等"（equality）和个案法律适用平等意义上的"公平"（equity）之间做出区分。如果没有对所谓"自由主义"法律概念中（在那里是轻蔑地使用"自由主义"）的"形式主义"进行批判，术语问题就没什么意义。在歌德看来，我的应用商谈理论[①]与一种抽象的法律平等观念具有密切的联系。因此，它就不能满足实质性法律平等或公平的理念，因为它把规范的证立与规范的应用剥离开来了。歌德说道："原则的意义只能根据它的（应用）结果来决定，因而它的"可证立性"与（应用中的）"恰当性"总是混合在一起的。"[②]与歌德的理解相反，君特（Klaus Gunther）则详尽地解释了那些分别用以调整论证性商谈和适用性商谈的论辩逻辑在个案中是如何呈现出不同作用的。[③]

在论证性商谈中，即那些被假定为标准例子的案件，我们可以通过对规范的一般观察知道其可能的结果。而在适用性商谈中，即个案，则只有在我们考虑了案件的所有复杂性之后才能做出决定。论证性商谈根据结果来考察实践之可普遍化性（universalizability），因而只能在典型案件中才可能事先予以阐明；适用性商谈

---

① 我对应用性商谈的观点应当感谢克劳斯·贡特尔。

② 见 Mark Gould, Law and Philosophy: Some Consequences for the Law Deriving from the Sociological Reconstruction of Philosophical Theory, 17 Cardozo L. Rev. 1351 (1996)。（脚注略）。

③ Klaus Gunther, The Sense of Appropriateness: Application Discourse in Morality and Law 268—276 (John Farrell 译, 1993)；Habermas, Between Facts and Norms, 第 253 页。

则必须说明哪个表观规范（prima facie norm）与案件事实之所有相关特征最为恰当的。歌德用"公平"意指这种与给定情形之特殊性相符合的具体地平等对待。但是这种不必要专门指涉那些直接包括在内的复杂群体。这些人仅仅要求被作为在法律面前人人平等之公民世界的平等一员，也只有构成法律共同体的规范总体才能保障这涉及了"所有他者"的要求。另一方面，这些规范只有在被承认为有效，现实案件尚未出现之前，才具有一种构成性作用。这些规范必须在它们被应用于已经发生的冲突之前就"存在"。这种关系也会出现在相应的审议和决定（立法或司法）过程中：原则上，所有受影响的人必须平等地（因此没有特权或歧视）参与（虽然绝大多数只是间接地）规范论证，而只能从第三方的视角将那些被推定为正当的规范应用于个案——从而也能"听到"那些只是间接介入冲突的人就案件提出的不同观点。

歌德没有看到那个必须在适用性商谈中予以解决的中心问题——如何解决不同规范之间的冲突，从而在那些表观上都有效的备用规范中理性地决定哪个对当下之案件最为"适当"。相反，歌德只考虑到一种特殊的情形：只有当歧视性的工作关系、组织形式、家庭结构等等悄然发生改变，社会上的那些不平等对待情况才能得以解决。但是，这一般只有通过实施新的法律计划才是可能的。因此，这些情形首先关注的是政治立法而非司法。以最高法院在罗斯福新政（the New Deal era）时期的司法实践为模型，歌德提出了一个通过社会学上的启蒙，能动主义的高级法院来引导社会改革的策略。但是，这种策略最终将导致一种与宪政民主原则格格不入的司法家长主义（judicial paternalism）。

到目前为止，我的回应都遵循，或努力遵循学术论证的规则：反驳及根据答案对其进行重构。但是，卢曼（Niklas Luhmann），作为一个真正的哲学家，却采用一种不同的反思风格。① 在一些看似灵巧的评论之后，卢曼令他的整个反思方式叫人烦恼。

在此，关键之处不是一种对特定问题之正确答案的渴望，而是就某项事业之能力与范围进行熟练的评价。一个人不论其如何一意孤行，我们都必定能看到他能走多远及走向何方。无论如何，我都相信卢曼，与他的讨论总令我受益不少，从未像在这里一样以如此之高的解释学开放性讨论问题，进而提出如此之广的慈善原则（principle of charity）。因为讨论总是趋向开放与无止境的，在此我只能就他对我的评价部分做一些简单的评述，相信以后一定还有机会做更为广泛而深入的讨论。

"Quod omnes tangit"② ：一种可爱的回忆，虽然不十分准确。这种所有公民均

---

① ② 见 Niklas Luhmann，Quod Omnes Tangit：Remarks on Jurgen Habermas's Legal Theory，17 Cardozo L. Rev. 883 (1996)。

可参与的包容性程序问题并没有产生遗产事务,当然也就不会有诉讼问题。它仅仅产生民主国家中的国家立法问题。在这方面,包容性通过交往和参与权利得以确保,还包括普遍的选举权等。在法庭的适用性商谈中,通过一种常见的方式限制了参与,与假定之"每一个人的同意"的关系是由有效制定的法律必须得到适应的事实所确保。这些规范的有效性依赖于一种民主的立法程序,而立法程序又依赖于那种做出影响"每一个"的决定之论证性商谈。伴随着对这种关联的承认,我没有将裁判问题放在一种"政治民主"中予以"具体化"。相反,我按照宪政民主的自我理解将之归在正当化问题中。这种观念使得魏玛时期的民主的实证主义(Gesetzespositivismus,由凯尔森和其他学者发展起来)最终战胜了君主立宪模式的法律传统而在德国盛行。这种斗争构成了(德国)这个"迟来的国家"的法律故事中的重要一章。这种争论并没有触及真正的问题和许多引人深思的解说论题:制度系统如何能够处理不可避免的理想化,这种理想化已经构成了交往行为的一个部分并创造了一种社会事实?

诚如我们所期待的,卢曼指向去先验化工作之薄弱之处,即消解内在于康德理论中的超验领域与经验领域之间的本体论对立(内在超验世界的过度理想化)①这种运作留给我们一个未经说明的事实性与有效性之间的紧张。卢曼最感兴趣的是置身于一定历史中的普遍有效性要求如何超越时间(界限)的。换言之,他对反时间意义上的临时设定的永恒归属感兴趣(也就是,对说话者具有可说明性以及对词语和句子具有认同意义的描述)。按照卢曼的意见,这些理想化"终止了时间",他建议我们用"消解"了时间过程中的理性化的描述来取代它们。卢曼主张,"每一种认同——每一个——都产生自那种对过去复杂事件的选择性评价,在选择过程中,(认同)不断地被重构。换言之,认同在每一种它们被重新肯定的新情景中都在精简,肯定又被相应地普遍化。"②但是,什么是正确的描述呢?

奇怪的是,卢曼这位通常对每一个时期都要加以反思一番的学者,却对前提的具体层次没有反思。这并非微不足道,从时空上建构起来的事件可观察之次序的事实性来看,它似乎也来自事实性与有效性之间的紧张。这个概念形成的基础是唯名论,它最关注的是时间中的附随细节。在这个理论世界中,所有的不同最终都集中在细节上。因此,这些时间中的附随细节提供了将世界理解为一种短暂建构的基础。

在追问事实性与有效性的统一时,卢曼推定,这种统一可以通过一种操作即(从其他系统的视角)将它视为一个时间过程来达到。这种唯名论策略显出在卢曼

---

① 见 Niklas Luhmann, Quod Omnes Tangit: Remarks on Jürgen Habermas's Legal Theory, 17 Cardozo L. Rev. 885 (1996)。

② 同①,第 888 页。

的思考中将那种操作作为一种尚未理论化的前概念。① 但是，与卢曼所认为的不同是，系统理论绝不会选择现实主义和唯名论之间的概念，它们来自本体论范式的分野。这种分离过程在每一种新的偶然性推动下得以继续，以中世纪的唯名论，经过古典经验主义，直到第二种历史取向的经验主义，这种经验主义如今以不同的名称存世但是仍然进行同样单一化的操作。作为对这种出现于18世纪晚期的历史思想的回应，经验主义不仅消解了偶然事件中的可观察性质，而且还使文化分解为——它们虽然可以从参与者的视角得以理解但是已经成为一种疏离的"第二自然"——交往事件的或符号。这显然是现代性的一个特点——这种现代性为了自由而战胜了热情的反柏拉图主义——它使得哲学家在后现代主义的旗帜下团结起来，这种后现代主义使他们无意中陷入了唯名论的主题之中。

但是，要想将普遍性还原为特殊性，在每一种情形中，都会使自身承受具有悖论性质的普遍性预设的压力。这至少开始于13世纪，当时唯名论不一致地坚持存在于单一事物内部的确定性特征。这种将世界分为不同种类的概念界分被认为是一项主体性成就，由此人类思维通过符号的操作将个体实质的印象纳入一种"事物"的知识，接着抽象的工作无法以一种绝对武断的方式进行，而是必须保持一种基本原则在以它们自身"击中"某事的标准为开始的主题比较范围内。这种源自一种建构性的将问题引向自然智力活动的认识论研究，不在模仿自然，而是以一种好问的方式来进行。

这种研究构成了经验主义和先验哲学共同的出发点。当语言学转向开始于这种与先验哲学联系在一起的唯心主义转向时，一种智力经验主义又重新出现了，现在它将自己与语义世界联系在一起，并且不再出现自己的将符号世界单一化的唯名论尝试的悖论性质。当卢曼强调"每一种认同……都在不断地被重建时"，② 只有我们认为参照系统（自然的或人类的）能够最终成为自我建构的矛盾世界时，他就能使用一种普遍化方法，在不考虑普遍化过程时将之还原为一个事件。但是，在我们成功地利用了这种必要性，一种来自哲学历史的残余将使我们暂停进而估量唯名论与一种替代方案之间的代价。

如果我们能够摆脱那种专门的观察性客体化之困扰，采取一种内在的、解释学的方法去理解符号构成的世界（理论家无论如何都要前理论地归属于它），那么，我们就能无关痛痒地逃脱唯名论者的建议权力。从这种立场，我们就可以看到普遍与特殊之间的关系，个体扎根于我们的符号构成的生活形式中的主体间交往，不需要任何不对称的决定，正如事实性与有效性之间的紧张不需要以一种唯名论或柏

---

① 见 Niklas Luhmann, Quod Omnes Tangit: Remarks on Jurgen Habermas's Legal Theory, 17 Cardozo L. Rev. 887—890 (1996)。

② 同①，第888页（着重号为作者加）。

拉图主义的方向不对称地放松一样。

在一个凡事都不能不劳而获的世界,这也要付出代价。它要求一种临时的分离,一方面,是我们可以(可废止地)从这种参与者的视角做出的陈述,另一方面,是那种有关事务的陈述,它仅仅是对那些采取了唯名论立场的观察者而言的(例如那些有关文化生活形式是如何历史地产生的或者有关文化再生产的自然力量的客观化陈述)。但是为什么不把这个留给不同的科学呢?难道经验主义者那个统一科学的梦想肯定不会以一种明显更加轻薄和滑稽的形式再次出现,系统理论的差异薄纱?在后形而上学的条件下,与这样一种过度普遍化的理论断绝关系的代价不再是一种负担。

如果我们都能实现这种视角上的转换,那么,卢曼如此急切地找到的系统迫令问题就消失了(例如,有关所有论证的局部性质的问题,有关所有商谈的排他性影响,有关理性概念的规范性内涵问题)。正如动名词"理想化"已经显示的,理想化是一种我们必须在此采取的操作,但是现在,我们在执行它们的同时不必要损害它们的超越语境的意义。公民自由而平等的商谈当然是根据它们自己的规则形成的,但是由于它的自我转化能力不同于福柯式的商谈,它仍然保留了对内在批判的固有开放性。交往理性,它解释了如何从合法性中神秘地产生了正当性,却无法"取代"统治者,因为在民主(过程)中统治者的位置被认为是虚席以待。这种要求并不仅仅是字面意义上的:法律的成就表面上看似荒谬,却是要通过担保平等的规范来缓和放任的个体自由之间的潜在冲突,这些规范只有在一种并不稳定的交往自由基础上被承认为正当时,才能够强制执行。

后　记

　　本书收录了我硕士阶段研读哈贝马斯法律理论所得的十篇文章。可以分为三组：其中前两篇一组文章是背景性的介绍，一篇有关哈贝马斯的生平与著述，一篇是国内哈贝马斯研究情况的综述；由中间四篇构成的一组文章，除《通过商谈的法律正当化》是我的硕士论文以外，其余三篇是平时的阅读笔记；最后四篇是一组译文，其中，哈贝马斯本人那篇《答与会者》比较重要，是哈氏为 1992 年美国卡多佐会议而专门于 1994 年写就的应答之作，这次会议及其提交的论文到目前为止仍然是研究哈贝马斯法律理论不可绕过的文献①。这十篇文章代表了我在 2003 年 9 月至 2006 年 6 月的读书痕迹，当时也正值哈贝马斯在国内"当红"的时段，此次将其汇集成册，未作与时俱进的修订，实在是追忆逝水年华的情感需要。时间一晃十多年过去了，国内哈贝马斯的研究已经发生了重大的变化，除译著变化不大之外，研究性的专著、论文可以说是汗牛充栋了，而我本人也并没有更深入的研究哈贝马斯法律理论的新成果，希望以后有机会，能够补全自己当时设定的下半篇文章。感谢硕士阶段给我学术指导的诸位老师，特别是我的硕士生导师方立新教授和博士生导师孙笑侠教授。同时感谢现在清华大学法学院任职的林来梵教授，他对我"硬着头皮"去啃哈贝马斯多有鼓励；黄瑞祺研究员是我国台湾地区最早研究哈贝马斯的学者，劳烦他多次解答我在阅读上的问题；浙江大学应奇教授给予我

---

　　① 　1992 年 9 月 21—22 日，本杰明 J.卡多佐法学院组织了一次专门讨论哈贝马斯法哲学思想的会议，与会学者包括卢曼、阿列克西、麦卡锡、米歇尔曼等 32 位德、美思想界重量级学者。哈贝马斯本人不仅参加了这次会议，提交了题为《法律的范式》的论文，还专门在会上认真回答了学者们就其法律思想所提出的一些问题，随后他又在 1994 年夏天进一步将这些回答写成论文。卡多佐会议的所有论文刊载于《卡多佐法律评论》1996 年 3 月的《哈贝马斯论法律与民主：批判性交流》专号上，随后又以论文集形式由 berkeley 出版社在 1998 年出版。

信任，让我有机会翻译米歇尔曼的《人民何以可能始终立法》一文并收入他主编的米歇尔曼文集之中，三位老师对我期许颇多，然而我回报的一二不到，在此，表达诚挚的谢意与自愧！

褚国建

2018 年 2 月 25 日于杭州仓前